日本スポーツ法学会年報 第23号

2016

日本スポーツ法学会

CONTENTS

Legal Issues in Asia
Hosting Olympic and Paralympic Games
Issues and Promotion of Legal Structure Establishment
-From PyeongChang and Tokyo to Beijing -

Keynote Address

Status of Preparations for the 2020 Olympic and Paralympic Games in Tokyo ......Hisahiro SUGIURA [6]

Symposium

The role of laws in hosting the 2020 Tokyo Olympic Games successfully ....Tomoyuki SUZUKI [30]

Session1

What should be the appropriate regulatory framework on sport integrity as a soft legacy of the Olympics?
- Increased need for the legality principle and clearer regulations - ....Takuya YAMAZAKI [38]

Session2

The 2020 Tokyo Olympic Games and Asian Sports Governance ....Yuji NAKAMURA [45]

Expected Roles of the Japan Sports Agency and surrounding Legal Issues

Keynote Address

Overview of the Japan Sports Agency and its expected Roles ....Kan SUZUKI [62]

Panel Discussion

Events leading to the lifting of Sanctions (Suspension from FIBA) on the Japan Basketball Association
....Masaki SAKAIDA [73]
Establishment of the Japan Sports Agency: History and Future Challenges ....Tomoyuki SUZUKI [90]
Investigating the Roles of Organizational Autonomy and the Japan Sports Agency from the
Perspective of Policy – Resources as Clues – ....Yuji NAKAMURA [97]

Summary of Symposium [105]

Report

Regarding the "Declaration on the Dissemination and Promotion of Sports Law Education"
....Masamitsu YOSHIDA [130]

Articles

Research on the Characteristics of Physical Punishment: Examining Legal Cases concerning "Physical Punishment" during School Extracurricular Sport Club Activities and related Factors
....Sotaro MURAMOTO [136]

Sport Arbitration Report

... Yuri YAGI,Atsuhiro KATSURA,Keiji KAWAI,Takashi ITO,Masamitsu YOSHIDA,Norihide ISHIDO [162]

目 次

アジアにおけるオリンピック・パラリンピック開催をめぐる法的諸問題
－平昌、東京そして北京への法的整備の推進と課題－
アジアスポーツ法学会国際学術研究大会 2015 兼日本スポーツ法学会第 23 回大会

記念講演
東京 2020 オリンピック・パラリンピック
競技大会の準備状況 ……………………………… 杉浦 久弘 … 6

シンポジウム
2020 年東京オリンピック・パラリンピックの
成功に向けた「法」の役割 ……………………… 鈴木 知幸 … 30

研究セッション1
五輪におけるソフトレガシーとしての
Integrity 関連規制はいかにあるべきか
―求められる罪刑法定主義の理念と
明確な規定の必要性― ……………………… 山崎 卓也 … 38

研究セッション2
2020 年東京五輪と
アジアスポーツガバナンスの新展開 …………… 中村 祐司 … 45

スポーツ庁が果たすべき役割とその法的問題点
日本スポーツ法学会 2015 年総会・講演会 及びパネルディスカッション

基調講演
スポーツ庁の概要と果たすべき役割 …………… 鈴木　寛 … 62

パネルディスカッション
日本バスケットボール協会に対する制裁
（資格停止処分）が解除されるまでの経緯 …… 境田 正樹 … 73

スポーツ庁設置の沿革と課題 …………………… 鈴木 知幸 … 90

団体自治とスポーツ庁の役割に関する
政策的観点からの検討
―財源を取っ掛かりとして― …………… 中村 祐司 … 97

パネルディスカッション討論要旨 …………………………… 105

報告

「スポーツ法学教育の普及・推進に関する声明」
について ……………………………………………………… 吉田 勝光　130

原著論文

学校運動部活動時の「体罰」判例に見る
体罰の特徴とその要因に関する研究 ………………… 村本宗太郎　136

スポーツ仲裁評釈

JSAA-AP-2014-007（自転車）仲裁判断に
ついて―国際大会代表をめぐる紛争― ………………… 八木 由里　162

JSAA-AP-2015-007 仲裁判断
（水泳）について …………………………………………… 桂　 充弘　179

ホッケー女子日本代表監督の解任をめぐる
仲裁申立事件について
―日本スポーツ仲裁機構 2015 年 5 月 25 日
JSAA-AP-2015-002 仲裁判断― ……………………… 川井 圭司　184

JSAA-AP-2015-001 中間判断及び仲裁判断
（空手）について …………………………………………… 伊東　 卓　196

U23 世界選手権軽量級スイープカテゴリー
代表選手決定をめぐる仲裁申立事件
―日本スポーツ仲裁機構 2015 年 6 月 4 日
JSAA-DP-2015-003 仲裁判断― ……………………… 吉田 勝光　210

JSAA-AP-2015-004 仲裁判断
（テコンドー）について …………………………………… 石堂 典秀　224

学会通信 ……………………………………………………………… 齋藤 健司　238

日本スポーツ法学会会則　　241

『日本スポーツ法学会年報』編集規程・原稿執筆要領　　242

おけるオリンピック・パラリンピック
開催をめぐる法的諸問題
－平昌、東京そして北京への法的整備の推進と課題－

{ アジアスポーツ法学会国際学術研究大会 2015
兼日本スポーツ法学会第 23 回大会 }

【記念講演】

東京2020オリンピック・パラリンピック競技大会の準備状況

杉 浦 久 弘
（文部科学省
大臣官房文教施設企画部
施設企画課長）

Ⅰ．はじめに

　オリンピック・パラリンピック競技大会（以下、「大会」）は、スポーツを通じて、多くの人々とともに健康でより良い平和な暮らしをつくりだす社会的ムーブメントであり、このクーベルタン男爵の理念を軸に、時代とともに進化し続けている。
　2020年東京オリンピック・パラリンピック競技大会（以下、「2020年東京大会」）の準備にあたっては、招致段階からアピールしてきたとおり、安全で確実な大会を実現することはもちろん、(a) 過去から未来へ続くオリンピック・パラリンピックの歴史の中で、2020年東京大会はどのような特色・意義を示していくべきか（時間軸）、そして、(b) 開催地である東京・日本の良さをいかに発揮して、国内外のオリンピック・パラリンピック・ムーブメントに貢献していくか（空間的広がり）、を問い続けることが重要だと考える。このため、
　①スポーツの力による社会改善とオリンピック・パラリンピックの価値向上
　②若い世代のスポーツ離れ、ドーピング・不正試合・八百長などといっ

たスポーツの価値を脅かす動きへの闘い
③開催都市や関係者のビジョン・熱意をいかに具現化していくか
といった3つの課題を軸に、より多くのステークホルダーを広く求めながら、大会の準備を進めていく必要があると考える。

こうした観点から、2020年東京大会の現在の取組み状況を説明するとともに、今後どのような法的な課題が考えられるか、特に、実施に際しての国内法等との調整、そして、最近、国際オリンピック委員会（IOC）や国際パラリンピック委員会（IPC）も重視しているアクセシビリティ、サステナビリティ、インテグリティといった新たな価値観・課題について考えてみたい。これら3つの課題は、大会の規模拡大等により、スポーツ本来の領域を越えて社会・経済等に広く深くかかわっていく過程で直面する課題であり、その解決にあたっては、今後、法的な発想・手法や新たな専門集団等が求められてくるのではないか、と考えられる。

なお、本稿は、個人的見解を述べたものであって、その文責は筆者個人にあり、公益財団法人 東京オリンピック・パラリンピック競技大会組織委員会（以下、「東京大会組織委員会」）の見解ではない。

II. 準備状況

(1) 大会ビジョン

昨年（2014年）、大会ビジョンを策定するため、「2020年東京大会をどのようなものにしたいか」、「東京・日本、私たち自身、どういうふうになりたいか」などについて、国内から広く意見を求めた。それらの共通要素を集約した結果、①全員が自己ベスト、②多様性と調和、③未来への継承、という3つの基本コンセプトがまとめられた。2020年東京大会は、今後、つねにこれら3つのコンセプトを軸としながら、活動を進めていくこととなる。

(2) 推進体制

大会の準備・運営にあたっては、招致のときと同様、国内の多くの方々の力・情熱を一つに結集してオール・ジャパン体制で臨む必要がある。こ

のため、開催都市である東京都や日本オリンピック委員会（JOC）、日本パラリンピック委員会（JPC）はもちろんのこと、国・地方公共団体、経済界、スポーツ界、各種団体等のご支援・ご参画を頂きながら、互いに密接に連携をとることができるよう各種推進体制が設けられている。東京大会組織委員会にも、各界各層のご協力を頂けるよう、顧問会議などが設けられている。

　東京大会組織委員会は、2015年1月、公益財団法人として認可され、同年9月には、事務局は合計400名を超えた。これは、ロンドン大会のときよりも1年ほど早いペースである。

　政府においても、2015年2月、「文部科学省設置法の一部を改正する法律案」と「平成32年東京オリンピック競技大会・東京パラリンピック競技大会特別措置法案」等が閣議決定され、5月に国会で可決、6月25日には遠藤利明氏が東京オリンピック競技大会・東京パラリンピック競技大会担当大臣に任命され、安倍晋三内閣総理大臣を本部長とする東京オリンピック競技大会・東京パラリンピック競技大会推進本部が設置された。さらに、10月には、スポーツ庁が文部科学省の外局として設置される予定である。

(3) スケジュール

　大会準備には、大きく分けて5つの段階があるとされている。すなわち、①基礎フェーズ、(大会開催（Games-time）の84ヵ月前（「G -84」と表記される。)～ G -66)、②計画立案フェーズ（G -66 ～ G -16)、③実践準備フェーズ（G -16 ～ G -5)、④大会運営フェーズ（G -5 ～ G -0)、⑤解散・レガシーフェーズ（G -0 ～ G +12)、である。最初の①の段階は、大会ビジョン、今後の計画の概要、組織体制、各機能・分野（Functional Area、略して「FA」)の目標・職務内容等を定めるなど、組織の基礎固めの時期である。これらを記載した「大会開催基本計画（Games Foundation Plan、略して「GFP」)」の策定が、段階①の一番大きな仕事であり、2015年2月、IOC・IPCへ提出した。

　大会は、規模が大きく、長い年月をかけて多数の関係者によって準備されることから、しばしば巨大な船の建造に例えられる。一部の工程が遅れ

ると、その影響は多方面に及び、全体の大きな遅れにつながりかねない。このため、GFP策定は、互いの作業の進め方等を認識し合う意味でも重要であり、計画策定段階では組織内の《連携・統合（Integration）》が重要だ、とIOCからもアドバイスを受けている。

　2016年リオデジャネイロ大会の終了後は、その教訓を踏まえて準備計画を練り直し、それらの計画を一気に展開する。大会1年前からはテストイベントや演習等を行って、必要な調整・修正を行い、大会本番へとつなげていく。このため、東京大会組織委員会は、当初、機能別の縦割り組織で運営されるが、テストイベント等が始まる頃には、会場毎に全機能を備えた横割りの組織へ改編されることとなる（「Venuisation」と言われている）。

　ちなみに、2012年のロンドン・オリンピック大会には、10,500人の選手やスポーツ団体等関係者、各国政府要人、スポンサー、2万人を超えるメディア関係者、約820万人の観客などが一度に集まり、世界のテレビ視聴者は40億人とも言われている。《規模の大きさ》と《集中》が課題となる。東京は、公共交通機関等のインフラは整備されているものの、人口の稠密な都市であることから、渋滞・混雑などが生じないよう、複雑な大会運営を的確にこなしていく必要がある。また、大会は開催都市間の《持ち回り開催》というルールで動いているため、組織委員会は、大会運営を経験したことのないメンバーも多く、大会が終わると解散となる。組織委員会は、人事、運営ノウハウ等の蓄積、事業運営・資金運用などの面で課題を抱えながらも、関係者間の密接な連携を図りつつ、高いオペレーションやマネジメントの力を発揮することが求められている。

Ⅲ．法的な論点

1．大会の価値を支え高める仕組み

(1) IOC・IPCとの関係

　大会の準備・運営にあたっては、様々な法的な課題が生じる。IOCはスイス法に基づく法人であり、すべての活動は、IOCが東京都やJOCと結ぶ

開催都市契約（Host City Contract）が基礎となる。東京大会組織委員会は、その設立後、都・JOCとの間で共同マーケティング・プログラム契約、IOC・都・JOCとの間でジョインダー契約、IOCとの間でマーケティング・プログラム契約をそれぞれ締結した。このため、東京大会組織委員会が行う重要な決定、契約等は、基本的には、すべてIOC・IPCの事前の書面による承認が必要とされており、IOC・IPCの指導下で、大会の準備・運営が進められることとなる。

　他方、これとは別に、大会開催には多額の資金や高度な技術・ノウハウが必要なことから、IOCは、放送事業者やIOCが直接認めるスポンサー（The Olympic Partner、いわゆるTOPパートナー）から、大会実施を支える資金・技術等を集めており、それと引き換えにオリンピック資産の使用等の権利を認める契約を既に取り交わしている。こうした権利が確実に履行できるよう、開催都市や国内オリンピック委員会（NOC）、組織委員会は協力することとされている。

　IPCとの関係は、IOCの場合と一部違う部分があるが、IOC-IPC契約が結ばれている中で、東京大会組織委員会は、開催都市契約、パラリンピック共同マーケティング・プログラム契約、パラリンピック・マーケティング・プログラム契約を結ぶこととされている。

　これらのうち、大会の価値を支え高めていくためのルールについて、以下、述べる。

(2) 放送権

　オリンピックに関する放送権・配信権、それらに関する契約の締結権は、すべてIOCが保有している。IOCは、競技映像を中継・制作するための専門会社であるオリンピック放送機構（Olympic Broadcast Service、略して「OBS」、2001年IOCにより創設）に業務委託している。IOCは、放送事業者に放送圏内で放送するための独占権を認可しており、日本における放送の場合は、ジャパンコンソーシアム（JC）が引き受けている。大会1年前から設置される国際放送センター（International Broadcast Center、略して「IBC」）には、競技映像を世界に配信するため、放送権

をもった世界の放送事業者が集まる。各局は、ここでそれぞれのスタジオ等を設置し、OBS制作の映像をもとに自分たちの独自映像を加えて自国へ向けて送り、これにより、自国の代表選手の活躍を中心に見ることができるようにしている。自ら映像を作るのが難しい小規模な放送局は、OBS映像に自国語の解説をのせて流している。ロンドン大会期間中は、OBSだけで約6,000人、放送事業者で約12,000人が仕事をし、OBSや米国大手のNBC等は、大会期間中、放送業務を理解し英語にも通じた若手を開催地でも多く雇っている。

パラリンピック競技大会については、これまでは開催地の組織委員会で映像・国際信号を制作することとされていたが、2020年大会からは、オリンピックと同様、IPCが直接放送権を行使して、放送事業者に業務委託していく形となる予定である。これにより、パラリンピックの価値をより高めていくことができるよう日本も協力が求められている。

放送事業者からは、世界各地への映像の配信、多くの技術・人材の提供だけでなく、多額の資金の供与も受けており、IOC予算の約半分を占めている。その多くは、大会運営補助として開催地の組織委員会の運営費へ充てられる。他方、組織委員会は、彼らが円滑に放送事業を遂行できるよう、IBCや会場近くの放送コンパウンドの整備、電源、ロジスティック、宿泊、輸送等の確保、通関・税への対応などが求められる。

オリンピックの認知度・興味度は、他のスポーツイベントと比べても群を抜いて高いことから、IOCや組織委員会は、多くのスポンサーから、大会運営を支える技術ノウハウや多額の資金を募ることができている。次の(3)で述べるとおり、オリンピック映像や知的財産の利用等の独占・排他性を基本とするマーケティング戦略により、多額の資金を要する大会の運営と、国際スポーツ団体（IF）・各国NOCの運営が支えられている。

(3) マーケティング・プログラム

IOCは、オリンピックの中立性と自主性を確保するためには、公的資金に依存しない形での民間活力による独自財源が必要と考え、1985年の理事会の承認を経て、オリンピズムの世界的プロモーション、オリンピック大

会の財源確保、オリンピック・ブランドの価値向上を目的とした、新しいオリンピック・マーケティングを導入した。IOCのオリンピック・マーケティング方針は、①オリンピック・ムーブメントの財政基盤を構築する長期継続型のマーケティング・プログラム、②オリンピック・ムーブメント推進のための適切な収入配分、③過度な商業主義を規制しつつ、パートナーとともにオリンピック・ブランドを向上させる仕組み、の３つの基本で構成されている。

　2020年東京大会も、基本的には、大会運営経費に税は投入されず、テレビ放送権配分金やIOCのTOPパートナーからのTOP配分金、国内スポンサーシップ、ライセンシングやチケット販売などの民間資金で賄うこととされている。

　スポンサー企業は、主に、4つのメリット（①商品等の売上向上を図るマーケット・バリュー、②消費者等に対する会社のブランドイメージや信頼性を高めるブランド・バリュー、③タレントよりも露出度の高いトップアスリートを活用できるメディア・バリュー、④自社従業員の会社・業務に対する忠誠心を高めるモチベーション・バリュー）を求めて、資金を提供し、オリンピック・ムーブメントを支えている。

　オリンピック・スポンサーには、①IOCが認めるTOPパートナー、②各国オリンピック委員会が認めるNOCパートナー、③組織委員会（OCOG）パートナー、の３種類があり、TOPパートナーは、NOCパートナー、OCOGパートナーに優先して、用語、映像、五輪マークや大会マーク・マスコット、聖火・聖火リレーや大会ポスター・ソングなど、オリンピックに関する資産を全世界で使用することができる。

　主なマーケティング・プログラムには、①大会放送権プログラム（大会のテレビ放送、インターネット放送に関するプログラム）、②スポンサーシッププログラム（契約した業種の広告宣伝・プロモーションに関するプログラム）、③ライセンシングプログラム（大会マーク等を使用した商品の製造・販売や大会記念コイン・切手等に関するプログラム）、④大会チケット販売プログラム、があげられ、①はIOCのみ、②③はIOC、NOC、OCOG、④はOCOGが、それぞれ権利を有し行使する。なお、組織委員会は、その国

のNOCからマーケティングの権利を受け取り、一体となって権利を一括リリースし、スポンサー収入の確保を図っている。これは、国内で窓口が複数あって混乱することを避けるためである。2020年東京大会の場合は、2015年1月から、JOC・OCOGジョイント・マーケティングが発動され、東京大会組織委員会が実施者となっている。国内スポンサーは、ゴールドパートナー（ティア1（Tier 1））、Tokyo2020 オフィシャルパートナー（Tier 2）、Tokyo2020 オフィシャルサポーター（Tier 3）から構成されている。国内スポンサー企業との締結についても、すべてIOCからの事前承認が必要であり、契約カテゴリーの調整等が重要である。

また、パラリンピック競技大会については、すべてのオリンピック・スポンサーにパラリンピックも支援して頂けるよう、オリンピックとセットにしてセールスしている。

オリンピック・スポンサーシップは、マーケティング収入を確保し、少数企業による長期的支援を得るため、オリンピック資産を業種毎にリリースするカテゴリー制を採用した上で、基本1業種1社の独占性（排他性）の原則をとるほか、契約した地域内のみで独占的な権利行使を可能とするテリトリー制を採っている。また、大会の協賛者がオリンピック・ムーブメントのパートナーとして動いて頂けるよう、権利付与にとどまらず、権利活用のコンサルティングやホスピタリティサービスの充実なども図っている（パートナーシップ制）。資金を広く浅く集めることよりも、活用できる権利を集約して対象を絞り、独占性を認めることで、スポンサーの価値を高め、その金額を高めている。

大会に関連する知的財産は、IOC・IPCに独占的に帰属し、組織委員会もそれらを保護・管理する役割を担っている。大会運営や選手強化のためにはブランド保護は重要であり、なりすまし・便乗広告であるアンブッシュマーケティングへの対策が求められる。日本では、「商標法」、「不正競争防止法」、「著作権法」などが整えられているものの、それらの適用にあたっては、それぞれ、商標として使用されるもの、商品・営業を表示するもの、創造的な表現とされるものなどの要件が求められることから、アンチ・アンブッシュマーケティングの観点から見ると、現行法では規制に限界があ

る。このため、マーク使用だけでなく、オリンピックに不当に関連づけると判断できる用語・表現等の範囲をどの程度までと設定し、いかに判定し、どのように規制するかなどの課題が考えられる。現在、こうした法制上の課題について、国に検討を働きかけているところである。

2. 大会の開催・実施に必要な仕組み

(1) 国内法との調整

　大会の開催・実施にあたっては、法令の具体の適用等が問題となってくる。
　前述のとおり、まずは、おおもととなる開催都市契約の確実な履行が求められ、さらに放送権者やスポンサーの権利の実現が求められる。このため、これらが円滑に履行されるよう、テストイベントや関係者の事業活動等が始まる前までに、関連法令・条例等の適用について、組織委員会と国・東京都（関係地方自治体も含む）との間で協議・調整しておく必要がある。
　具体的には、大会関係者の自由な出入国の保障から始まり、動物（馬、補助犬 等）、機材・用品（銃、ヨットの艇等の器具、メディアの放送機材等）などの輸出入・通関手続の取扱い、大会事前準備のために発生する労働・事業活動の許可やそれに伴って発生する収益等への税金等の取扱い、オリンピック・レーンなどの通行規制や宿泊関係の規制との調整、競技・審判等で扱う無線機器への周波数の割当、選手村内のポリクリニック等の医療体制の整備等が考えられる。大会の準備活動を妨げることとなるような規制・契約・運用等については、予め適切に調整される必要がある。
　また、会場となる施設・地域との調整も必要である。特に、クリーンベニュー（商業、政治及び宗教広告ないしメッセージが提示されておらず、競技大会と承認された競技大会スポンサーの存在のみが見られる状態）が求められることから、野外広告の多い日本の場合、これへの対応も検討が必要となる。
　このほか、先に述べた知的財産・ブランドの保護や、アンチ・アンブッシュマーケティングが求められるほか、大会ノウハウ等のナレッジ・マネジメントへの対応なども課題である。

(2) 新しい価値の実現
(A) アクセシビリティ

　日本におけるバリアフリーやユニバーサルデザインの発展については、日本女子大学の佐藤克志准教授によれば、1969 年の仙台市での障がい者の生活圏拡張運動などの地方の取組みから始まり、1973 年の厚生省の身体障害者福祉モデル都市設置事業（出入口スロープ設置、自動ドア化、障がい者用便所の整備等）により国レベルで取り組まれ、その後、高齢社会到来が認知され始めた 1990 年代から神奈川県、横浜市、大阪市、東京都などが建築条例で最低基準を設けることで、特殊解対応から一般解対応へと変わっていった、と分析されている。さらに、1994 年の建設省の「ハートビル法（『高齢者・身体障害者等が円滑に利用できる特定建築物の建築の促進に関する法律』、2002 年に改正）」や 2000 年の運輸省の「交通バリアフリー法」がそれぞれ制定され、それらは、2006 年、国土交通省で「バリアフリー法」として 2008 年統合整備され、建物、地域、交通の間のギャップを解決し、アクセシブルなシームレスネットワークの構築が目指された。最近では、2013 年の障害を理由とする差別の解消の推進に関する法律の成立、2014 年には同法第 6 条第 1 項に基づく基本方針が発表され、差別のない魅力的な都市のユニバーサルデザイン化に向けて、「合理的配慮」、「事前的環境整備」、「過度な負担」をキーワードに、取り組みが進められている。

　佐藤氏によれば、もともとバリアフリーの環境整備は「単に身障者の利便だけにとどまるものではなく、老人、子供、妊婦などの利便につながるものであるので長期的視野にたって必要な施策を講じること」（1970 年　身障者福祉審議会　答申）とされており、萌芽期からユニバーサルデザイン的発想を有していたが、縦割り行政の結果、バリアフリーの街づくりが障がい者福祉として扱われていったと分析されている。また、当初は、建設・建築への統一的な強制力の弱さや基準規定の内容の問題、縦割り行政の弊害や既存施設への適用などの課題に伴う面的整備の弱さ、建築設計者・関係者の認識不足、身障者などの参画の弱さ、などの課題が指摘されてきたが、最近では、これまでの取組みにより改善が図られてきているとされている。

今回、オリンピック・パラリンピック大会が開催されることにより、子どもや高齢者はもちろん、世界から障がいの有無にかかわらず多くの選手・観客が来日することとなることから、さらに、様々な人々の行動・ニーズを踏まえ、国際的な「利用者」の視点からも改めて見直し整備する必要が生じている。また、単にハードの整備のみでなく、障がい者への情報提供や思いやりある行動などといったソフト面での対応も重要となる。
　こうしたことから、大会準備の指針となる「アクセシビリティ・ガイドライン」を策定するため、2014年11月、内閣官房・東京都・東京大会組織委員会の共催で、アクセシビリティ協議会が立ち上げられた。
　この協議会の目的は、大きく分けて二つある。第一の目的は、ガイドラインを策定し、IPCの承認を得ることである。大会にかかわるすべての人が、アクセス可能でインクルーシブな大会だと実感できるよう、国の関係行政機関、東京都、関係地方公共団体、障がい者スポーツにかかわる団体、専門的知見を持った団体等の参画を得て、2020年東京大会のアクセシビリティ・ガイドラインの策定を進めており、IPC承認後、正式なガイドラインとなる。第二の目的は、承認されたガイドラインを、大会会場や関係施設、組織委員会のウェブサイト、標識、観客誘導等の大会運営に反映するため、関係者に周知することである。さらに、公共交通事業者・地方公共団体等が管理する各会場へのアクセス経路におけるバリアフリー化や、幅広い関係者による接客・誘導等の心のバリアフリーに向けて働きかけを行う必要がある。
　また、作成・承認されたガイドラインは、開催都市・関係地方自治体の各会場やそのアクセス経路への適用（既存施設の場合は、改修計画策定時に参照）、大会運営にかかわるスタッフ・ボランティア等の研修・トレーニングでの活用、関係自治体の環境・文化・スポーツ等の長期ビジョン策定時の活用など、今後、街づくりや施設整備などの様々な分野で統一的な指標として幅広く用いられていくことが期待されている。
　協議会の下には、実務者による協議・調整を行う3つの部会が設置されている。建設部会と交通・アクセス部会では、各会場や空港・駅・港湾・道路・バス停におけるアクセシブルな通路・手すり、エレベーター、客席の比率、

トイレの比率、駐車場などについて、国内関係法令による基準をベースに、技術仕様を中心に協議されている。また、コミュニケーション・サービス部会では、ハード・ソフト両面から非常に多岐にわたるテーマを扱うこととされている。

　2020年東京大会のガイドラインは、前編（ハード編）を2015年5月にIPCへ提出したところであり、後編は2016年にまとめる予定である。なお、具体的な会場等へのガイドラインの適用状況を、いかに確認・評価するかなどについても、今後の課題である。

　前述のとおり、これまでもバリアフリー・ユニバーサルデザインの取組みを通じて、モデルとなる建築物の整備など様々な改善がなされてきたが、しかし、既存施設については、なかなか改修が進まず、面的整備は今なお課題ではないかと考えられる。こうした課題について、今回のガイドライン策定や観客のお迎えの準備を機に、障がい者・高齢者などがシームレスに円滑に移動できる環境をさらに広げ浸透していくことができれば、今後、急速な高齢化を迎える東京、日本の社会基盤にとって、大会の良いレガシーとなる、と考えられる。

(B) サステナビリティ（持続可能性）

　大会が環境・社会等へ過度な負荷をかけることなく、持続可能なものとして永続的に実施されていくためには、現在の活動を最適化し、かつ、環境や人々に対し長期にわたって良い効果をもたらすような行動が求められる。また、建設をはじめとする大会の準備・運営に際し、現在・未来への影響を最小限に抑えつつ効果を最大化するため、今ある情報に基づき、つねにバランスのとれた意思決定を行う必要がある。

　大会の準備・開催時に取り上げられる話題としては、競技会場の建設やその周囲の自然環境の保護・回復といった問題だけでなく、施設・物品等の原材料の調達・製造・流通過程における環境問題、さらには、それらにかかわる労働、人権、公正な事業慣行、社会的・倫理的・経済的分野における適正な行動などといった問題等へ、次々と広がっている。また、国際会議等での議論の潮流に合わせ、気候変動（カーボンマネジメント）、資源

管理、水・緑・生物多様性などのテーマが取り上げられるほか、大会が世界中のメディアから注目を浴びる場でもあることから、スポーツや大会の運営とは直接関係のない課題なども含めて、様々な主張・メッセージが寄せられてくる。しかも、環境を著しく損なうような工事、違法労働等による製品の購入等がなされると、大会への信頼・評価は失墜し、スポンサー企業など多くのステークホルダー等から協力を得ることが難しくなり、組織委員会の財務・運営にも影響が生じるおそれがある。このように、サステナビリティにかかわる課題は、技術的要素の考慮だけでなく、国内外の幅広い分野の関係者とのコミュニケーション、エンゲージメント活動との連携、大会準備に係る工事・調達の適切な管理、さらには透明性や管理責任・説明責任などともかかわるため、ガバナンスの問題等にも直結する。

　このため、大会準備・運営の現場において、サステナビリティの問題を取り扱う際は、大会準備・運営における具体の工事・調達等を軸に、そのスコープやクライテリア等を明らかにして、まず対象を明確にする必要がある。その上で、大会準備・運営におけるサステナビリティへ配慮した戦略的な行動計画を立てて、その進捗状況を積極的に世に示していくと同時に、現場から生じる環境・人権・労働等の事案のうち重大なものについて改善（remedy）を図っていくため、それらの訴え・意見等をキャッチし、第三者調査機関等の《議論の場》を設けて、国際基準・国内法令等に則りながら、解決に向けて努力する、という2つの対応が求められると考える。すなわち、組織委員会は、対象の明確化を図ったうえで、①持続可能性に配慮した運営計画の策定、②苦情処理や改善を図るグリーバンスメカニズム（Complaint and Dispute Resolution Mechanism；CDRM）などの適切なルール・仕組みの創設、に取り組む必要があると考えられる。そして、実際に、こうした問題が生じたときは、国、自治体、経済界、学界、法曹界、NGO・NPO等の支援・協力を頂きながら、改めて公論にかけて社会全体で考え、そこで認められたものを採用していくといった対応が求められると考える。たとえ完全な解決は難しくても、大会を機に、少しでも改善することができ、法令を遵守しサステナビリティに配慮する意識がより広く浸透していくことができれば、オリンピック・ムーブメントの一つの成果

と言えるのではないか。

　日本では、サステナビリティについては、企業の社会的責任（CSR）として、既に多種多様な基準・方法により活動が展開されている。こうした実態も踏まえると、事前登録などの統一的ルール・手法を主とするというよりは、これまでの各企業・団体等の取組みを活かしつつ、良い事例を普及し広げていくとともに、問題が生じたときに適切に対処し改善に取り組むというアプローチを考えていく必要があろう。例えば、グローバル調達における監督不十分が理由でサステナビリティが損なわれた場合、当該企業に調査や改善措置を求めたり、紛争を早期に解決する仕組みなどが求められる。

　こうしたことから、2014年12月、日本体育施設協会において、麗澤大学大学院の髙　巌教授を座長とする9名のメンバーによる「持続可能性・スポーツインテグリティ研究会」が設けられ、2020年東京大会にふさわしいサステナビリティの取組みの方向性や必要な政策・仕組みについて検討が重ねられてきたところであり、東京大会組織委員会もこれと連携してきた。この研究会の中間報告（「持続可能性・スポーツインテグリティ研究会報告書」(平成27年9月7日)）によれば、ロンドン大会での対応を参考としつつ、

○「多様性と調和」や日本の伝統的価値観である「和を以て尊しとなす」「寛容と協調性」を重視し、《対話と議論》によって《共に改善を図る》姿勢と、「売り手よし、買い手よし、世間よし（《三方よし》）」という日本の伝統的商慣習を継承していくことが必要。

○調達コード策定に当たっては、日本企業が独自にCSRに取り組んできた歴史的背景を踏まえ、各業界・地域に適した多種多様な取組みを活かすため、複数の基準の設定と適用というスタイルが必要であり、「国際基準・国内法の遵守」、「国内外の第三者認証制度の活用」、「トレーサビリティの確保」、「サプライヤーのNGO・NPO監査受任義務の設定」、「グリーバンスメカニズムによる権利の実質的保障」といった5本の柱を軸に検討すべき。

との結論に至った。

　これと併行して、東京大会組織委員会でも、大会のレガシーを予め意識した事業展開を進めるため、①スポーツ・健康、②街づくり・持続可能性、

③文化・教育、④経済・テクノロジー、⑤復興・オールジャパン・世界への発信の5つをテーマとした「アクション＆レガシー委員会」を設けており、このうち、街づくり・持続可能性委員会のもとに、サステナビリティに係る問題を専門的に議論する「持続可能性ディスカッション・グループ」（以下、「DG」）、さらに、その下に、「低炭素」・「資源循環」・「調達コード」の3つのワーキングチーム（以下、「WG」）が設けられている。この調達コードWGでは、2020年東京大会でもロンドン大会と同様、調達コードを設けて、サステナビリティに配慮した調達を行うルールを整備することが協議されており、つい先日の9月15日、その調達コードの基本原則案が審議された。今後、有識者、NGO、業界団体、政府等関係機関等とも協議を進めながら、具体の国内外の認証基準の適用やサステナビリティの対応策を検討し、社会全体で共に参画し共有できる調達ルールやグリーンメカニズムを整備していくことが必要である。また、来年（2016年）から東京都や日本スポーツ振興センター（JSC）の建設工事等も始まることから、前述の研究会の中間報告の論点整理も活用しながら、東京大会組織委員会のDGや調達WGでも議論を加速させねばならない。

その際、ルールづくりだけでなく、国内外の関係者との連携体制の構築や運営資金の確保などが課題となる。特に、これらの仕組みを運用することができる専門性の高い人材が何よりも必要であり、法曹界・学界等からの支援を是非ともお願いしたい。

なお、これらの会議では、東京開催の大会だから、もう少し東京らしさ・日本らしさを出すべきだというご意見がしばしば出されている。私も同感である。

ロンドン大会の事例やIOC、国際的な議論では、資源効率、効率的利用といった言葉もよく耳にする。この考え方の底には、自然や資源等を有効に活用できる能力があれば、それらを優先的に獲得し、独占的・排他的に利用・所有することが認められ、さらに、そうした利権が国家や法律などにより守られるべきだという発想があるのではないかと考えられる。個人の自由・選択を基盤として、効率的活用であれば是と認める発想に立つと、資源利用の総量に限度はない。

これに対し、アジア側からの発想からすると、まさに「足るを知る」（老子）

のような視点からのアプローチも考えられるのではなかろうか。すなわち、自然は、我々にかけがえのない生存の基盤と空間を提供してくれるものであり、各人の生存に必要なものとして利用できる範囲までの消費については、他者や他の生物、将来の人間・生物が利用し得る機会を奪わないという意味において、正義に反しないとして認められるという見方もあるのではないか、と考える。大会の開催を通じて、人間・スポーツ・健康・自然・文明の関係を改めて考え直すとき、「足るを知る」の視点から、どこまで資源等を利用してよいのか、今一度自らの生活を問い直す良い契機となる可能性があると考えられる。

　もちろん、現実に今生じるサステナビリティの諸問題・紛争について、合理的な結論を導き解決を図っていくためには、伝統的な欧米の法的枠組み・手法等の活用は、現実的で有効なアプローチである。また、技術開発力やそれらを社会システムに取り込んで資源利用の最小化・効率化を図ることも重要である。

　こうしたことから、当面は、ロンドン大会などこれまでの取組みをもとにしながら、制度・運用のさらなる改善を図っていくこととなろうが、サステナビリティの分野は、現実の諸課題の解決・対応を迫られながら、今後もさらなる広がりを見せ、様々な思想・文化とつながっていくのではないかと考える。これからどのように発展していくか、注視していきたい。

(C) インテグリティ（高潔性）
　近年、若者のスポーツ離れが問題となっているほか、ドーピング問題や、さらに八百長などの不正行為といった、スポーツの価値を脅かす動きも深刻になっている。こうしたスポーツのインテグリティ（Integrity）にかかわる問題は、IOCや世界のスポーツ界でも憂慮されている。この点、日本では、学校体育や部活動等が全国すべての学校でしっかり組織的に実施されており、また、古くから武道などスポーツで心や道徳性も磨くという文化も根付いている。さらに、世界アンチ・ドーピング機構（WADA）でも、日本は、その常任理事国として活躍するなど、アンチ・ドーピング活動の実績も高いことから、日本が貢献できるところは大きいと考えられる。
　東京大会組織委員会でも、2014年、「インテグリティ・ディレクター」と

いう職を新たに設置したところである。この組織をもとに、今後、大会にかかわる審判等や国内・国際の競技統括団体（NF、IF）、アスリート等との連携・情報共有はもちろんのこと、文部科学省・スポーツ庁、厚生労働省、警察庁などの政府機関やJSC、IOC・IPC、JOC・JPC、WADA、JADA、国際刑事警察機構（ICPO、INTERPOL）等との連携・情報共有など、国内外の連携協力体制を構築して、これらの課題への準備・対策を進めていく考えである。

なお、現時点では、まだ組織をつくって情報を集めている段階であるが、今後、具体的にどのような仕組みや対応が有効かなどについて研究・検討してまいりたい。

以上、アクセシビリティ、サステナビリティ、インテグリティは、単に物的条件・基準の整備だけで達成できるものではなく、いずれも最終的には人の「心」や社会システムの問題であり、意識変革が求められる課題である。2018年の平昌大会、2020年の東京大会、2022年の北京大会というように、今後、アジアにおいてオリンピック・パラリンピックが3大会連続で開催される。東洋の文化を背景に、倫理や教育を重視して行動を促し、スポーツのもつ「心」や教育的側面をいかに働かせて、アスリートやスポーツ関係者間の心の中に「善」の砦を築くか、そして、それが崩れないよう互いに守り合うルールをどのようにつくっていくか、が問われると考える。これにより、オリンピック・パラリンピックへの貢献はもちろん、さらに世界の諸活動・平和等への貢献にもつながっていくことができれば、と考える。

(D) その他

2014年12月、モナコでのIOC総会で、今後のオリンピック競技大会の改革に関する提言である「オリンピックアジェンダ2020」が決定された。本格的に準備・適用される初の大会は、2020年東京大会からとなると見られている。

近年、オリンピックの準備開催経費は膨らみ、開催都市の負担は大きいものがあり、スポーツ界にも様々な課題がある。今回、IOCは、こうした現実を直視して、スポーツがより多くの人々に愛されるよう、IOC自ら改革を先導

する決意を示した。オリンピックアジェンダ2020は、多様な意見を受け入れて、大会をより《柔軟》なものとしていく、という大きな方向性を打ち出した提言と言うことができ、今後の新たなスポーツイベントを形づくる重要な動きだと考えられる。東京大会組織委員会も、この流れをしっかりと受けとめ、大会の見直しを加速し具体化していく必要があると考えている。

参考資料

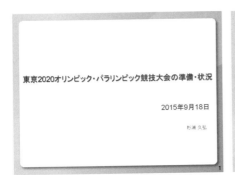
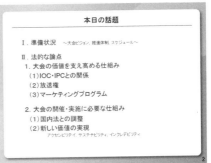
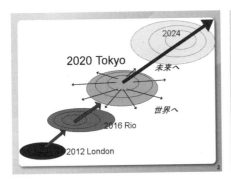

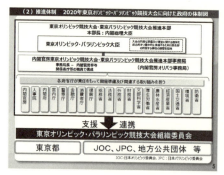
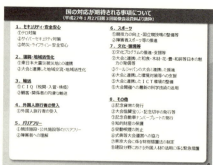
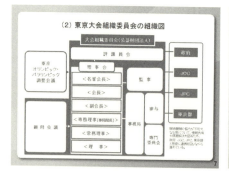
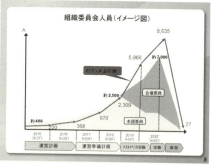
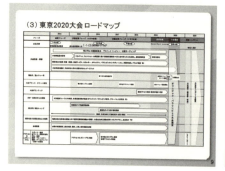
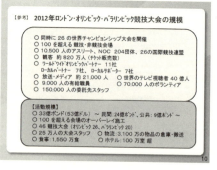

東京2020オリンピック・パラリンピック競技大会の準備状況

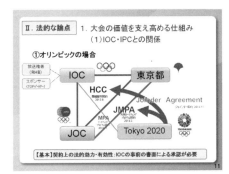
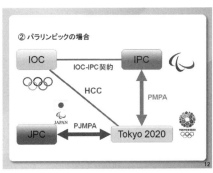
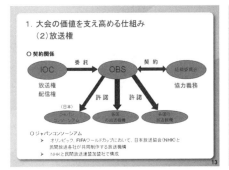
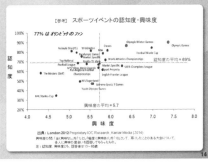

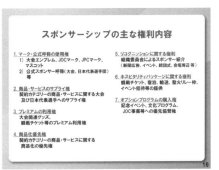

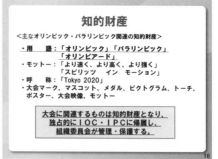
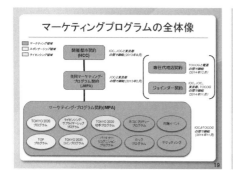
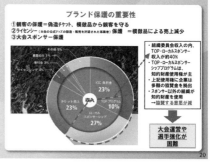
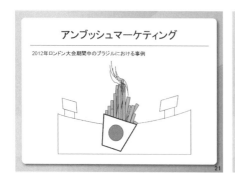
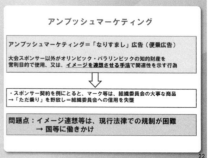

東京2020オリンピック・パラリンピック競技大会の準備状況

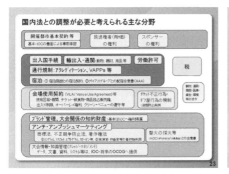
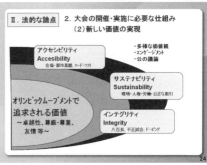
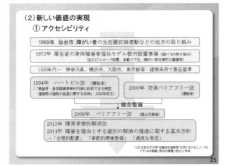

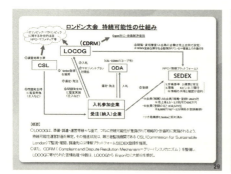
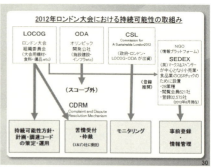
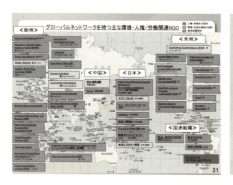
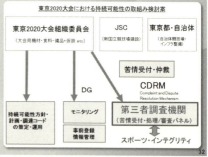

東京 2020 オリンピック・パラリンピック競技大会の準備状況

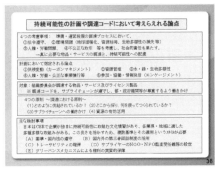

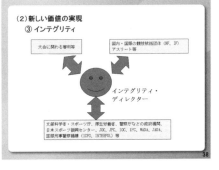

【シンポジウム】

2020年東京オリンピック・パラリンピックの成功に向けた「法」の役割

鈴 木 知 幸
(スポーツ政策創造研究所代表)

　「2020年東京オリンピック・パラリンピック大会」の成功に向けて、大会の準備過程にかかわる法的、制度的な課題を抽出し、その解決の方向性を見出していくことが、今回、私に課せられた第一の課題です。
　その上で、第二の課題は、2020年東京大会終了後の日本に、オリンピズムの根本原則である「平和、人権、環境、教育」に関する、法的、制度的なソフトレガシーが残るような提言をすることです。
　さらに、第三の課題として、将来のオリンピック開催の持続可能性について、国際オリンピック委員会(IOC)が危機感を持って策定した「オリンピック・アジェンダ2020」の提言を踏まえて、成熟した都市での将来のオリンピック開催モデルを提示することが、東京都の使命でもあると思っています。
　この度は、2020年東京大会の準備を進めている日本、2018年開催の平昌冬季五輪を控える韓国、2022年北京冬季五輪が決定した中国という、アジアのスポーツ先進国3ヵ国のスポーツ法学関係者が一堂に会する機会を得ました。私たちは、3ヵ国が開催してきた過去のオリンピック成果の検証を踏まえながら、3つの課題に立った、法的、制度的な諸問題について議論を深めて行きたいと願っています。

1　人権に関する差別問題について

　2014年2月のソチ冬季オリンピックにおいて、ロシア政府が「同性愛宣伝禁止法」を適用しようとしたことに対して、欧米諸国のトップが、性的マイノリティへの差別に当たるとして、開会式への出席をボイコットするという問題が発生しました。

　IOCは、同年11月に、「アジェンダ2020」を策定し、その中の「提言14」において、「オリンピック憲章」の根本原則第6項に、性的指向による差別の禁止を盛り込みました。このことについて、アジェンダ2020の解説書「文脈と背景」によると、「国連の世界人権宣言及び欧州人権条約との整合性を保つため、根本原則第6項に、性的指向による差別の禁止を盛り込む」という解説があります。つまり、1948年の国連総会において採択された「世界人権宣言」の啓発とあわせて、この文脈をとらえなければなりません。

　この「世界人権宣言」の第2条に、「この宣言に掲げるすべての権利と自由とを享有することができる。」とあります。言うまでもなく、日本の国内法には、性的指向に関する、いわゆる差別禁止法は存在しません。権利と自由の視点で見ると、行政手続き等の社会的制度においては、欧米諸国に比べ不十分と言わざるを得ません。日本の文化的、慣習的、伝統的に定着している社会風習や国民意識の中で、すべての性的マイノリティに対して権利と自由が保障されるべきという意見には、温度差が出てくる可能性はあります。この権利保障について議論を深める必要があると思います。

　さらに、性的差別には当たりませんが、外国選手の「タトゥー」はファッション性が強く、日本人には、歴史的に反社会的行為と見る傾向があります。そのため、多くの温泉地では、良俗意識によって、タトゥーをしている者の入場を断るところが多い現状は周知のとおりです。しかし、法的には「公衆浴場法」第4条において、伝染性疾病者の入浴を制止できるものの、タトゥー等の制止条文はありません。近年、訪日外国人が急増していることを受けて、各方面で制限を緩和し始めていますが、まだ大きな変化は見ら

れません。これは、法での規制は馴染まないものの、2020年東京大会に向けて、対策が必要といえるのでしょうか。

2　男女平等の推進に関する課題について

　IOCは、「アジェンダ2020」の「提言11」において、「国際競技連盟と協力し、オリンピック競技大会への女性の参加率50％を実現し、オリンピック競技大会への参加機会を拡大することにより、スポーツへの女性の参加と関与を奨励する」とし、「男女混合の団体種目の採用を奨励する」と定めたところです。

　この提言を受けて、今年の4月に、IOCバッハ会長が国連の潘基文事務総長から男女平等キャンペーンの推進に向けた大使に指名されました。オリンピック改革を進めるIOCは国連と協力関係を拡大し、スポーツを通じて平和や教育の分野でも国際社会に貢献するとして、バッハ会長は「大変名誉なことであり、男女平等の促進と支援を継続していく」と述べています。

　それと連動して、「提言9」と「提言10」において、オリンピックプログラムの枠組みを「競技」から「種目」に移行するとされたことで、開催都市によって、別枠の競技を提案することができるようになりました。日本人が最も関心を持っている情報ですが、その提案するオリンピック競技は、男女混合種目や男女別同一種目が条件となっています。

　しかし、男女平等は、競技性との関係でそんなに単純ではありません。2009年の世界陸上において、女子800mの金メダルを獲得した南アフリカ代表選手の性別が「両性具有」であると判明して、参加資格が議論されました。

　また、性転換選手の参加資格についても、2004年のアテネオリンピック前に、手術後2年間を経過することなど新たな参加資格の規定を設けましたが、その後も、様々なケースが生まれて議論となっています。

加えて、パラリンピック選手が、オリンピックに出場を目指したとき、カーボン製の義足による推進力が競技規定に抵触するとして国際陸上競技連盟（IAAF）によって却下されましたが、スポーツ仲裁裁判所（CAS）で判断が覆りました。
　いずれの問題も賛否両論で揺れ動いてきた争点であり、参加基準の平等性と競技力の公平性について、バランスを欠いているかどうかという視点でした。
　元IOC会長のブランデージ氏は「オリンピックは、オリンピックルールで最も速い人を決める大会である」と発言しています。そのことを参酌すれば、IOCには、参加基準の平等性を重視する傾向が強いといえるかもしれません。

3　スモークフリーの法整備について

　IOCは、1988年にオリンピック会場の内外を禁煙化し、世界保健機関（WHO）は2005年に「たばこの規制に関するWHO枠組条約」を発効するなど、様々な経緯を踏まえて、2010年にIOCとWHOが「たばこのないオリンピック」の推進で合意しました。そのため、リオデジャネイロや平昌でも、すでに、州法等で飲食店の全面禁煙を定めており、さかのぼれば、2004年以降のすべてのオリンピック開催都市では、受動喫煙の処罰法が制定されています。
　しかし、現在の日本では「健康増進法」に受動喫煙防止の条文はあるものの努力義務となっており、罰則規定はありません。
　先般、東京都は、条例制定を模索しましたが、影響を受ける業界から反対意見もあり難航しています。また、競技会場が、神奈川、千葉、埼玉など他県にわたっていることから、都条例ではなく、国内法として整備すべきとの意見が強くなり、現在、国会では、「受動喫煙防止議員連盟」が議員立法で提出する予定と聞いています。
　日本が、罰則規定を持つ「受動喫煙防止法」を作ることは国際的義務を負っ

ています。早急に国内法として整備して、大会後のソフトレガシーとして残すべきです。

4　スポーツの独立性と自治の尊重について

　バッハ会長は、今年の4月に国連本部で演説し、「スポーツは世界を変える力を持ち、さらに重要な役割を果たす時代が来た」と述べて、テロや民族紛争で揺れる世界各国に、オリンピックの根本原則であるフェアプレーや反差別の精神を強く求めました。

　さらに、「スポーツは政治的に中立な立場でなければならない」と訴え、スポーツ界の組織や普遍的なルールを脅かす政府干渉に警告を発したところです。この布石は、国連総会が昨年10月30日に決議した「スポーツの独立性と自治の尊重およびオリンピック・ムーブメントにおけるIOCの任務の支持」に基づくものです。

　この度の新国立競技場の建設問題をひるがえって見れば、日本のスポーツ界も自戒しなければならない立場にあります。たしかに、施設整備は予算執行者が決めるものであることは認めますが、スポーツ施設の仕様要件だけは、しっかりと求めることを怠ってはならないのです。今回の顛末に、スポーツ界がまったく無力であったことは、スポーツの独立性と自治の尊重の観点から、ガバナンス崩壊以上に猛省すべきであると思います。

　いかなる国も、巨額な予算を左右する巨大なプロジェクトは、政治的協力が不可欠であることはいうまでもありませんが、それでも、スポーツ界でなければ主導できないマネージメント部分については、譲れない主張をすべきです。悲しいことに、今の日本のスポーツ界は、政府や国民から信頼を失ってきたガバナンス問題の経緯が響いており、主張を受け入れてもらえないと自虐に陥っているとしか思えません。

　時代背景が違うとはいえ、政治家でもあった「嘉納治五郎」は、スポーツ界を牽引し政治介入を制限しながら信頼ある協力関係を築いていたと言

われています。また、前回の東京オリンピックの招致・成功には、陸上競技メダリストの大島鎌吉の存在が不可欠だったという評価が定着しています。また、ピンポン外交の「荻村伊智朗」の功績は、嘉納治五郎とともに、中国の皆さんのほうが日本人よりご存知ではないでしょうか。

　私は、今の時代に、日本のスポーツ界からこのような人材が育たないことに、強い危機感を覚えています。

5　ユニバーサル社会の構築について

　超高齢化社会を迎える日本は、2020年東京大会をチャンスとして、各種施設及びアクセスのバリアフリーやユニバーサルなど、持続可能なハードレガシーを残すための法改正や制度設計を急がなければなりません。

　国土交通省は「建築設計標準（高齢者、障害者等の円滑な移動等に配慮した建築設計標準）」を改訂し、劇場や競技場でのバリアフリー化を進めていますが、さらに、障がい者に優しい競技場にむけて基準を見直すとしています。

　また、公共交通機関のバリアフリー化についても、政府、東京都、大会組織委員会の3者は、「アクセシビリティ協議会」を設置し、例えば、車いすでの利用も想定したエレベーターは、24人乗り相当の大きさを「推奨」、17人乗りを「標準」とするなど約180項目の暫定基準をまとめました。IPC（国際パラリンピック委員会）の承認を得た上で、「アクセシビリティ・ガイドライン」として公表する計画です。なお、残り約600項目も来春をめどにまとめるとしていますが、新設される会場では、車いす席を全体の0.75％以上を複数個所に設けると提案しています。

6　スポーツ基本法を基にした、個別法、実定法、時限法の提案

　1970年に成立した「障害者基本法」には、通称「ハートビル法」、「バリアフリー法」、「交通バリアフリー法」、「障害者雇用促進法」など、20法ほ

どの個別法が策定されています。

　一方、「スポーツ権」が確立したとされる「スポーツ基本法」は、2011年の施行以来、すでに4年が経過しましたが、基本法に基づく個別法や実定法の制定の機運もありません。2020年東京大会を契機ととらえ、日本のスポーツ振興を支える法的整備を、我々は積極的に提言していくべきではないでしょうか。

　特に、10月には「スポーツ庁」の設立が決まっていますが、スポーツ庁によって積極的に取り組んでいかれることを期待いたします。

　私は、まず、次のような法整備を期待しています。

(1) 競技者保護法（仮称）

　IOCは、スポーツの不正な賭けに絡んだ八百長対策で「内部通報制度」を開始し、国際刑事警察機構（ICPO）とも提携して、選手やコーチ、審判員らから不正行為の情報提供を受け付けるホットラインを設置するとしています。

　また、ドーピング違反は、競技者本人の意識だけでは防止できず、競技者を取り巻く様々な作為によって引き起こされるケースを防がなければなりません。

　したがって、競技者を守るためには、暴力・ハラスメントを含む、加害者への抑止や処罰を目的にした実定法の整備が必要と思います。

(2) スポーツ施設整備法（仮称）

　「図書館法」や「博物館法」のように「スポーツ施設整備法」を制定し、スポーツ施設基準を満たすことを定義するような法整備を期待したい。

　この度の国立競技場問題も、特に、公共用施設として整備する場合のスポーツ施設の基準がなく、迷走した経緯があります。

(3) その他、期待される法の整備

　「学校施設利用法」、「スポーツ団体法」、「障害者スポーツ推進法」などの国内法を、2020年東京大会にむけて、整備することを提案したいと思います。

【付録】

　テロ対策、ヘイトスピーチ・ヘイトクライム防止、フーリガン対策など、大会の安全性を担保する様々な特措法は必要ないでしょうか。日本人は、このような妨害行為の経験が欧米よりも弱いことから、適切な時限法の立法が必要と考えます。

　さらに、原発事故処理の情報開示の徹底も重要な対策になります。東北キャンプ地に対する外国選手の拒絶反応や日本食品の拒否など、日本人では想像が及ばない不安や拒否行動があるということを想定しておかなければなりません。その対策も十分想定しておかなければなりません。

【研究セッション1】

五輪におけるソフトレガシーとしての Integrity 関連規制はいかにあるべきか
――求められる罪刑法定主義の理念と明確な規定の必要性――

山 崎 卓 也
(Field-R 法律事務所)

はじめに

　スポーツ界では、近年、スポーツにおける Integrity 確保の必要性という観点から、様々な規制が行われるようになってきている。スポーツの本質的価値である、試合結果の予測不可能性（unpredictability）を脅かすドーピングや八百長に関する規制のような、試合内容に直接かかわる規制がその典型例であるが、昨今は、不正な利益供与といった競技団体の不祥事や、選手の私生活上の非行（misconduct）のような、試合に直接かかわらない点も "Integrity" の射程範囲とされる傾向にある。たしかに、競技団体の不祥事や、選手などの私生活上の非行も、スポーツビジネスにおける社会的、営業的信用を脅かすおそれのあるものであるから、それらに対しても一定のコントロールを及ぼす必要はあるが、Integrity の内実、保護法益があいまいだと、ともすれば、「世間が騒ぎはじめたから処罰する」という取扱いになりがちであり、法的安定性や罪刑法定主義との観点から問題となる。試合に直接かかわる八百長などに関する規制についても、「世間が騒ぎ始めたから」ということを理由に、規定を拡大解釈して制裁を科そうという動きが出ることもある。五輪を通じて残していくべきソフトレガシーという観点からは、こうした「人民裁判」のような事態を制限し、スポーツ仲裁裁判所（CAS）の判例などにおいても確認されている、スポーツにおける制裁に関する罪刑法定主義という観点を Integrity 規制におい

ても徹底して、すべての懲罰が、事前に定められた明確な規定に基づいて行われるよう法律家が監視していく必要がある。その意味で、Integrityの保護法益に関する正しい共通認識と、規定の明確化が、2018年、2020年と続くアジアにおける五輪を通じて残していくべきソフトレガシーとして注目されるべきである。

1　Integrityに関する規制──2つの類型

　近年、スポーツ界で行われているIntegrity確保という観点からの規制は、主に、八百長やドーピングに対する規制の必要性との関係で言われることが多いが、それ以外でも例えば、競技団体の腐敗（corruption）、選手、監督その他の関係者の反社会的行動・非行のように、社会がスポーツ界に期待している倫理的行動に反する行動に対しても、スポーツのIntegrityを脅かすものとして規制、制裁の必要性が叫ばれることがある。つまり、スポーツにおいて唱えられるIntegrityとは、①試合の中でのIntegrity確保と、②試合以外の場面でのIntegrity確保の両方が含まれていることになる[1]。

　五輪憲章におけるIntegrityの規定[2]は、主としてこの前者を想定しているようであるが、昨今の国際サッカー連盟（FIFA）の不祥事に見られるような競技団体の運営にかかわる腐敗（不正な利益供与など）、暴力、ハラスメント、児童虐待、未成年者の人身売買、差別などについてもIntegrityの文脈で語られることがある。

　こうしたスポーツにおけるIntegrityを脅かすかどうかの判断は、スポーツに期待されている倫理的価値を脅かすかどうかという観点からの判断[3]であるため、とかく、メディアを中心とする「世間の空気」に左右されやすく、それゆえ規制の程度も、世間の騒ぎを収めるため、という観点から、いきおい、誰か特定の者をスケープゴートにして（選手である場合が多い）、見せしめ的に重い処罰がされることも多い。また、そうした「倫理的価値」なるものは、提唱者によって大きく異なりうるため、特定のスポーツの結果や運営上の判断に対して不満な者が政治的あるいは感情的な理由で

Integrity を持ち出すといった濫用事例も懸念される。

そうだとすれば、このような2つの類型について、規制の必要性を裏付ける保護法益を明確に検証して、それとの関係で、何が本当に必要な規制、制裁であるかを確定することは、スポーツにおける制裁において罪刑法定主義を貫徹する[4]という観点から非常に重要である。

以下では、上記の2類型それぞれについて、保護法益と妥当な規制について検討する。

2 類型①――試合の中での Integrity 確保のための規制

試合の中での Integrity 確保のための規制の主要なものは、①ドーピング規制と、②八百長規制である。ドーピングや八百長は、スポーツの本質的価値である、試合結果の予測不可能性を害するものであり、それゆえ、スポーツにおける Integrity を害するものだと説明される[5]。

たしかに、スポーツ・エンターテインメント産業における、観客、スポンサー、放送局、などといった、いわゆるスポーツに価値を見いだして金銭を支払う「顧客」は、勝敗がわからないという前提、期待の下に、金銭を支出しており、その前提が崩れれば、スポーツに金銭を支出している意味(価値)そのものが害されることになる。従って、試合結果の予測不可能性を確保するための規制は、スポーツ産業の根幹を守るために必要な規制である。

逆に言うと、いくら選手や監督の試合中の行為が、倫理的(ethical)という意味では問題であったとしても、試合結果の予測不可能性を脅かすおそれがあるとは必ずしも言えないものについては、規制は慎重であるべきである。

このような観点からは、例えば、ロンドン五輪の時に問題となったバドミントンの「無気力試合」のような事例[6]は、スポーツ上のベストな結果をめざしてその行為をし、かつ、それは仕組み上予想できるものであるという観点から、規制されるべき八百長行為＝試合結果の予測不可能性を脅かすおそれがある行為とは明確に区別されるべきであり、これをいたず

らに、Integrity を害する行為として処罰するべきではない。この事例は、あくまで優勝を目指す過程において、次の試合の対戦相手との関係で、敗退の方が望ましいというマッチメイク上の構造的問題に基づいていたものであり、選手が制裁を科されるいわれはない事案である。この事例では、選手が敗退に向けて行った試合上のプレーが、興行的な意味で見るに堪えないものであったことから、大きな騒ぎとなり、結果的に選手が制裁を科されることになったが、これこそ、Integrity という名の下に、保護法益との関係で不必要な規制、制裁がなされた典型といえる。

　なお、同じような事例として、1982 年のサッカーのワールドカップでの、当時の西ドイツとオーストリアの試合の事例がある。これはその試合の結果次第でアルジェリアが決勝トーナメントに進めるかが決まる試合であり、双方のチームが談合して試合結果を操作した結果アルジェリアがグループリーグ敗退となったという疑惑がかけられたものである。このようなことを避けるために、今では、ワールドカップなどのグループリーグ最終節は全部同じ時間で行われることになっているが、これも単にマッチメイクの仕組み上の問題にすぎない。このような場合まで、罰則をもって規制するのは、保護法益との関係では明らかに行き過ぎである。こうした場合、スポーツ団体は、往々にして、世間が騒ぎはじめてから、それを鎮めるために、スケープゴート的に選手に罰を科すということを行うが、それは近代刑事法で禁止されているはずの、事後法による処罰であり、許されないものというべきである。

　ドーピング規制については、その制裁の程度の妥当性の問題はあるとしても、いずれにせよ、世界アンチ・ドーピング機関（WADA）規程のように明確に定められた行為の違反のみが制裁の対象とされており、その観点では、(Strict Liability などの問題はあるものの) 罪刑法定主義の観点からの明確性は一定程度担保されているといえる（つまり仮に WADA 規程にいう禁止薬物ではない薬物を摂取して、結果的に選手のパフォーマンスが向上したとしても、望ましくない行為とはいえるかもしれないが、少なくとも WADA 規程違反の問題にはならないという意味で）。

　これに対して、八百長に関する規制は、規制方法、範囲、程度も各国によっ

てまちまちで、特に、何が「八百長」であり、何が罰せられるべき行為なのかについての範囲の明確化が必要である(7)。これがあいまいだと、前述のような試合結果の予測不可能性という観点では問題ないはずの「無気力試合」も規制されるべき八百長と扱われるなど、規制が過度に広範囲に広がるおそれがある。

　また、ドーピングとも八百長とも少し異なる事例として、いわゆる欺瞞的行為(Sporting Fraud)と言われる類型にも注意する必要がある。これは、規定上明確に禁止されていないものの、Integrityを汚す行為として処罰されたりすることがある類型であり、例えば、2009年にイギリスのラグビーで問題となったBlood Gate事件での行為（選手交代を可能にするために、わざわざ偽の血の入ったカプセルを口の中に含んで、怪我したフリをした行為）がこれにあたる。こうした欺瞞的行為は、サッカーでPKをとるためにわざと転ぶシミュレーションなどのようにルール上、明確に禁止されるようになった場合は格別、そうでない場合は、罪刑法定主義的な観点（明確性の原則）という観点から、処罰を行うには、前述した試合結果の予測不可能性を脅かす現実的危険性ある行為と言えるかどうかという観点からの慎重な検討が必要である。

3　類型②——試合以外の場面でのIntegrity確保のための規制

　前述した類型①以上に、あいまいな根拠での制裁、規制が行われやすいのがこの類型である。たしかにスポーツは、イメージ的に、ルールに則った、フェアでオープンなものであることが期待されており、それゆえ、選手、監督、競技団体などには、社会のロールモデルとしての高い倫理性が期待されていると一般的にはいえるであろうが、それを強調すればするほど、一般人と比べものにならない、高度で厳しい規制を、スポーツに対する社会的期待という名の下に、スポーツ関係者に課すことになり、それはときに、マスコミや世間が騒げば、重い制裁が待っているという結果責任、人民裁判のようなものにもなりうる。よって、スポーツ関係者が、高い倫理性を持つべきだということが仮に一定限度妥当するとしても、そうした

規制は、スポーツ関係者の意見を反映した上で作られた、予め明確に定められたルールに基づいて行われるべきである。

　そのためには、まず競技団体の不正防止という観点からは、団体の腐敗を防止し、グッドガバナンスを実現するための監視システム等の確立、役員など運営者が遵守しなければならない倫理規定（Code of conduct）その他の諸規程の整備が重要であり、また、関係者が遵守しなければならない、暴力、ハラスメント、児童虐待、未成年者の人身売買、差別といったことの防止に関する規程の整備も重要である。またこうした規程は、往々にして抽象的なものになりがちであるが、例えば利益相反など広い解釈の余地を生みやすい事象については、具体的なガイドラインや細則を作るなどして明確化に努めるべきである。

4　望まれる対応〜五輪の後のソフトレガシーとして

　以上のようなIntegrity規制の範囲の妥当な確定、明確化という点は、まさにスポーツ界喫緊の課題であり、2018年、2020年と続けて五輪を開催する、我が東アジア地域においてこそ、主導権をもって取り組まれるべきことである。2012年のロンドン五輪は、五輪におけるソフトレガシーとしての「サステナビリティ」という概念を取り入れた画期的なものであったが、現在東京五輪との関係でも、こうした「サステナビリティ」の実現に加え、「インテグリティ」を確立する仕組みをソフトレガシーとして残していこうという動きが見られる。

　これは、2012年ロンドン五輪で実施された「サステナビリティ」に関するグリーバンスメカニズム（Complaints and Dispute Resolution Process；CDRM）を東京五輪のためにも設置し、あわせてそれに「インテグリティ」の実現の役割も担わせようというものである。詳細はまだ確定していないが、今後、2015年6月にアクション＆レガシーに関する専門委員会の1つとして、東京2020組織委員会が設置した、「街づくり・持続可能性委員会」などで検討されることが見込まれている。

　こうした動きに対して、東アジア地域におけるスポーツ法の実務家、研

究者が適切な貢献をし、後の世代に誇れるような五輪のソフトレガシーとしての、明確性ある Integrity 規制とその実現のための仕組みを残していくことが期待される。

【注】
(1) スポーツにおける Integrity の概念を明確にした文献は必ずしも多くないが、例えばオーストラリアスポーツコミッションの以下の記述は Integrity の概念をかなり広範に捉えている http://www.ausport.gov.au/supporting/integrity_in_sport/about/what_is_sport_integrity（2016 年 7 月 11 日アクセス）
(2) 五輪憲章（2014 年 12 月版）2 条 8 項
(3) 前述オーストラリアスポーツコミッションの記述でも
"The integrity of a sport will be judged by its participants, spectators, sponsors, the general public and more often than not, the media." と表現されている。
(4) CAS の判例でもスポーツ上の制裁における罪刑法定主義（principle of legality）の必要性について言及したものがある。CAS 2008/A/1545 Andrea Anderson, LaTasha Colander Clark, Jearl Miles、CAS 2014/A/3536 Racing Club Asociación Civil v. FIFA など。前者の事例では、制裁は制裁を受ける者にとって "predictable" なものでなければならないと判示されている。
(5) パリ大学（ソルボンヌ大学）と International Centre for Sport Security (ICSS) が 2014 年 5 月に発表した報告書 "Guiding Principles for Protecting the Integrity of Sports Competitions" の前文においても、"Globally, sport is confronted with a phenomenon that destroys its very essence, that of its unpredictability." と記載され、unpredictability がスポーツの本質的価値であるとされている（同 1 頁）。
(6) ロンドン五輪、女子ダブルスの 1 次リーグですでに 3 試合中 2 勝して決勝トーナメント進出を決めていた 4 ペア 8 選手が、1 次リーグ最終戦において決勝トーナメントの対戦カードを自己に有利にするためなどの理由から故意に試合に負けようとしたという事例。世界バドミントン連盟は選手行動規範を根拠に 4 ペア 8 選手を失格処分とした。
(7) パリ大学・ICSS 前掲 8 頁 "Principle 7: Identify the types of conduct that could constitute an offence" 参照。

【研究セッション2】

2020年東京五輪と
アジアスポーツガバナンスの新展開

中 村 祐 司

(宇都宮大学)

1　日中韓のアジアスポーツガバナンスの新展開へ

　スポーツにおける日本、中国、韓国の関係は、他のアジア諸国を含むアジアスポーツの振興や普及のみならず、アジア諸国間の政治・経済・社会関係に大きな影響を及ぼす。特に五輪のような世界規模でのスポーツ大会では、開催都市ならぬ「開催国」がメダル獲得数に代表される国家威信と国民との一体性（国民からの支持）を得ようと、開催の数年前から、当該国家が有する諸資源（ハード・ソフト両面の技術・資金・人材・組織など）を集約的に調達し投下し活用（資源活用）しようとする大きな動きが生じる。

　その対象は競技場や選手村など施設の建設・改築や競技力向上のためのスポーツ環境整備領域にとどまらず、競技場へのアクセスインフラの整備や観戦客の宿泊施設の確保、ICT（情報通信技術）を用いた大会や観光情報の提供、テロ対策・セキュリティ対応など多岐にわたる。

　大会成功のためには、大会組織委員会、政府、開催都市、国内競技団体が相互に連携し、国際オリンピック委員会（IOC）・アジアオリンピック評議会（OCA）や国際競技団体（IF）そして各国政府との情報共有や調整が必要である。また、企業スポンサーなどによる資金提供や企業製品の使用、広告代理店による大会のPRや運営技術の発揮、地方自治体によるキャンプ地提供などの協力、ボランティアの参加、五輪教育の浸透などが大会成功の不可欠な要素となる。

このように五輪の開催には、その準備プロセスにおいて関係者の膨大なエネルギーが一体的・集約的に注がれる。1988年のソウル五輪と2008年の北京五輪と同様に、5年後の大会においても、開催国は時代の趨勢の中で、五輪という遺産（レガシー）を起点としてその後の国家進路を形成し、国家の利益を超える形でアジアにおけるスポーツガバナンスに貢献することができる。こうした五輪のソフトパワーを使って、政治・経済・社会における国家間関係を大会の準備段階からポジティブな方向へと転換させることは可能ではないだろうか。

　確かに、東西冷戦時代の1980年モスクワ大会ボイコットの経験は、国際政治が五輪にそして当時のアジアスポーツガバナンスにネガティブな影響を及ぼした事例である。しかし、日本ではこのことが教訓となって、国策に翻弄されない形でスポーツ界が政治と適度な距離（at arm's length）を保ちつつ、自律性を獲得すべく良きスポーツガバナンスを追求し実践してきたことも事実である。2020年東京五輪を契機に日中韓の良きスポーツガバナンスを形成できれば、それを良きアジアスポーツガバナンスにつなげていくことは可能なはずだし、アジアの政治・経済・社会の良き国家間関係や共同体の形成にも貢献し得るのではないだろうか。

　1971年に名古屋で開催された世界卓球選手権に出場した中国が、欧米の選手を自国に招待した「ピンポン外交」を契機に、翌年の米大統領の訪中と日中国交正常化に至った事例を指摘したい。国際試合は国際スポーツ交流の貴重な場であり、そのソフトパワーが国際政治をポジティブな方向に動かしたのである。そして2002年サッカーW杯日韓大会は、これが契機となってその後の両国の文化・芸術への相互関心を高め、若い世代の交流を飛躍的に増加させた。大規模国際スポーツ大会がスポーツ領域を超えて両国の文化・芸術の相互理解と相互交流を確実に促進したのである。

　まさに今後の5年間、学問と実務・法務の側面からのアジアスポーツ法学会が日中韓の共同的なスポーツ研究として、特に2020年東京五輪の良きアジアスポーツガバナンスへの貢献のあり方を追求すべきではないだろうか。

2　アジアスポーツグローバル公共圏の形成へ

　それではそのために日本は何を克服し何を目指さなければいけないのか。これまでに筆者が主張してきたことを踏まえ、特に2つの点を強調したい。
　まず、2020年東京五輪が生み出すところのグローバリゼーションと公共圏を「スポーツグローバル公共圏」(Sports Global Public Sphere；SGPC)と設定したい。これはそのままアジアにおけるスポーツグローバル公共圏形成の契機となる。大会期間中にはアジアからも多くの観戦・旅行者が東京を中心に訪れ、宿泊し消費し移動する。
　また、それ以前においても、開催が近づくにつれて、新設競技場の建設や選手村など関連施設、交通インフラの整備といったハード面と、国内外のメディアの報道、関連イベント、関心の盛り上がりといったソフト面での輪郭がはっきり浮かび上がってくるにつれて、アジアからの人々の訪問を促すことは間違いない。大会終了後には、主要な競技施設自体が観光名所となる可能性があるし、選手村のマンション分譲や東京外でのキャンプ地施設など、五輪の痕跡は終了後も残り続ける。
　東京五輪は大会の開催期間であれ期間外であれ、たとえ国境を越えた多くの人々の移動・滞在・交流という側面に絞ったとしても、ある種の特異的なグローバリゼーションと公共圏を生じさせるのではないだろうか。大会終了後は、人々は競技施設エリアに「集まり」、五輪という共通の体験をしてから「散じて」各国に戻っていく。こうした人々の生活や仕事そのものは世界各国に点在・散在するものの、少なくとも五輪経験という共有価値でもって精神的な相互のネットワークを形成しているという見方もできる。
　大会開催期間中の競技施設エリアには大会がなければ考えられないような多国籍の人々による多言語の相互コミュニケーションが展開し、多様な人々の目的や嗜好に合うべき多様なサービスが公的にも私的にも提供される。ネット空間では、電子媒体を通じた大量の情報のやり取りがなされるであろうし、人々の直接的な相互交流が至る所で展開されるであろう。その意味で東京五輪は否が応にも、それがたとえ一時的・時限的なものであったとしても何らかの価値ある公共圏を生み出すのである。

このように2020年東京五輪はグローバリゼーションや公共圏と密接不可分な関係にある。しかもその担い手は多様である。例えば、スポンサー企業は東京のために巨額なスポンサー料を払うわけではない。グローバル・マーケットにおける売り込み戦略こそが中心にある。自社製品の国境を越えたグローバル展開がねらい目なのである。そして企業は公共圏のインフラ環境の担い手でもある。通信、交通網、関連施設など企業の活動があって初めて五輪の公共圏が成り立つ。

政府の場合も同様である。財源やそれを補充するための法的措置や入管・警備・治安・テロ対策、さらにはドーピング検査などの政府活動は、各国間やIOCや競技統轄団体とのグローバルな相互調整活動そのものである。

スポーツ統轄団体や各競技団体は五輪の主役である選手との連絡調整や政府や企業、さらにはボランティア団体などとの相互調整の結節点として枢要な位置にある。統轄団体はIOCとの密接な協力関係の構築などグローバルなスポーツ世界と五輪とをつなぐ役割や、公共圏における主役（選手）を適切に管理する重責を担っている。

こうした公共圏の形成においては、六つの課題群（イシュー・クラスター。Issue Clusters)、すなわち、①経済的波及効果、②政府予算の増額、③競技施設の設置（新国立競技場問題など）、④交通アクセス・移動、⑤政治・行政・団体・企業・住民等における連携・協力、⑥公共圏をめぐる他の構成要件（パラリンピック、ボランティア、環境、安全、オリンピック教育、復興五輪など）が考えられる。

3　2020年東京五輪と日本のスポーツガバナンスの変容

日本におけるスポーツガバナンスにおける主要なアクターとして、例えば行政部門においては文部科学省（スポーツ・青少年局）・独立行政法人日本スポーツ振興センター（JSC）や関係府省庁（内閣府、国土交通省、厚生労働省、経済産業省、観光庁など）、スポーツ団体部門においては日本体育協会（JASA）や日本オリンピック委員会（JOC)・中央競技団体、障害者スポーツ協会・日本パラリンピック委員会（JPC）といった国家レベルの統轄団体、

さらには各都道府県・各市町村の競技団体や体育協会といった地方レベルの統轄団体が挙げられる。そして、スポーツ行政部門とスポーツ団体部門とは前者から後者への監督・補助金提供、後者から前者への加盟・事業実施主体といった形で、相互の関係性を構築している。

　政策面では、スポーツ立国戦略、スポーツ基本法、スポーツ基本計画、スポーツ行政予算などの法律・政策・予算、そして指導者養成やスポーツ団体の規則や行動ルールなど各種制度に基づき、スポーツ行政組織やスポーツ団体組織は、様々な規模と種類のスポーツ活動やスポーツ事業を支援し実施している。

　こうした日本におけるスポーツガバナンスは以下の事項により大きく変容することとなった。すなわち、①障害者スポーツの厚労省から文科省への移管（担当行政組織の一元化）、②スポーツ行政予算の倍増（事業をめぐる量の変更）、③スポーツ庁の設置（新たな行政組織の設置）、④スポーツ団体・ガバナンスの矯正（全日本柔道連盟に対する内閣府の勧告など）の四つの事項がそれである。

　上記①の障害者スポーツの厚労省から文科省への移管は、スポーツ基本法にある障害者スポーツの推進に根拠を置きつつ、パラリンピック選手強化をオリンピックのそれと同一官庁の所管とすることで招致広報活動の強化を図ったものであった。上記②の文科省によるスポーツ行政予算の大幅増加の要求は、IOCに対する五輪招致に政府が本気で取り組んでいるかどうかのリトマス紙の役割を果たした。今後、五輪関連のスポーツ行政予算とその他のスポーツ行政予算との区分けや重複の整合性など、従来のスポーツ行政予算の捉え方が大幅に変わる可能性がある。

　上記③のスポーツ庁設置は、招致が実現したがゆえの産物である。スポーツ庁の設置はまさにスポーツガバナンスにおける中枢行政組織の誕生を意味し、スポーツ界の長年の悲願ともいわれた。そして上記④は、五輪開催の決定にあたってのマイナス材料の払拭を政府が意図したものである。ここには、スポーツ団体による自立・自律的なガバナンスではなく、政府・行政が関与するところの依存・他律的なガバナンスへの変容の芽が含まれているのではないだろうか。

しかし、例えば五輪関連市場活動の過熱に対する適切な制御や、スポーツ団体の自立・自律的活動とそれに対する社会支援の実践を通じて、良いガバナンスを構築することはできるはずである。国内的には、避難者も含めた震災現地の人々に受け入れられる復興五輪、原発事故の収束に向けた透明性のある対応と共通認識の醸成、そしてあらゆる世代の人々の分け隔てのない社会参加といった集合的営為を、字面でない実践によるスポーツの力を通じて達成していく。

そして、国際的にはそのプロセスも含め将来のオリンピックのモデルケースとなる大会を開催することで、諸外国及び国際競技連盟やIOC、そしてアジアを含む世界中の人々に提示していく。このように悪いスポーツガバナンスを是正し、良いスポーツガバナンスの構築に向けた制度設計と関係者間の相互調整、大会準備プロセスでの最適解の政策の立案と実現を目指す権利と義務が、アジアで初めて2度目の五輪開催を経験する日本には問われている。

4　復興五輪とアジアスポーツガバナンス

復興五輪がアジアスポーツガバナンスの形成に果たす役割を指摘したい。復興五輪は2020年東京五輪招致の切り札とされた。スポーツの力を通じて復興した国の姿を世界中の人々に知らしめたいという招致メッセージは、開催の一つの決め手となったことは間違いない。しかし、何をもって「復興」とするのか明確な指標が存在するわけでない。

東日本大震災の被災地では、復興事業に必要な人手や資材を2020年東京五輪の準備に奪われてしまうのではないかとの懸念がある。被災現地の公共事業は人件費が高く設定されているため、人手を引きつける力が強いものの、2020年東京五輪に向けたインフラ整備が本格化すれば、東京でも人件費がさらに高騰するのは間違いない。そうなると、東京が人材を吸い寄せ、被災現地でも復興事業が思うように進まなくなるという指摘もある。

明らかなのは、2020年の段階では、復興（おそらく復旧も）を完全にやり遂げた姿を世界に提示することはできないということである。原発事故対応

など復興の途上で東京五輪は開催され、終了後も私たちは長い道のりを歩んでいかなければならない。

　何をもって復興五輪の達成というのか。被災地域における公共スポーツ施設が住民の地域スポーツ活動の拠点として機能するようになった時、また、草の根的な地域スポーツ活動の理念が実現された時、初めて復興五輪を堂々とアピールできるのではないだろうか。その意味で地域密着のスポーツ復興こそが復興五輪の試金石となる。

　自然災害はアジア諸国にとって共通の脅威であり、対策や対応は共通の重要課題である。大災害からの復興において、スポーツは決して無力ではない。草の根レベルのスポーツ環境を整えることは、地域コミュニティに暮らす人々の生活を支援することにつながる。アジアに住む人々が日常生活の中にスポーツ活動を取り入れることのできる環境を作っていくことも、アジアスポーツガバナンスの重要課題である。その意味でスポーツ事業におけるトップダウンの意思とボトムアップの意思の結節点をどう調整するかが問われる。

5　日本が直面する国内スポーツガバナンスの課題

　2013年9月の開催決定から今日（2016年6月現在）まで、日本では開催準備にあたって打撃となる6つの出来事が顕在化した。

　第1に、招致段階当時の都知事が開催決定後の僅か3ヵ月後に多額の金銭受領問題により辞職したことである。招致の際の都市の首長がその後変わるケースは過去には他の開催都市でもあったが、政治とカネの問題を理由とすることと、辞職が開催決定後短期間であったことは、東京に対する国際的なイメージ失墜とまではいかないものの、政治をめぐる信頼性という点で国際的な評価を下げたことは間違いない。

　第2に、建設費が乱高下した新国立競技場建設の問題が挙げられる。一時は3,000億円に達するとした試算が国民の反発を呼び、結局1,500億円以下でようやく落ち着いたものの、それでも高額ではないかという世論の不満は残ったままであった。建設費に加えて、建設をめぐる大会組織委、政府（国）、文科省及びその独立法人の間での責任の所在が不明確であった点も強い批判

の対象となった。この問題を契機に国は新国立競技場建設への対応におけるスポーツ界や文科省の役割を相対的に低下させ、首長直属の内閣府や内閣官房の権限強化を図り、省庁においては国土交通省を参入させ建設を進めることとなった。設計コンペのやり直しや工期の遅れとも相俟って、新国立競技場問題は東京五輪に対する国内外の信頼性に傷を与える結果となった。

　第3に、エンブレム問題がある。当初採用された案が盗作ではないか、採用の決定過程が不透明ではないかという指摘が相次ぎ、迷走の末、採用は取り消しとなり、新国立競技場問題と同様な不信感が人々の間に広まった。やり直しのコンペでは募集・決定過程の透明性やネットを通じた意見表明の機会などが考慮され実施された。それでも人々の間で不信感が完全に払拭されるまでには至らなかった。

　第4に、招致過程における不正疑惑がある。当時の招致委員会が国際陸連の会長でIOC委員へのコンサルタントを通じた間接的な金銭供与（賄賂）により、五輪開催都市をめぐる東京開催への票の取りまとめを依頼したのではないかという疑惑である。フランスの検察当局が捜査中であり、JOCの第三者調査チームが発足し送金の経緯を調査中である。国際刑事機構の捜査が展開される可能性もある。仮に不正があったという結論が出されれば、東京五輪の開催自体が不正行為の結果ということになり、大会返上の是非などをめぐる議論が生じ、大きな汚点が残ることになろう。

　第5に、政治資金の支出などをめぐる公私混同問題による2016年6月の都知事辞職である。2014年2月に就任した前都知事は、2020年までに東京を世界一の都市にすると公約し、東京五輪の成功を最優先の政策目標に位置づけた。就任直後にソチ冬季五輪を視察し、同年4月には北京五輪の会場を、10月にはロンドン五輪会場を矢継ぎ早に視察した。在任中に2億円以上に上った海外出張費が高額だと批判され辞職の一因となったが、皮肉にもIOCや国外の前都知事に対する評価は高かったのである。

　この間、前都知事は東京五輪の会場計画見直しを、11月には東京五輪で都が新設する10会場のうち3会場の建設中止を表明した。15年5月には新国立競技場の都負担（580億円）を持ち掛けてきた文科省に反発し都民の共感を得た。その後、同年12月には新国立競技場の都負担（395億円）につ

いて国と合意した。

その後も国が新国立競技場、大会組織委が仮設会場、都が恒久施設を設置するとした当初の役割分担の見直しに前都知事は合意するなど、国、大会組織委、都の三者連携が実際に進み始めていた。東京五輪の準備と関係者間の協力という点で、辞職は大きな痛手となった。

第6に、上記5つの打撃がもたらしたところの時間的ロスがある。仮に都知事辞職問題がなかったとしても、新国立競技場の完成や五輪プレ大会の実施など綱渡りのスケジュールであった。しかも新都知事の任期が4年後の東京五輪開催中に切れるため、最大限前倒しして都知事選挙を任期切れの30日前に実施したとしても、五輪直前ではセキュリティ・テロ対策や国外からの多くの訪問者など、選挙を実施するのは極めて厳しい状況に置かれることは間違いない。前知事が辞職前に、リオ五輪閉会式での五輪旗の引き継ぎや東京五輪への日程上の悪影響を再三にわたって強調したことも、候補者が前知事とのイメージ重複を回避するがゆえに、都知事選の際の東京五輪準備への積極的役割の行使を主張しにくくするのではないかという懸念もある。

以上のように、2020年東京五輪の準備状況を国内スポーツガバナンスの視点から捉えるならば、2013年9月の開催決定以降の3年間はまさに揺籃期に位置づけられる。大会組織委、政府、東京都など関係者間のシステム構造が変わったわけではないものの、システム作動に明らかな異変が生じた。東京五輪をめぐる世論のスタンスについても、開催決定時より後退し、開催にネガティブな目を向ける人々が増加した。東京五輪開催により果実を生み出したり得たりするスポンサー企業や広告代理店、五輪景気や五輪需要の恩恵を受けるソフト・ハード領域の市場関係者や、そのことによる各界での地位向上や権威・正当性の強化などを確保する利害関係者による政策共同体は、今後懸命に東京五輪をめぐる世論の反発という逆流現象に抗おうとするであろう。

6　韓国・中国における五輪準備ガバナンスの課題

それでは、2018年に五輪冬季大会を控える韓国・平昌や2022年冬季大会

を開催する中国・北京における現時点での国内スポーツガバナンスの課題とは何であろうか。このような課題把握は、韓国や中国に対する批判的見解の延長と重なる傾向があるし、検証や裏付けのない国外からのあら探しに終始してしまいがちである。そのことを踏まえつつ、ネットメディア情報と大会組織委員会が提供するネット情報をもとに両国における五輪開催をめぐる国内スポーツガバナンスの課題は何かを探っていきたい。

(1) 流動的な人事に垣間見える平昌五輪の課題

以下のような指摘がある。

2018年2月開催（開催決定は2011年7月）の平昌冬季五輪のメインスタジアムの建設工事は16年6月末に開始する見通しである（完成は17年9月の予定）。建設費用約137億円のうち、国が約52億円、江原道が約49億円、平昌五輪組織委が約30億円の負担である。観客席や敷地面積が縮小（それぞれ4万席から3万5,000席、5万8,400㎡から5万5,600㎡へ）された[1]。

広報活動の遅れが観客動員に影響している。16年2月現在で平昌五輪への韓国民の関心は10%に満たないといわれる[2]。近年韓国では冬の降雪量が減少しており、このままでは雪不足が懸念されるため、政府は人工降雪に頼る対策を検討している[3]。組織委員会は、インフラ予算を除く運営予算約1,955億円のうち、約822億円を国内企業のスポンサー契約で賄う計画で、サムスン、現代、起亜、大韓航空などスポンサー収入は2015年11月現在で目標額の57%を達成したものの、銀行スポンサーの獲得が予定どおり進んでいない[4]、というものである。

2011年10月以降の大会組織委のプレスリリースを一つひとつ辿ると、そのほとんどは準備が順調に進んでいるPR色の強い内容となっている。組織委が自らを批判する記述はなしとしても、敢えて課題を抽出すれば以下の四つのケースが挙げられる。

1つ目は組織改造（reshuffle）と称して、各々大会の計画・管理、執行、施設を担当する組織委副会長三人を文化・スポーツ・観光省の承認後に新たに任命し直したことである[5]。そして2つ目は組織委会長の辞任である。辞任声明では、「準備期間の後半期に入り、より詳細な計画内容や執行が必要

となる。この重要な時期において効率的に事業を進めていくためには新しいリーダーシップとより強固なシステムが必要であり、辞任を決意した」と述べられた[6]。

3つ目は2015年11月に新たに組織委の事務総長が任命されたことである。新事務総長は「名誉あるこのポジションに就いた喜びよりも責任感の方が強い。開催まであと僅か2年となった。大会成功の試金石となるテスト大会まであと3か月である。平昌冬季大会の準備においても課題の解決は現場にあると考える」と述べた[7]。さらに4つ目は2016年5月に組織委に新会長が就いたケースである。新会長は、「2018年平昌五輪は世界に韓国の発展と平昌が国際的な冬季スポーツの拠点（a major winter sports hub）であることを提示する歴史的な大会である」と挨拶した[8]。

上記情報のみでは、大会準備が順調に進んでいる中での従来予定されていた組織改造や新人事なのか、それとも直面する諸課題の克服に向け打ち出された重要改善策なのかはわからない。しかし、このように副会長、会長、事務総長という組織委の要のポジションにある人材の変更を見る限り、少なくとも直近の新会長就任以外は後者の局面で迫られた対応策ではないかと推測される。

こうしたネガティブ課題の反面、PR以外にもポジティブ課題のケースもある。2016年7月のプレスリリースでは、「平昌2018、東京2020、北京2022の代表者が平昌で会合した」と報じている。会合したのは各々、平昌組織委会長、東京組織委最高執行責任者、中国北京組織委会長代理、IOC平昌五輪調整委員会議長である。こうした会合は初めてである。韓日中3つの組織委が「アジアにおけるオリンピック・ムーブメントの考えを進めていく」中で「協力と連携（cooperation and collaboration）」について協議した。日中の二人は28カ国が参加した韓国でのテスト大会（ワールドカップアルペン競技大会）を観戦した[9]。

(2) 北京冬季五輪における雪上競技の課題

2022年2月開催の北京冬季五輪については、雪不足や大気汚染の懸念が指摘されているものの、平昌五輪の4年後であり準備状況について平昌と同

列には論じられない。そのことを踏まえて簡単に言及すれば、雪上競技が行われる河北省張家口と北京市との距離は160kmである。両市をつなぐ高速道路は既にあり、加えて五輪開催までに両市を約40分で結ぶ高速鉄道を整備するとされている。雪上スポーツは普及していないが、2022年までに冬季スポーツ人口を3億人にする計画が策定された。氷上競技については北京国家体育場「鳥の巣」や北京国家水泳センター「水立方」を再利用する。張家口市では大量の人工雪を使用するが、大量の水を使用するため水不足が懸念されている。河北省は1998年冬季五輪開催地の長野県と友好都市の関係にあるというポジティブな側面もある(10)。

7　組織委の「局」機能をめぐる日韓比較

次に日韓の組織委の比較を行いたい。表1は東京組織委の11局の担当業務について、把握し得た範囲でまとめたものである。また、表2は平昌組織委の14局と各局の課の名称を表示したものである。

表1　2020年夏季東京五輪組織委員会の局機能

局の名称	業務・機能の例
総務局	人事・庶務の組織運営、大学連携事業、事前キャンプ地
企画財務局	大会ビジョンの策定、新エンブレム選考
広報局	メディア対応、PRイベントの企画運営、広報活動拠点
マーケティング局	大会運営資金の確保
国際渉外・スポーツ局	IOCとの調整窓口、海外要人の「おもてなし」
大会準備運営第一局	放送、アンチ・ドーピング、飲食、パラリンピック
大会準備運営第二局	会場マネジメント、輸送宿泊
警備局	大会の安全安心、テロ防止対策
テクノロジーサービス局	サイバーセキュリティー、IT活用の大会運営
会場整備局	競技会場の見直し、恒久施設、仮設会場、既存施設
施設整備調整局	交通計画、道路規制、駐車場確保

資料：毎日新聞朝刊「組織委員会ってナンだ？　1～4」(2016年3月6日、同13日、同20日、同27日付)の記載から作成。

表2　2018年冬季平昌五輪組織委員会の局・課の名称

局の名称	課の名称
計画・総務局	計画課、総務課
人事管理局	人事関係開発課、人事管理課、ボランティア課
財務局	財務課、ロジスティック・調達課
文化・式典局	文化課、式典課
広報局	広報課、企画課
国際関係局	国際関係課、渉外課、派遣課
会場運営局	会場運営・計画課、沿岸会場運営課、山岳会場運営課、競技運営課
スポーツ局	スポーツ課、サービス提供プログラム(SPP)課、ネットワークオペレーション課
マーケティング局	チケット課、ライセンス課、スポンサー課、パートナーサービス課、飲食課
メディア運営局	放送サービス課、報道課
会場・社会基盤局	会場・施設計画課、会場開発課、オーバーレイ(Overlay)課、エネルギー課、環境・森林課
宿泊設備局	宿泊設備課、オリンピック・パラリンピック村課、メディア村課
輸送・交通局	輸送・計画課、輸送運営課、交通課
技術局	ICT計画課、情報技術課、電気通信技術課、成果テクノロジー(Results Technology)課、会場テクノロジー課

資料：The PyeongChang Organizing Committee for the 2018 Olympic and Paralympic Winter Games (POCOG), "Organizing Committee"(2016年7月現在)から日本語訳し作成。
http://www.pyeongchang2018.com/horizon/eng/Olympic_Games/Organizing_Committee.asp

　夏季と冬季の五輪の準備では組織体制はもちろん、ソフト・ハード面での対応は異なってくるし、開催都市における特有のスポーツ環境や国の違いによる政府の推進スタンスにも違いがあるので、単純な比較はできないであろう。それでも組織委員会が五輪開催に不可欠な保有資源や活用資源といったリソースには共通項があるように思われる。すなわち、五輪のような世界的な大規模スポーツ大会であるがゆえの重層的で大量の質の高いヒト、モノ、資本、サービスといった各リソースの相互連携システムが不可欠とされるのである。組織委員会を巨大プロジェクトチームのような特殊な行政組織と捉えるならば、その作動要件として組織力、権限・法的正当性、専門知識・技術、資金調達力、

調整力、情報伝達・開示・制御力、さらには経験力などが挙げられよう。

　これらのリソースを欠けば、準備活動において何らかの支障が生じることとなる。その意味では五輪の開催準備活動の成否は、それがどの都市であってもあるいは夏季・冬季にかかわらず、当該組織が有する多岐に及ぶリソース間の活用バランスを図りながら、組織委全体としていかに組織目的を達成するパフォーマンスを継続していけるかに懸かっているのである。

8　五輪開催を通じた日中韓スポーツガバナンスの相互連携を

　上述の平昌での「平昌2018、東京2020、北京2022の代表者」の集まりがたとえ形式会合であったとしても、まずは短時間でも一堂に会したことの意義は大きい。なぜならば、今後五輪が3大会連続してしかもアジアにおける近隣諸国の間であたかも持ち回りのように開催されるからである。ソーシャルネットワークサービス（SNS）社会の到来は、そのスピード感では物理的な距離を無意味なものにしたといわれるが、それでも地理的な近接性は人々が直に会って、電子媒体を介さずに直接に向き合いながらの原初的なコミュニケーションの価値を際立たせる。

　もちろん隣接しているがゆえに3カ国の利害得失が直接に絡まり摩擦が生じやすいことも事実である。ロシアのドーピング問題や2020年東京五輪の招致過程での不正疑惑など、五輪は商業主義の浸透と平仄を合わせるかのように、清廉潔白の諸要素を放棄しているように見える。このようなネガティブなベクトルを見過ごしてはいけないし、私たちは罰則の適用も含め、こうした五輪の陰の部分に毅然とした厳しい視線を注がなければならない。

　しかし同時に例えばレガシーという価値観に象徴されるように、平和を追求するスポーツの世界的祭典である五輪には互いにポジティブなベクトルを提供し合い、それらを次世代に継続させていくいくつもの諸価値が存在することも事実である。相互に矛盾するベクトルが存在するからこそ、私たちはネガティブな要素を見据えつつ、ポジティブな要素を抽出し、可能なところから実践してはどうであろうか。

　例えば、2014年11月に札幌市は2026年冬季五輪の招致を表明し、16年6

月には開催概要計画案をまとめた。1972年札幌冬季大会のレガシーが後押ししたことは間違いない。過去の五輪開催経験都市には1964年東京大会はいうに及ばず、1998年冬季大会を開催した長野市もある。韓国における1981年ソウル五輪夏季大会、2008年の北京夏季大会もある。1964年（日本）、72年（日本）、81年（韓国）、98年（日本）、2008年（中国）、18年（韓国）、20年（日本）、22年（中国）といった時系列要素を取り払って、これらを1つの「五輪サークル（Olympic Circle）」と見なすならば、既にこのサークルには相互に五輪準備や開催経験の英知を出し合う素地と環境が整っているのである。

別の見方をすれば、1964年から2022年までの約60年間を断片的にではなく連続的に捉えることで、今後の6年間（札幌大会が実現すれば2026年までの10年間）を五輪によるポジティブなアジアスポーツガバナンスの構築期と位置づけることができる。このような大枠設定を特に3カ国のスポーツ関係者の間で共有できれば、あとは実践の積み重ね如何に懸かってくるように思われる。

【注】
(1) Record China「メインスタジアムは、2016年6月末から建設開始」（2016年5月23日付）。
http://www.recordchina.co.jp/a139402.html
(2) 産経ニュース「実はマスコットさえまだ決まっていなかった」（2016年4月29日付）。
http://www.sankei.com/premium/news/160424/prm1604240023-n1.html
(3) Record China「雪不足が今年も深刻」（2016年1月23日付）。
http://www.recordchina.co.jp/a125410.html
(4) zakzak「平昌五輪は本当に開催できるのか」（2016年3月18日付）。
http://www.zakzak.co.jp/society/foreign/news/20160318/frn1603181900006-n1.htm
(5) The PyeongChang Organizing Committee for the 2018 Olympic and Paralympic Winter Games (POCOG) Press Releases, "PyeongChang 2018 Undergoes Organizational Reshuffle, Appointing 3 Vice Presidents"（2014年4月18日付）。
(6) POCOG Press Releases, "President of the PyeongChang 2018 Organizing Committee Steps Down"（2014年7月21日付）。
(7) POCOG Press Releases, "PyeongChang 2018 appoints YEO Hyungkoo as new Secretary General of the Olympic Winter Games"（2015年11月10日付）。
(8) POCOG Press Releases, " PyeongChang 2018 General Assembly Approves LEE Hee-beom as President"（2016年5月12日付）。
(9) POCOG Press Releases, "PyeongChang2018, Tokyo2020, Beijing2022 met together in PyeongChang"（2016年2月7日付）。
(10) 自治体国際化協会北京事務所「2022年冬季オリンピック 北京で開催決定！」（CLAIRメールマガジン2015年9月配信号」）。

スポーツ庁が果たすべき役割とその法的問題点

日本スポーツ法学会 2015 年
総会・講演会 及び
パネルディスカッション

【基調講演】

スポーツ庁の概要と果たすべき役割

鈴 木　　寛
（東京大学教授／
慶應義塾大学教授、
文部科学大臣補佐官）

　ご紹介いただきました鈴木でございます。栄えある基調講演の機会をいただきまして、誠にありがとうございました。私も2007年ごろから日本スポーツ法学会の会員でございまして、そういう意味でも大変お世話になっております。スポーツ庁がご案内のように2015年10月1日に発足をいたしました。それを巡って、日本スポーツ法学会としてもテーマに取り上げるということでございますが、感謝を込めてご報告を申し上げたいと思っております。

1. スポーツ庁ができるまで─「スポーツ基本法」成立過程

　まず最初に申し上げたいことは、日本スポーツ法学会なかりせばスポーツ庁はできなかったということです。どういう事かと言いますと、「スポーツ基本法」（以下、「基本法」）がなければスポーツ庁はできなかった。スポーツ庁は、基本法の附則に「スポーツ庁の設置について検討する」という条項を入れたことから、検討が本格化しました。それまでスポーツ庁という構想はありましたけれども、そこで初めて検討の俎上に上ったわけです。基本法は、日本スポーツ法学会のご助力なくしてできませんでした。
　今回スポーツ庁の設立については極めて異例なことがいくつかありまし

て、1970年以降日本の国家行政組織の新設については、スクラップ・アンド・ビルド原則というのが鉄則中の鉄則であります。つまり、庁を作るためには、1つ庁を潰さなければいけません。ご案内のように国土交通省に観光庁ができていますが、海難審判庁を潰していますからスクラップ・アンド・ビルド原則が貫徹されているわけです。今回、スポーツ庁が設置されるに当たり、スクラップされた庁があるのかというとありません。財務省あるいは行政管理部局からすると異例中の異例、1970年以来初めて、その原則が覆されたわけです。これは役人と役人の議論では絶対超えることができなかった、極めて強い政治的なイニシアティブがあったことによって今回のスポーツ庁ができています。その根拠が基本法です。わが国の政策形成過程の歴史においても、極めて異例のことでありました。

　ではなぜ基本法ができたのかということですが、2009年の日本スポーツ法学会で、9月だったと思いますが、スポーツ権の確立と「スポーツ基本法」を制定すべしというアピールを出しました。まさに、この学会でのアピール・宣言がきっかけになって、内容的にも、そのアピールを100％踏襲した形で基本法の議論が始まったわけです。私はそれ以前から日本スポーツ法学会のメンバーとして、このアピール策定のプロセスも見させていただいたわけでありますが、その2009年の日本スポーツ法学会アピールが出るまでは、基本法ではなく、「スポーツ振興法」（以下、「振興法」）の改正でした。1961年にできた振興法は、スポーツを通じて国威発揚的な観点からスポーツを振興するということが骨子でありました。1961年に振興法が制定されて1964年に東京オリンピックを迎えたわけですが、アピールが出されるまでは、振興法の改正のために何が必要かという議論がずっと続いておりました。2007年2008年あたりに自民党、公明党を中心とする懇談会などもありまして、超党派のスポーツ議員連盟も振興法の改正ということで議論が進んで行ったわけであります。現に、一旦は振興法の改正という形で国会に提出されております。ですから振興法の改正ほぼ寸前まで麻生政権の時にいきました。政権交代のタイミングとも同期して、日本スポーツ法学会のアピールがタイミングよく出たということによって振興法の改正ではなくて、基本法というものを作るんだ、そのポイントはスポーツ権というも

のを明示し、位置づけていくということに流れが変わりました。実は2009年の暮れにも、一度、シンポジウムを日本スポーツ法学会が主催されましたが、馳浩議員と私とで、このスポーツ権を明文化することについてエキサイティングな議論をした場面もございましたが、そうした議論、公開での議論を重ねて自民党を含むすべての超党派の議員の皆さん方に振興法ではなく、基本法だ、スポーツ権だ、日本もそういう時機にきたんだということをご理解いただくことができて、2年間準備を重ねて、基本法の制定に至ったわけです。

　スポーツ庁の役割というところに最終的にはつながる話なので、一言だけ申し上げておきたいんですけど、私は政策形成過程の勉強をしているわけですけれど、この日本スポーツ法学会というのは非常に面白い学会です。学会というのは多くは少し離れたところから研究対象を客観的に、聞こえがよく言えば、泥や砂をかぶらないところから、砂かぶりでない2階席ぐらいから眺めて、学術的に分析をし、議論するというのが多くの社会科学系の学会の多くだと思いますが、日本スポーツ法学会は、私が少なくとも参画をさせていただいて以降、常にスポーツ政策あるいはスポーツ法制、スポーツ立法の完全なプレイヤーとして活躍していただいております。

　ここにはもちろん賛否両論というか、是と非があるというのは当然なわけでありますけど、私はスポーツ政策のプレイヤーとして、やっておりますが、ある意味で21世紀型の新たなガバナンスの萌芽、つまりは、日本の政策立案あるいは法政策の新しいモデルとして、学会と官庁と政治という、政治と学会と研究者と行政のある種のトライアングル、もちろん、当然一番大事な現場があるわけでありますけれども、そうした新しいトライアルの萌芽を感じ取ることができて非常に興味深く思っております。

　基本法の制定後、基本法が想定していたいろいろな事態、とりわけスポーツ・インテグリティやコンプライアンスにかかわる事件が出るわ出るわ。基本法ができたことによって、それまでかなり隠蔽されていたイシューがこの2009年のアピール、2011年の基本法制定を契機に、どんどんと明るみになりました。そうした問題が顕在化するたびに、基本法を作っておいてよかったなあと思います。というのは、いろんな事案が出てきた時に、

対応する条文がほぼ必ずあり、そうした問題事案に対して、条文に記載されている基本方針でもって臨めばいいということは非常に良かったなと思います。

さらに、基本法に基づき、必要に応じて個別立法もしながら、緊急避難的対応もあったと思います。さきほどご紹介いただきましたように、超党派のスポーツ議員連盟で私は幹事長をしていまして、スポーツ指導をめぐる不祥事が続いた時に、「独立行政法人スポーツ振興センター法」の改正を急遽やったわけです。僅か2ヵ月にして立法するというのも、恐らく戦後最短の立法期間だったと思いますが、この日本スポーツ法学会の皆さんと基本法を作ったことがそれまで隠蔽されていたイシューに対してきちっと備えができていた、様々な立法につながったのではないかと思います。

何を言いたいかというと、通常は、日本の立法というのは基本的に事件後追い型立法が特徴です。要するに世の中で問題が起こって、マスコミが騒いで、国会で質疑がなされ、国会の議論を踏まえて、最後は政府が立法をする、ということが常ですが、基本法の場合は、非常に珍しくて、事態が起きてから法律を作ったのではなくて、事態が起こる前に法律を作りました。これも、日本スポーツ法学会とのコラボレーションによって立法したという経緯が大いにプラスになっていると私は分析をしています。なぜかというと、その行政というのは実は現場で進行中の半熟な状態で情報を掴むというのが苦手です。それは構造的に苦手です。というのは、基本的にはスポーツの自治がありますから、上手くいっている時に、行政があんまりでしゃばっちゃいかんという抑制が効いているということがあります。

もう一つ、スポーツの現場から言うと文部科学省に何か報告に行くというのは、相当こじれにこじれてから行くわけです。私も文部科学副大臣の時に、いろいろなスポーツ団体から揉め事を持ち込まれて、日本スポーツ法学会の下に菅原先生や望月先生はじめいろいろな方々にご相談し、お手伝いもいただいたのですが、私のところに来る時には複雑骨折もいいところで、なんでもう少し早く来てくれなかったのかといった状態です。いずれにしても行政の側からもなかなか情報を取りづらく、あるいは現場からも役所に情報を共有するというのはどうしても後手後手になってしまうと

いう構造がありました。一方で、日本スポーツ法学会のメンバーの皆様方というのは、まさに係争中の事案や、もっと言えば係争前の様々な半熟状態で顕在化する以前の状態から、ヒヤリハットの状態から日常的に現場の関係者と接しておられるので、次この辺が危なそうだとか、地雷がこの辺に埋まっているということについての情報を持っておられる、そういう意味でそうした皆様方から出てくるご提言、情報提供が極めて有益だったということを痛感しています。だから、事態後追い型ではなく、問題先取り型の立法ができたともいえます。

　今もインテグリティの問題がありますと、いろいろなところで第三者委員会が結成されます。すると、ほぼ必ずといっていいほど、日本スポーツ法学会の関係者の皆様方が、無給に近いボランティアでご貢献をいただいておりますことに日本国民、スポーツを愛する者として御礼申し上げたいと思いますし、これからもいろいろなスポーツ立法、スポーツ政策が行われてくる上で、この日本スポーツ法学会の皆様のご協力というのは欠かせないということを申し上げておきたいと思います。

　もう一つだけ申し上げますと私自身やっぱり基本法の中でスポーツ権は本当に大事だと痛感していたわけです。なぜかと言うと、会場には山崎弁護士もいらっしゃいますが、私はプロ野球の2リーグ12球団維持のためのストライキの古田敦也選手会長、この前お亡くなりになりましたが松原事務局長、古田さんあるいは松原さんと一緒に、選手会側の応援団としてお手伝いをしていました。その時に議員連盟を作りまして、仙谷由人議員（後の官房長官）を会長とする議員連盟を作りました。プロ野球をもっと健全なものにする議員連盟を作らなければいけないということで立ち上げました。今でも皆さん覚えておられると思いますけれども、ある球団のオーナーの方の「選手ごとき」発言というのがありまして、そういった事案の渦中にいた経験がありましたので、「プレーヤーズ・ファースト」というのは本当に必要だなということをあの時感じていたわけであります。私は2007年に我那覇選手のドーピング冤罪事件のご相談にも乗りながら、これもスポーツ権の侵害事案でしたが、そうした事案に私自身も日本スポーツ法学会の皆様と一緒に取り組み、かかわったということが、私が他の議員を説得す

る上で大いに役立ったと思っております。

2. スポーツ庁の苦しみ

　いろいろな思いをもってできましたスポーツ庁でございますけれども、まず産みの苦しみということで繰り返しになりますけども、スクラップがない中でどうやってスポーツ庁をビルドするかという問題は、政治主導で行うしかないということであります。基本法と連動して、オリンピック・パラリンピックの招致成功につながり、この大きな歴史的な流れが背景にあって、スポーツ庁の設置が可能になったということです。庁の設置も大変だったのですが、いよいよ、本当に立ち上げる段になって、組織をどうするのかが、次の課題となりました。

　一つよかったと思うのは、これまで文部科学省だけでやってきたわけですが、文部科学省にスポーツ庁が設置され、このスポーツ庁長官は鈴木大地さんで、次長は文部科学省ですが、審議官は外務省、課長クラスは、文部科学省、厚生労働省、国土交通省、農林水産省、経済産業省と、庁議メンバーの半分が非文部科学省となっていて、関係省庁の一体化というのは概ね形は整ったのではないかと思っております。それから私は日本サッカー協会（JFA）の理事をしておりますが、JFAからも職員を1人出向かせております。そういう意味で文部科学省の役人だけでなくて、いろいろな役所や民間のスポーツ団体から、人材が結集しています。本当はJFAに続くような民間団体がもっと出てきてほしいと思っているわけでありますが、まずは始まった。もう一つスポーツ行政、スポーツ政策の最大の問題は、スポーツ庁はもとより日本スポーツ振興センター（JSC）、日本オリンピック委員会（JOC）、日本体育協会、これらが、どれだけ一体的に連動的に協働していけるのかということが非常に重要であるわけでありますが、鈴木大地長官の下に、今申し上げました組織の長が定期的に集まって、スポーツに関する課題あるいは情報交換を行っております。特に、さっき申し上げました半熟情報、今までであれば役所に報告するには至っていない不確実、不確定情報も含めて、トップ同士が問題意識も含めて共有すると、こういう

体制を10月1日からとっております。このことによって各組織間の距離というものはかなり埋められているのではないかなと思います。

　ただ国立競技場のことで、少し申し上げておきますと、私は実は9月にはロンドンのラグビーワールドカップに行っておりました。率直に言うと、ワールド・ラグビー協会は非常にお怒りでございました。つまり日本国政府は国立競技場建設にゴーサインを出して、契約までしているんですね。その間、いろいろマスコミで騒動があったので、ワールド・ラグビー協会が何度も何度も日本側に大丈夫か、大丈夫かと言って確認をしており、それに対していろいろ逐次報告をしてサインもしたので大丈夫だと答えていました。しかし、安倍総理が急転直下の1週間前ぐらいに、国立競技場建設計画を白紙撤回。ワールド・ラグビー協会側は、政府がサインしたという情報を聞いて、いろいろなことをスタートさせたと、日本人はいつから、そんないい加減な国になったのかと怒られました。サインしたものを反故にするというのは日本人でないだろう、ものすごく残念なディスアポイントだと、今まで日本と仕事をしてきて、日本というのは、コントラクトを世界で一番守る国民だという信頼が完全に崩れてしまったとおっしゃいました。こういうことは我々ちゃんと総括をしておかなければいけません。

　二つ目はオリンピック・パラリンピックには、国立競技場の建設は間に合いますが、ラグビーワールドカップには間に合わないというのは、ラグビーをリスペクトしてないと取らざるを得ないと、こういうことでございました。折しもワールド・ラグビー協会の会長選挙がありまして、今の方はフランスの方なんですけど、英連邦がそろそろ取り戻したいという政治的背景もあってですね、2019年をラグビーをリスペクトしてない日本に、しかも、日本国民もそんなに期待してないみたいだから南アフリカに開催地を変更しようという動議がほぼ出る寸前までいっておりました。そこで、安倍総理のお詫び状を至急出して、さらに下村大臣（当時）のお詫び状を私が持参し、そして神奈川県知事、横浜市長、つまり決勝及び重要なゲームをやる横浜スタジアムの責任者の決意表明の書状を持っていきました。そして、2019ラグビーワールドカップ組織委員会の島津事務総長が大変にご努力されました。私も、横浜が東京駅からも新幹線で行けば15分で行け

るとか、2002年の日韓FIFAワールドカップの開会式や決勝戦を実施した実績を説明しました。

　もう一つの問題は、観客席が新国立競技場だと8万だったのが横浜だと7万になりますと、1万人減るわけで、決勝を含め、いくつも重要な試合を行いますが、ラグビーワールドカップのチケットはなかなか高い。そうしますと収入が5万人分ぐらい減るわけですね。そうするとそれが開催計画の収入計画に極めて大きな影響を及ぼすので、その補填をどうするのかとか、そういう議論をしに行ったわけであります。そういう最中に日本南アフリカ戦がありまして、その次からの交渉は極めてスムーズにいったんですが、なかなか日本からでは見えていない国際的ないろいろな関係というものが裏にあったということは皆さんに共有をしておきたいと思います。

3. 今後の課題

　最後に、スポーツ庁がこれから解決していかなければならない、日本スポーツ法学会の皆様方にも議論していただきたいお話について申し上げたいなと思っております。大きく言うと2つです。国内の事案についてはこの基本法を基に個別法を作り、あるいはいろいろな事業を立ち上げ、概ねプレーヤーズ・ファーストやスポーツ・インテグリティが大事だということがスポーツ・コミュニティにもシェアされつつあるかなと思います。これまでに慣性力が非常に強いですから、現実はそんなに簡単ではないことは分かっておりますけれども、改善しつつあるかなと思います。

　しかし、ここへ来て起こっていることは何かと言いますと、ロシアの陸上のドーピングの問題であったり、あるいは国際サッカー連盟（FIFA）の巨大汚職、私は実は2022年のFIFAワールドカップ招致委員会の副委員長もやっておりましたので、2018年ロシア、2022年カタールに決まった時にFIFA総会（チューリッヒ）で私はプレゼンをしました。アメリカのクリントン元大統領もイギリスのウィリアム王子やキャメロン首相もチューリッヒに来ていました。ですので、あの前日の夜がどうなったかと実は知っているんですが、世界はこうなっているんだと非常にショックを受けて帰っ

きたわけです。あれは 2010 年の 12 月のチューリッヒで行われました FIFA 理事会で 2018 年のロシアと 2022 年のカタールが決まりましたが、その時の膿が、5 年経って明るみになってきた、こういうことです。私は 5 年前にはうすうす感じていたということなんですが、要は基本法の精神を国内はいいけど、国外適用という言い方はおかしいかもしれませんが、インターナショナルなスポーツ・コミュニティに対してどうシェアしていくのかということについては考えていかなきゃいけないと思います。

　つまり FIFA の不祥事、あるいは、陸上にしても、そういう海外との関係、今までは世界の国際オリンピック委員会（IOC）だ、FIFA だ、あるいは国際競技連盟（IF）の動向に日本がフォロワーとしてついていけばよかったわけであります。しかし 2020 年オリンピック・パラリンピックあるいは 2019 年ラグビーで、我々がホスト国をやるということはどういう事かというと、日本がもっと主体的に責任感を持って世界のスポーツを立て直していかねばなりません。

　2020 年の招致の時に IOC の事務局長などにも申し上げたんですが、実は IOC 自体もオリンピック・ムーブメントをどういうふうにステージ 3 を創っていったらいいか悩んでいます。つまり、ステージ 1 は国威発揚、ステージ 2 はコマーシャリズム、それらを卒業して、いかにステージ 3 に入るか？　ステージ 3 とは何を大切にしていけばいいのかということを真剣に考えています。そうした中で、オリンピック・ムーブメントのこれからを一緒に考えるパートナーとして日本を選んでくれというようなことを私は IOC 事務局に申し上げ、そのことなども評価してくれて、2016 年ブラジルは IOC 事務局も疲れているから、2020 年は日本とそういう前向きなことをやりたいと、こういうことで選んでいただいたわけであります。あるいは、幸いにして FIFA ワールドカップも日本は 1998 年以来連続して出場しているわけですね。連続して出場している国を数えるとそうは多くない。そう考えると、日本の国際的なステイタスというのは、低くありません。しかも女子については優勝・準優勝を飾っているわけですから、そういう意味で単なる国際スポーツ・コミュニティにおけるフォロワーとしての日本ではなく、一緒に世界とともにスポーツ・コミュニティをクリエ

イト・プロデュースしていくリーダーとしての自負がそろそろ必要になっているのではないかと、そういう中でアジア・スポーツ法学会を主催していただいていることは非常にいいことだと思いますし、そうした国際的な貢献をもっと考えていくことが必要だと思います。

　二つ目は実はこの予算の組み方の中で決着がついてない話があります。日本スポーツ法学会の先生方全員お分かりになっているんですが、主要な国内競技連盟（NF）の幹部でも委託費と補助金の区別がついてない人がほとんどです。つまり、委託費というのは国の委託ですから100％国が経費を持てるわけです。しかし補助金というのは補助率がありますから、半分あるいは3分の2が補助です。3分の1は自前資金を持って来る必要があります。この間、国内で発生しているインテグリティの問題は、JFAなど例外を除いて、メダルをあれだけ取るフェンシングでも、NFの財政は火の車、そういう中で何とか補助金をとるためにある種の経理操作が常態化しているという実態があります。これは、にわとりとたまごで誰が悪いということではなくて、やむを得ず、昔、そうしたことを始めざるを得なくなって、今では、やめられなくなっています。しかし、ルール上は相当問題なので、それが今問題になっております。

　内閣府の公益法人認定委員会から、公益法人認定のことでトラブルを抱えている団体のほとんどがスポーツ関係だと怒られています。この経理問題をどうするのか？　公金だけでありません。人さまから預かった、寄託していただいた資金というものをしっかりと使っていく。それからプレイヤーの権利が侵害されている。この財政的な健全性、運営の健全性をはじめガバナンス全体の健全性、極めてベーシックなリーガルマインド、リーガルリテラシーというものを日本のスポーツ団体あるいはスポーツ関係者にどうやってシェアをしていくのかという課題を私もずっと提起をしてきたわけであります。この補助金の使い方についても、委託費と補助金の問題というのをどうクリアするんですかという話から始まっているにもかかわらず、JOCとJSCのコンフリクトとして誤解されています。公金の経理管理ということで日本スポーツ法学会の有志の先生にもお手伝いをいただいて、そうした公金の管理あるいはガバナンスの向上に関して小さなNF

も含めて一団体がそれぞれ専門家あるいは専門のセクションを抱えるのは難しいので、それをコラボレーションしてやりましょうという話がありましたが、結局、進んでおりません。こういう課題などは、まだ安心できる状態ではないと思います。

　いずれにしても来年から、そして、2019 年、2020 年に向けて多くの税金あるいは協賛金含めて巨額の資金が日本のスポーツ界に入ってくるという中で、透明性、アカウンタビリティというものを納税者やその寄付者あるいは協賛者に対して、しっかり確保していかなければなりません。あるいはお金だけではありません。いろいろなボランティアが大事な時間を供出してくださる、ありとあらゆる社会的資源を提供してくださるすべての皆さんに対してのアカウンタビリティというものを向上させていかなければいけません。エンブレム問題も基本的には同じだと思いますが、そういうことを進めていく上で、このスポーツ法学並びにスポーツ法学のプロフェッショナルの皆様方であります日本スポーツ法学会の役割というのは非常に大きいと思いますし、現実問題としてスポーツ庁の政策形成ガバナンスあるいは政策の実行部門と、日本スポーツ法学会がどういう形で具体的なコラボレーションしていくのかということを是非詰めていただくということが重要だと思います。これからも、日本スポーツ法学会の皆様には、知的・人的にスポーツ庁をサポートしていただきますようお願い申し上げます。ご清聴、誠にありがとうございました。

【パネルディスカッション】

日本バスケットボール協会に対する制裁（資格停止処分）が解除されるまでの経緯

境 田 正 樹
（東京大学 理事、
四谷番町法律事務所）

1. はじめに

　2014年11月、公益財団法人日本バスケットボール協会（以下、「JBA」）は、国際バスケットボール連盟（International Basketball Federation）（以下、「FIBA」）から「資格停止処分」を受け、間近に控えたリオデジャネイロオリンピック（以下、「リオ五輪」）予選を含む国際交流試合等一切の国際活動を禁止されるという深刻な事態に直面することとなりました。
　2015年1月28日には、上記問題を解決するために「ジャパン2024タスクフォース」（以下、「タスクフォース」）が結成され、制裁解除に向けた様々な取組みが行われた結果、2015年8月9日、東京で開催されたFIBA中央理事会（セントラルボード）において、JBAに対する制裁が無事解除されました。
　幸いにも私は、前記タスクフォースの委員として、その活動にかかわる貴重な機会を得ました。
　そこで、今日は、制裁の発動後、解除に至るまでの間に、いかなる問題に向き合い、どのように解決を図ったのか、タスクフォースの活動について振り返りたいと思います。

2. 制裁までの経緯と背景事情

(1) 制裁が科されるまでの経緯

2005年に、bjリーグが創設されて以降、日本国内には、JBA傘下のリーグ（現在は一般社団法人日本バスケットボールリーグが運営する「ナショナル バスケットボール リーグ」、以下、「NBL」）と株式会社日本プロバスケットボールリーグが運営するbjリーグが並存することになりましたが、FIBAは、一つの国に2つのリーグが並存することを問題視し、2009年以降、再三にわたって、リーグ統一を実現するようJBAに対し求めてきました。

しかしながら、最終期限とされた2014年10月末までに、JBAは、リーグ統一を実現することができませんでした。

そのため、FIBAは、JBAに対し、2014年11月25日付け書簡により制裁を科すに至りました。その要旨は次のとおりです。

〔制裁の理由〕
① FIBA定款に準拠した機能を保証するJBAの組織再編が実行されていないこと
② 既存の2リーグがJBA管轄下で運営される1リーグへ統合されていないこと、そして、国内全域においてOfficial Basketball Rulesに従って試合が行われていないこと
③ 2020年以降の代表チーム強化に向けた明確な計画の提示がなされなかったこと

〔制裁の内容〕

FIBAは、2014年5月2日付け書簡、同年10月17日付け書簡及び、2014年9月13日に開催されたFIBA中央理事会（Central Board）の決定に基づき、JBAを資格停止処分とする。

この結果、JBAは、FIBA定款に従い、FIBAの加盟国協会としての権利を喪失し、FIBA及びFIBA Asiaの行事（スポーツまたはその他）に一切参加することが出来なくなる。

(2) FIBA が制裁を下した背景事情

　日本におけるバスケットボールの競技者数は約 400 万人、登録者数は 2015 年には約 62 万人であり、野球を除けば、国内競技では、サッカー（競技者数 640 万人、登録者数 96 万人）に次ぐ規模です。

　しかしながら、男子日本代表チームは、1976 年のモントリオール・オリンピック以来、40 年近くオリンピックに出場できていません。

　また、JBA の事業規模（年間収入約 15 億円）は、公益財団法人日本サッカー協会（以下、「JFA」）の事業規模（約 180 億円）の 1 割にも満たない状況です。

　さらに、男子プロリーグの興行に関しても、J リーグの各クラブの 1 試合当たりの平均集客数は約 1 万 7000 人、年間売上平均は約 31 億円であるのに対し、バスケットボールのプロチームの 1 試合当たりの平均集客数は約 1500 人、年間売上平均も 1 億円〜2 億円のプロチームがほとんどで、大半のチームが財政的に厳しい状況下での運営を余儀なくされていました。

　このような状態であるにもかかわらず、JBA は、2006 年世界選手権のホスト国となった際に、当初の見込みを大きく超える多額の費用負担が生じたことをきっかけに、組織内で混乱・対立が生じ、会長や専務理事が頻繁に交代することとなり、組織として統一的安定的な意思決定ができない状態が続いてきました。その結果、2007 年は 1 年間、男子代表チームが活動しないというような異常事態も生じました。

　とはいえ、現在の JBA の事業規模は、J リーグ（1993 年に開幕）が発足する前の JFA の事業規模とほぼ同程度であり、もしも JBA が、国民から注目される魅力ある代表チームを組織し、J リーグのような高い収益性とブランド力のあるプロリーグと一体となってマーケティング規模を拡大するとともに、JFA が実施したようなガバナンス改革を実現できれば、2020 年東京オリンピック・パラリンピック開催の追い風を受け、アジアバスケットボール界のリーダー的存在になれる可能性は十分にあります。

　制裁以前に FIBA と JBA 間でやりとりされた書簡や会議議事録を読み返し、関係当事者からの話を聞くと、FIBA は、上記のような日本バスケットボール界の大きなポテンシャルを認めた上で、JBA に対し、抜本的な改革を求めてきたことが理解できました。

このような FIBA の期待と要求とは裏腹に、JBA は意識改革・組織改革ができず、FIBA から再三求められていたリーグ並存状態の解消についても、具体的な解決策を結局見いだせないまま、最終回答期限とされた 2014 年 10 月末日が過ぎ、もはや JBA が自律的に諸問題を解決できる能力が欠けていることが明白となりました。

このような経緯を経て、FIBA は JBA に対し、「資格停止処分」という制裁を科した上で、自ら「タスクフォース」を設置し、タスクフォースが JBA の抱える問題解決をリードするとの決定を下したわけです。

3. FIBA による制裁の本質

FIBA が制裁を科したのは、リーグ統一がなされなかったためだと、一般に考えられているように思われますが、FIBA は、単純に 2 つのリーグが並存することのみをもって処分を下したわけではありません。

FIBA の定款、内規のなかで、国内に 2 つのリーグが並存すること自体を明確に禁ずる規定は存しませんし、また、FIBA の内規（Internal Regulations 20 10, Article 72）には、affiliate されていないリーグ、クラブが存在することを禁じる規定がありますが、現在、bj リーグは JBA の認定団体となっており、affiliate されている団体という解釈も可能であるとすれば、この規定にも抵触しません。

むしろ、FIBA は、定款上（General Statutes,Article9.1a）、国内統括団体（National member federation）には、national competitions を十分に支配し統治する（maintain full control and governance）義務があるにもかかわらず、JBA は bj リーグを十分に支配し、統治できていない、ということをもって制裁を科したと考えられます。

では、JBA は bj リーグに対し、いかなる「支配・統治」を及ぼすべきであったのでしょうか。以下、JBA と bj リーグがどのような関係にあったのかという点を考察し、FIBA による制裁の本質について改めて検討を試みたいと思います。

(1) JBA の規程における bj リーグの位置付け

　2005 年に創設された bj リーグは、JBA により設置の認められた団体ではありませんでした。このような組織が、バスケットボールの全国リーグを主催するというのは、JBA の基本規程、すなわち全国リーグの主催権[1] は、基本的に JBA にあり、JBA から譲渡されあるいは承認された者以外の者がリーグを主催することはできないという規定[2] に真っ向から反することでした。また、その競技規定も独自のルールを採用していました。

　そして、2009 年、bj リーグは、JBA の所属団体の一つである「認定団体」として認定されましたが、認定された後も実態としては JBA の統轄下にはありませんでした。すなわち、NBL が、JBA の「連盟」[3] として位置付けられ、JBA の定款、基本規程その他諸規程を遵守する義務[4] を負い、JBA はその違反に対し、除名、公的業務の停止、出場資格の停止、罰金、戒告等の懲罰権を行使できるのと異なり、「認定団体」[5] である bj リーグは JBA の決定に真摯に対応すべき努力義務を負うだけであり、JBA が bj リーグに行使できる制裁も、JBA の「趣旨に反する行為」を行った場合に認定を取り消すことができるのみだったのです（基本規程 90 条）。

(2) JBA による支配統治の必要性

　ところで、なぜ JBA すなわち中央競技団体（NF）が、加盟団体や登録団体等（競技団体）を統括できるのか、JBA による統括（轄）がなぜ必要か、その存在意義について、改めて検討してみます。

　JBA の定款上、JBA は、「我が国におけるバスケットボール競技界を統轄し、代表する団体としてバスケットボールの普及及び振興を図り、オリンピック競技大会や世界選手権大会へ向けて競技者を育成強化し、バスケットボールを通じて、国民の心身の健全な発展に寄与し、また豊かな人間性を涵養することを目的とする」（定款 3 条）とされています。

　そのために、JBA は「バスケットボールの技術の研究や向上と普及や振興に関する基本方針」の確立、競技規則並びに競技者規則の策定、競技会の主催及び主管等の事業運営規則の策定並びに開催、審判の養成・認定・登録、指導者の養成・認定、登録、国際大会の開催、代表チームの選定・派遣、競

技の公式記録の作成・保存、さらには、日本バスケットボール界を代表する唯一の団体として公益財団法人日本体育協会及び公益財団法人日本オリンピック委員会、FIBA 等に加盟すること、バスケットボールの施設及び器具、用具の検定又は認定等を、事業として行う（定款4条）こととされています。

　これはすなわち、国内でバスケットボールの普及及び振興を図り、競技者を育成強化し、オリンピック等の国際大会で活躍できる代表チームを産み出し、それによって、バスケットボールというスポーツを通じて、「国民の心身の健全な発展に寄与し、また豊かな人間性を涵養する」ためには、JBA が国内バスケットボール界唯一の統括団体、日本の唯一の代表機関として、世界標準に従って日本バスケットボール界の共通ルールを策定し、これを遵守させてゆくことが必要ということです。

　また、スポーツ団体のうち、必ずしも NF のみを想定しているものではありませんが、スポーツ基本法は、「スポーツ団体」の努力として、「スポーツ団体は、スポーツの普及及び競技水準の向上に果たすべき重要な役割に鑑み、基本理念にのっとり…（中略）…スポーツの推進に主体的に取り組むよう努める」べきものとしています（同法5条1項）。

　JBA の規程に従わない、JBA の統轄外の組織の存在を認めた場合、国内では JBA の認識しない有料競技会、国際交流試合が横行し、選手等に関しても、JBA の全く知らない選手等が国内外で活動を行うこととなり、日本代表チームの選抜、招聘にも困難が生じます。その結果、バスケットボールというスポーツを通じたスポーツ基本法の基本理念の実現も阻害されることとなるのです。

　身近な例にたとえるならば、危険を防止し交通の安全と円滑を図るための道路交通法が存在するにもかかわらず、道路交通法を守る義務を負わない車両が国内の公道を走行しており、その取締りすらできないという状態が生じるのです。

(3) JBA による支配統治の根拠

　このように、JBA による競技団体統轄の必要性が認められるとしても、その統轄権限の根拠はどこに求められるか、という問題は別途存します。

　この点、前述の例に照らせば、国が道路交通法を定め、国家権力がその違

反について取締りを行う場面とは異なり、JBAはあくまで私法人であり、JBAが統轄権限を有する根拠は、JBAの内部規定にしか存しません[6]。

JBAの統轄団体としての権威、バスケットボール界を統轄する権限は、そうだとすると、バスケットボール競技団体、あるいは競技関係者の明示・黙示の承認（同意）に求めるほかないのです。

現実にJBAは、bjリーグとの関係でこの「承認」を失ったがために、統括団体としての権威・権限を喪失してしまったのです。

そしてbjリーグは、実態としてはJBAの統轄下にないまま、2005年から10年もの間、リーグの運営を行い、その間に全国のバスケットボールファンにも根付き、エンタテインメント性の高い魅力あるリーグとして、社会的に認知・承認されるに至っています（上記の道路交通法の例えを用いると、道路交通法を守らなくとも、一見道路の通行に特に支障が生じてはおらず、他の価値まで生じた、ということです）。

(4) FIBAによる制裁問題の本質

FIBAはこの状態を許さず、JBAがその存在意義を日本のバスケットボール界に示し、本来の統轄権限を取り戻すことを要求しました。これが今回の制裁であったと私は考えています。

前述のように、JBAの権威、統轄権限は、バスケットボール界の競技団体や競技にかかわる個人による明示・黙示の承認が前提となります。

これを喪失したJBAには、bjリーグやこのリーグを支えるファンやバスケットボール関係者の信頼、これらの者に対する権威を取り戻すための「改革」が求められたのです。

その改革の第1として、すべてのバスケットボール関係者らが納得できる公平・中立・合理的な組織を再構築し、かつJFAのように事業性を重要視する組織を再構築するという「ガバナンス改革」を実行することが求められました（タスク1）。

そして、そのガバナンス改革の一過程、ガバナンス改革がなされた証として、「リーグの統一」という結果を出すことも求められました（タスク2）。

さらにまた、バスケットボールの普及・振興、競技者の育成・強化という本

来の目的を果たすことも求められました（タスク3）。

そしてこれらの「改革」の根幹は、JBA がバスケットボールファンを含むすべてのバスケットボール関係者の信頼、これらの者に対する権威を取り戻すために必要な理念とビジョンを再確認し、実現しようとすることであったと考えています。これは、「JBA2010 年宣言」にも端的に表現されています。「バスケットボールの普及・進行と強化を図り、もって人々の心身の健全なる発展に寄与する」という「JBA の理念」と、「バスケットボールを愛する誰もが、バスケットボールを楽しめる環境を作る」「全ての人々に感動と希望を与え、皆が誇れる日本代表チームを作る」という「JBA のビジョン」です。

4. ジャパン 2024 タスクフォースの活動

(1) タスクフォースについて

2015 年 1 月 28 日、FIBA からの資格停止処分の早期解除と、今後、JBA が継続的に発展するための仕組みの構築を目的として、タスクフォースが設置されました。

タスクフォースのチェアマンには、川淵三郎氏（公益財団法人日本サッカー協会・キャプテン（最高顧問））、コー・チェアマンにはインゴ・ヴァイス氏（FIBA セントラルボードメンバー）が任命され、さらにタスクフォース委員として、公益財団法人日本オリンピック委員会を代表して青木剛氏、公益財団法人日本体育協会を代表して岡崎助一氏、その他チーム関係者2名、女子バスケットボール関係者、マーケティングの専門家、JBA を代表して梅野哲雄氏などが任命されました。さらに、オブザーバーとして、文部科学省スポーツ・青少年局長、FIBA 事務総長であるパトリック・ボウマン氏が就任しました。

また、タスクフォースのもとに次の3つのワーキンググループ（WG）を設置することが決議されました。

①トップリーグ WG
②ガバナンス WG
③バスケットボールデベロップメント WG

私は、タスクフォース委員に任命されるとともに、ガバナンス WG のリーダー、

トップリーグWGのメンバーとなり、事実上、これら2つのWGの実働部隊として活動することとなりました。

　その活動としては、リーグ統一やガバナンス改革のスキーム造りは当然ながら、その実装のための調査（資料分析、関係者ヒアリング、実地調査等）、実行案の作成・翻訳、実行にあたっての関係者への連絡・告知等のやりとりに加えて、タスクフォース会議（計6回）の開催に際してはアジェンダ・配付資料・プレスリリース資料等の作成、会場確保と設営、メディア対応等、さらには、JBAが負担することとなるタスクフォース関連費用の管理まで、多岐に及びました。

　また、タスクフォースの活動は、基本的にFIBAと情報・認識を共有しながら進める必要がありましたが、その日本側窓口を私が務める必要も生じました。

　以下、①トップリーグWG及び②ガバナンスWGの活動について述べます。

(2) トップリーグWGの活動
1) トップリーグWGの活動の概要
　トップリーグWGの活動の目的は、併存する2つの男子リーグを1つに統一することでした。

　トップリーグWGは、リーダーを川淵三郎チェアマン、サブリーダーをスコット・ダーウィン（FIBAセントラルボードメンバー）とし、私もそのWGメンバーとなりました。

　トップリーグWGが最初に行ったのは各種データの収集と検討です。

　新たなリーグ統一の道筋を検討するには、関係法人の実態を把握することが必要であり、そのためには、まずは各法人の財務状態を把握すべきであると考えたのです。

　そこで、第1回のタスクフォース会議の後、私は直ちに、bjリーグ運営会社、NBL、NBDL運営団体に加えて、bjリーグ及びNBL、NBDLに所属する全チームに対し、3期分の財務データ（貸借対照表、損益計算書、税務申告書等）の提出を依頼し、これを検討するとともに、あわせて、両リーグの関係者、チーム代表者に対するヒアリングも実施しました。

　そして、その過程で、リーグを統一するためのスキームとしては、新リーグ

運営法人を立ち上げ、既存リーグに所属するチームが既存リーグを退会した上で、新リーグに入会するという方法を採るしかないと判断しました。

　トップリーグWGは、平成27年4月1日、新リーグ運営法人である一般社団法人ジャパン・プロフェッショナル・バスケットボールリーグ（JPBL）を設立し、4月末日までに全チームの入会届を受領し（既存リーグに退会届を提出していることを入会の条件とした）、5月末日、入会審査結果を発表し、ほぼ全チーム（入会申込のあった47チームのうち45チーム）の入会を承認しました。これによって、トップリーグWGの作業の第一段階が完了しました。

　以下、リーグ統一の過程で検討したいくつかの点について詳述します。

2）リーグ統一の基本スキームについて

　リーグ統一のスキームに関しては、当初は、NBLを運営する法人とbjリーグ運営会社が当事者となって組織再編（合併・事業譲渡等）を行い、その組織再編後の法人が新リーグを運営するという手法をイメージしていました。しかしながら、この2つのリーグは、競技規則や試合運営のルール、審判制度、選手に関する規則（移籍制度やサラリーキャップ）等のレギュレーションが異なるため、その調整には相当の時間を要すること、また、それぞれに異なるスポンサーを抱えているため、権益の調整にも時間を要することが明らかでした。また、bjリーグの資本金は約15億円であるが、創設後10年間の累積損失が約15億円近くに上ったため、組織再編に向けて、その事業価値の評価額を合意することにも相当な時間がかかることが予想されました。さらに、リーグ運営法人が上記の判断を行うには、リーグが各所属チームの同意を得るという手順も必要と思われました。

　このような事情を勘案すれば、6月までの短期間で、両リーグの組織再編についての条件を定め、両リーグの合意を得ることが困難であることは明らかでした。

　そこで、川淵チェアマンと私は、リーグという事業を運営する運営法人とその事業とを切り離し、事業のみを新たに設立するリーグに移転すること、すなわち、リーグの事業を構成するバスケットボールチーム（その運営法人）を既存のリーグから切り離し、新リーグに帰属させるという手法をとることとしました。

このリーグ運営法人とチーム運営会社を切り離すという手法を選択した背景には、次のような考えもありました。
　すなわち、6月までにリーグ統一ができなければ、日本代表チームがリオ五輪の予選に出場できないどころか、日本のバスケットボール界が国際社会から隔離された状態が続き、2020年東京オリンピックへの出場も危ぶまれることになります。そのような結末は日本バスケットボール界のみならず、スポーツを愛する国民の誰もが望んでいないはずですが、リーグの権益等の調整ができずリーグ運営法人の同意が得られなければ、その結果は必然となります。
　そのように考えたとき、自らあるいは法人の利害関係者の権益を第一に考えざるを得ない[7]リーグ運営法人に、バスケットボール界の将来を委ねてよいのかという疑問が生じ、そうではなく、この将来選択は、バスケットボール界を支える基盤であり日本代表として活躍することになるであろう選手やファン、これらを身近で支えるチームの判断に委ねるべきではないか、リーグ運営会社は所属するチームの選択を尊重すべきではないか、との考えに行き着きました。
　前述したチーム代表者に対するヒアリングを通じて、私は、ほとんどのチームが新リーグに参加してくれるであろうという確信も得ていました。
　他方、チームが新リーグに参加しない、すなわちリーグ統一に賛成しない、という判断を万が一行うのであれば、それが日本バスケットボール界の選択であり、制裁が解除されないという結論も受け入れざるを得ないであろうという思いもありました。

3）新リーグ設立等の具体的手順
　上記スキームを具体的に検討し始めてすぐに、両リーグの規約上、チームがリーグを退会するためには、「参加しないシーズンの開幕月（注：通常は9月か10月）が属する年の前年の6月末までに」退会届を提出することが必要であること、すなわち、2016年10月からのシーズンに新リーグを開幕するためには、両リーグに所属するチームが2015年6月末までにリーグに退会届を提出する必要があるということが判明しました（逆に言えば2015年シーズンからの開幕は不可能ということでもありました）。
　タスクフォースのリーグ統一のスケジュールも考慮すると、私は、両リーグ

所属チームには2015年5月末までにリーグに退会届を提出してもらうことが必要であると考えました。

そしてさらに、チームの立場に立てば、「新リーグ」というリーグ戦の受け皿がない状態で既存リーグに退会届を出すという判断はできないのではないか、また、リーグ統一というFIBAに与えられた課題に対する回答としては、新リーグの「成立」という結果までをFIBAに示すべきではないかと考え、そのためには退会届を提出する時までに、運営法人を設立しておく必要があると考えました。

その結果、退会と入会という一連の手順とタスクフォースのリーグ統一スケジュールを検討し、4月1日に新リーグ運営法人を設立し、4月末日[8]までに、各チーム運営会社から、既存リーグへの退会届と新リーグへの入会届けを提出してもらうというスケジュールを決定しました。

川淵チェアマンと議論を重ね、この結論に行き着いたのは、2月10日前後であり、川淵チェアマンは、2月12日の各リーグの代表者会議(チーム代表者全員で構成される会議)では、このスキームを公表しました。

4)新リーグの概要・要件について

新リーグの具体的な概要や要件の検討は、Jリーグを立ちあげ成功に導いた川淵三郎タスクフォースチェアマンの知識と経験に専ら頼ることとなりました。

リーグ統一のための課題として、これまで組織委員会等で問題となった点は、大きくは、企業チームといわゆるプロチーム(バスケットボールチームの運営を主たる目的とする会社が運営するチーム)との差異をどこまで認めるかという点から生じる次の3つでした。すなわち、①チーム名に企業名を入れることを認めるか、②企業チームに独立法人化、すなわちチーム運営会社と企業の切り離しを求めるか、③プロ契約ではない従業員選手を認めるか、という問題でした。

これらの問題については、川淵チェアマンが、②と③については、プロリーグである以上は基本的に譲れない条件であるとして、一部リーグに所属するには、独立法人化と選手のプロ化は必須としましたが、①については、Jリーグが新たにプロリーグを立ち上げたのとは異なり既存のプロリーグを統一する場面であることから、従前から企業名をチーム名に付していたチームの存在を尊

重すべきとして、チーム名に企業名を入れることを容認することを決断しました。結果として、一部リーグ入りした企業チームはこの決定に従っており、そこに大きな衝突や混乱はありませんでした。

むしろ問題となったのは、その他のトップリーグ要件でした。

2月12日の各リーグの代表者会議で、川淵チェアマンは、「私案」として、次の案を示しました。

- 社団法人を設立して新リーグを立ち上げ、チームには、既存リーグを退会して新リーグへの入会の意思表示をしてもらいたいこと
- 2016－17シーズンに新リーグを開幕すること
- 1部、2部、地域リーグとピラミッド型で運営すること
- トップリーグチームについては独立法人化すること
- トップリーグチームに関しては、5000人収容のホームアリーナでホームゲームの8割を開催すること
- サラリーキャップ（年俸総額制限）を廃止すること

タスクフォースは、3月25日の第3回会議で、同様のトップリーグ要件を公表しました。

この中でも特に「5000人収容のホームアリーナでホームゲームの8割を開催する」という条件については、異論が多く述べられることとなりました。

2月12日の各リーグの代表者会議でも、特に県内の全域で活動している複数のチームから、地域密着、ファン層拡大のためには、県内1箇所で試合をするのではなく、県内を幅広く巡回して幅広い層に試合を見てもらう必要があるという強い反対意見が述べられました。また「5000人アリーナは不可能である」という否定的な意見は、間接的な形で私の耳にもよく入ってきました。

しかしながら、川淵チェアマンのこのホームアリーナ構想も、最終的には多くのチームに受け入れられ、このアリーナ要件を充たしたと評価できるチームは最終的に20を超えました。その中から、1部リーグ所属チーム18チームが選抜されることとなったのです。

川淵チェアマンのホームアリーナ構想が最終的に受け入れられたのは、その構想が既存のプロのクラブのあり方や現状からスタートしたものではなく、バスケットボールクラブが、プロのクラブとして成功し存続してゆくための必要

最低条件を考慮したものであったためであると私は考えています。このアリーナ構想は、プロクラブが存続するための集客規模（チケット収入、スポンサー収入の両面から相応の集客規模が必要であること）、地域に根付くための地方自治体，都道府県バスケットボール協会等の支援の必要性などの重要な条件を、一言で表現するものであったのです。

　実際に、入会を認める要件として、都道府県バスケットボール協会の「支援文書」、ホームアリーナ確保を確認するための資料として地方自治体の「支援文書」の提出を求めたところ、ホームアリーナ確保や支援文書取得の過程を通じて、地方自治体や都道府県バスケットボール協会との関係が劇的に変化したチームもありました。なお、クラブが自治体や地元経済界からの支援を得られるよう、川淵チェアマンと私らは、特にトップリーグ要件に否定的な意見も聞かれた初期のころは、可能な限り、県庁や市役所等を訪問するなどして、首長等に対し、クラブへの支援を要請しました。

　また、3月25日に開催された第3回タスクフォース会議では、トップリーグチームの要件として、債務超過でないこと（入会申込時点で債務超過である場合には、入会後2年以内に債務超過を解消できる具体的計画の提示を要する）、トップリーグ1部については年間売上収入2億5000万円以上であることという条件を提示しました。と同時に、2015年7月末に1部、2部、3部の階層分けの発表を行う予定であることも公表し、実際には7月末と8月末の2回に分けて発表を行いました。その結果、最終的な階層分けを発表した8月末までの約5ヵ月間で1部入りを目指した多くのチームの財務状態は大幅に改善され[9]、なかには億単位の資本注入がされたり、スポンサー収入が倍増するチームが現れるなどしました。

　プロリーグを成功させるためには、リーグ運営法人はもとより、所属クラブの運営が健全・適正になされること、さらにクラブが自治体や経済界から支援されることが必須であり、トップリーグ要件はその基盤作りとしても必要な要件であったと考えています。

(3) JBAのガバナンス改革について

　JBAのガバナンス改革については、そのポイントのみ紹介することとします。

まずはJBAの加盟団体をはじめ国内のバスケットボール関係者に、前述したJBAの基本規程等諸規程の遵守（FIBA規程を遵守することでもある）を徹底することが重要であったため、定款や基本規程、その他諸規程の見直しを行い、今後も遵守を徹底してゆくことが確認されました。

　そして、JBAが国内バスケットボール界を統轄してゆくためには、スピーディな意思決定を行い強力なリーダーシップを発揮することが必要であると考え、理事や評議員全員が辞任をした上で、大幅な組織改革を行いました[10]。

　さらに、JBAの組織単位[11]としての都道府県協会や各種の連盟に対する指導監督体制とコミュニケーションを強化・確立することも確認されました[12]。

　新リーグ運営法人であるJPBLとの関係においては特に、JBAの支配、統治権限を明確にするため、JBAとJPBL間で、JPBLがFIBAやJBAの諸規程を遵守する旨等を定めた契約書を交わすこととし、さらに、チームがJPBLに入会する際には宣言書の提出を求め、宣言書においては、チームがJBAの理念及びビジョン、JPBLの理念及び活動方針に賛同し、それらに従って活動すること、JBAとJPBLを当事者とする契約書の内容を確認し承諾する旨を明記することとしました。

5. おわりに

　冒頭で述べましたように、2015年8月9日、東京で開催されたFIBAセントラルボードにおいて、JBAに対する制裁は満場一致で全面解除されることとなりました。感無量の瞬間でした。

　会議の席では、パトリック・ボウマン事務総長、インゴ・ヴァイス財務担当理事から、「短期間でパーフェクトな仕事をこなしたタスクフォースに対し、心から敬意を表する」との言葉を頂けました。

　しかしながら、制裁解除に至るまでの約半年間を振り返ってみると、当然のことながらタスクフォースの示す改革案に否定的、非協力的な意見もあり、難しい局面に遭遇することもしばしばありました。

　これらを克服し、最終的にFIBAの求める改革プランを実現できた要因は、日本のバスケットボール界の危機を乗り越え発展させたい、日本代表をオリン

ピックに出場させたいという、バスケットボール、スポーツに対する思いを、バスケットボール関係者のみならず、タスクフォースにかかわった多くの方々と共有できたことにあったと思います。

さらに、もう一つの成功要因を探れば、FIBAの理想とするNFモデルとプロリーグ像が、実は、JFAとJリーグにほぼ合致していたということにあり、川淵チェアマンをはじめ多くのサッカー関係者が、バスケットボール界の改革に、多大な時間と労力を費やし協力して頂いたことにあったと思います。

サッカー関係者の協力をここまで得ることができたのは、川淵チェアマンの「サッカー」に限定しない「スポーツ」を愛する理念が、サッカー関係者にも浸透していたからにほかならず、そのサッカー関係者の姿勢はまさにスポーツ基本法の理念を体現するものでした。

今回の改革は、さらに数多くの方々の献身的な活動・協力によって実現されたものでした。

全タスクフォースの会議に出席し、すべての実務作業を完全に把握した上で、献身的な支援を続けてくれたインゴ・ヴァイス氏、スポーツ界全体でJBA改革を支援しようと様々な形で協力して頂いた文部科学省、JOC、日本体育協会等の関係者の方々、タスクフォースによる改革を積極的に受け入れ内部改革を粛々と進めたバスケットボール関係者、昼夜を徹し膨大な事務作業を担ってくれたJBA職員、スポーツ議員連盟、マスコミ関係者その他にも大勢の方々の活動、尽力、協力を得て、タスクフォースは無事その任務を終えることができました。

また何より、多数の関係者を一つにまとめていたのは、川淵チェアマンの理念と情熱であり、川淵チェアマンの高い理念と志、緻密な戦略、周りの関係者に対する心配り、経験に裏打ちされた強力なリーダーシップがなければ、今回の改革は実現できませんでした。

バスケットボール界の抱えた問題は、日本の他のスポーツ界が現在抱え、あるいは将来抱えることになるかも知れない普遍的な問題ではないかとも思われます。

今回のお話が、今後の同様の問題の解決の一助になれば幸いです。

【注】
(1) 自己の名義において試合、イベント等（以下「試合等」という）を開催することをいう。
(2) JBA の基本規程では、日本国内において開催されるバスケットボール競技会は、すべて JBA の管轄下にあり、特に開催地または参加チームが複数の都道府県に跨る競技会の主催権は、全て JBA に帰属する（126条1項）、日本国内においてバスケットボール競技会を開催するには JBA から主催権を譲渡または承認される必要があり、その場合には当該競技会に関する JBA の決定・指示に従わなければならないこと（同2項ないし4項）が定められている。
(3) 「チームまたは選手の属性によって分類される全国組織であって、バスケットボール競技の普及および発展を図るために JBA が設置したもの」と定義されている（基本規程62条4号）。
(4) 具体的には、前述した国内（有料）試合の無承認開催の禁止（基本規程126条、国際試合に関しても同様・140条）のほか、審判制度、コーチライセンス制度に従う義務など。
(5) 「バスケットボール競技またはバスケットボール競技に類似する競技の普及および発展を事業目的とし、本協会の趣旨に賛同する団体であって、申請に基づいて本協会が認定したもの」と定義されている（基本規程62条5号）。
(6) スポーツ基本法も、スポーツ団体の努力を定めるが、その権限については何も触れていない。
(7) リーグ運営法人が法人である以上、所属するチームや選手のみならず、取引先や株主など様々なステークホルダーを抱え、その権益を守るべき立場にあることは当然のことであり、それらの権益を第一に考えたことを否とするものではない。
(8) 当初は、5月末を考えていたが、タスクフォースから、制裁解除を確実にするために入会期限を4月末までにして欲しいという要望があり、4月末に前倒しした。
(9) 残念ながら相対評価で2部となったチームもあったが、財務状態改善という結果は得られた。
(10) 具体的には、理事の人数を27人から6人に減らし、新たに専務理事に「事務総長」という役割を与えた。また、評議員を一年間は各都道府県協会の代表者のみとし最小人数の47人として、1年後には、リーグ所属チームの中から選ばれた者などから20数名程度を新たに加えることとした。
(11) JBA は財団法人であるため、実際には都道府県の理事長または専務理事等の執行役員が評議員として選任される形となる。
(12) 都道府県協会については2016年4月までにすべて法人化することが既に決定済みであり、連盟についても必要に応じて法人化を進める予定である。また、都道府県協会や連盟の財政状況等も調査し、統一的な強化育成、普及活動が行われるような財政基盤を形成してゆくことなども考えられている。

【パネルディスカッション】

スポーツ庁設置の沿革と課題

鈴 木 知 幸
（スポーツ政策創造研究所代表）

スポーツをとりまく状況

　スポーツ庁設置に関するこれまでの進捗を踏まえ、これからの課題について重点的にお話申し上げたいと思います。

　スポーツ庁の検討経緯としましては、中曽根元総理の諮問機関としてできた臨時教育審議会（以下、「臨教審」）の答申に初めてスポーツ省庁という言葉が出てきます。その後、いくつかの経緯を経ていわゆる遠藤レポートと言われているスポーツの振興に関する懇談会の報告書ができて、それを基に「スポーツ立国戦略」が発表されます。この平成19年は、安倍内閣の第一次の教育改革の時期でして、同じ年に教育再生会議が教育基本法と学校教育法の改正を行います。これらの経緯を踏まえて議員立法でスポーツ基本法が成立したのはご承知のとおりです。この経緯を踏まえてスポーツ庁の創設に至ったということでございます。

　この経緯の中から取り上げたいのが、この遠藤レポートです。このレポートの中で、なぜ国家戦略なのかという5つの理由を上げております。1つは国際社会のおける真の先進国、日本の国力とプレゼン力を高めるためにと題しまして、我が国は国際社会をリードする先進国の1つでありますが、

その存在意義を持ち続けるには真の先進国として相応しい総合力としての国力を持ち、日本として高いプレゼンスを示さなければならない。現在の我が国は国力としてのスポーツ力、とりわけオリンピック競技大会におけるメダル獲得数などが構成要素となる国際社会対応力に乏しく、真の先進力が備えるべき国力のバランスが取れていない。すなわち真の先進国である日本としてはあまりにもメダル数が少ない、すなわちメダル数がスポーツ力であり、スポーツ力が国力であるということを言っているわけです。

　２番目に軍事的・経済的な関係による安全保障で、国際競技大会を始めとするスポーツ交流は国家間の摩擦を軽減する、世界の人々との交流を促進し有効な環境を構築することは、我が国の総合的な安全保障に大きな効果をもたらす。何か昔のピンポン外交を利用しているような言葉にも聞こえるのですが、いわゆる軍事的・経済的な国家間の摩擦をスポーツによって十分有利な効果を表すと言っているわけです。

　３つ目が国民の健全育成のために、というのが出てきます。国際競技大会における日本人選手の戦いのことを日本人に強力な同朋意識をもたらせ、日本国民であること、日本人であることへの帰属意識を高め、さらに日本人として誇りを強める。当時の教育改革の時には愛国心という言葉が随分言われました。愛国心という言葉はイメージがよくないというので、国を愛する心と直したのですが、内容は同じです。これがレポートにも非常に似た言葉として出てきます。

　次に、変わりゆく世界のトップスポーツということで、これまで我が国の国際競技大会における活躍は、競技者や指導者としての個人または一競技団体の努力と創意工夫によって支えられております。しかし、トップスポーツは、もはや個人レベル、競技団体レベルで戦っていては世界に伍していけないと評します。そしてスポーツ先進国のイギリス、ドイツ、フランス、オーストラリア、韓国等の国々は国策としてやっていると、何でここに韓国が入ってくるのかちょっと違和感もありました。韓国ってそんなにスポーツ先進国ですか、まあゴルフは負けていますけれども、今こそ真の先進国として責務遂行に強力な力を持つトップスポーツによるスポーツ立国日本を目指す時であると力説します。

これらがいわゆる遠藤レポートと言われているものです。そして、その言葉がそのまま基本法の前文に入り、国家戦略としてスポーツに関する施策を総合的かつ計画的に推進するため、この法律を制定すると表現されるわけです。この言葉がそのまま生かされて、附則のところにスポーツに関する施策を総合的に推進するために、スポーツ庁のあり方について検討を加える、というふうに出てくるわけです。だから全部これらが連脈しているのですね。そのことは、文科省のホームページをご覧いただければお分かりになりますが、ここに学校体育課と生涯スポーツ課がでてきます。オリンピック・パラリンピック課はご案内のとおり、時限課ですので、オリンピックが終ったらこれがなくなるということで説明されております。

スポーツ行政の一元化

　散々言われてきましたスポーツ行政の一元化について整理したいと思います。まず自民党のスポーツ立国調査会の中ではスポーツ関連行政を一元的に推進できる体制、これは例の臨教審から異口同音でずっと続いてきています。一元化の問題として一つの例を挙げますと、国土交通省は都市公園法による運動施設整備費を特定財源から、社会資本整備交付金に組み込み、一般財源化にしています。平成22年までは市街地整備費として都市公園が入っていますが、これは特定財源だったのです。これにしか使えない財源があったのですが、平成23年の社会資本整備総合交付金として一括交付金になり、特定財源から一般財源になったのです。この理由は以下のような説明書きがされています。「平成22年度に国土交通省所管の地方公共団体向け個別補助金を一つの交付金に一括し、地方公共団体にとって自由度が高く、創意工夫が生かせる総合的な交付金として社会資本整備総合交付金を創設する」。すなわち、公園内のスポーツ施設整備費は道路や橋や岸壁等の経費と同じ扱いをされたということです。したがって、地方自治体は一番重要度の高い方にお金を振り分けることができることになりましたので、ここに都市公園整備費を確保する順位は低くなるのではないでしょうか。それは先ほどのスポーツ関連行政を一元的に推進できる体制

と言いながら、国土交通省は自分達の省益を守るように手をすでに打っているのです。これが民主党政権の時にやったのだっていう人がいますが、それは省益を守る官僚はここら辺にちゃんと手を打ってあると私は思っております。

　もう一つが平成26年の有識者会議、及びスポーツ議連の有識者会議が、スポーツ庁に部分的に事業を移管することを求めるよりも、スポーツ行政の指令的役割を果たすことが重要であるとして、指令的役割に話を変えます。ところが、政策立案を行うスポーツ庁と、その政策を一元化し執行するJSC、公的資金を活用して事業を推進するJOCの団体の三階層に分類し役割を明確化し、今後スポーツ行政の一元化を図ると記述します。これは省庁の横断的一元化ではなく、文部科学省内の縦の一元化に移したといわざるを得ません。すなわち、省庁横断的な事務の一元化は無理だろういうことで、省益は一元化出来なくても、スポーツ庁が司令塔的役割を果たすと変えたわけです。また、スポーツ議連の中には障害者スポーツの推進はスポーツ行政の一元化の視点から取り組むと書いてあるのですが、スポーツ基本法施行令第2条において、「全国障害者スポーツ大会に掛かる経費は厚生労働大臣が定める」と、もう手を打たれているわけです。したがって一元化と言っても、パラリンピックはスポーツ庁に移しますが、障害者スポーツ大会については厚生労働大臣が決めるということで決まっているわけです。

　それから次が、学校体育と運動部活動のスポーツ庁への移管の問題です。これは文部科学省が民間会社に調査を依頼していますが、その調査結果には、学校体育の所管官庁がスポーツ政策を所管している国は日本以外にないと報告しています。しかし、スポーツ議員連盟のまとめでは、我が国のスポーツは学校体育、運動部活動を基盤として発展してきており、スポーツ施策を国家的に展開する上で学校体育行政は不可分であり、スポーツ庁は文部科学省の外局として創設すると決めつけます。これを逆に読みますと、文部科学省の外局にするためには学校体育行政を入らなければ文部科学省以外に所管できないという風に読めるわけです。実はこれと同じような歴史を一回辿っております。昭和21年の戦後すぐに厚生省にあっ

た社会体育、いわゆる今で言うスポーツ行政を体育局に戻し移管しました。しかし、昭和24年にこの体育局が廃止されます。学校体育は初等中等教育局に他の教科と同じように移され、社会体育は現在の生涯学習政策局社会教育局へ移行されます。ところが昭和33年に体育局が復活するわけです。その理由として文部科学省が『学制百年史』を書いていますが、『学制百年史』の中では、昭和24年に体育局が廃止されたが、その後オリンピック大会招致の促進等の事情もあり、昭和33年再び文部省に体育局が設置されることになったという記録が残っています。すなわち今のスポーツ庁へ学校体育を移管することと同じなのです。過去を見れば、スポーツ庁を作ったのもオリンピック大会の成功を加速するためということに読めます。これはご存知のように来年度の概算要求の中で、非常にオリピック・パラリンピックの競技力向上費が潤沢に付けられています。実は今日の朝日新聞によると、既に財務省が概算要求を公表しましたが、その中で学校教員を文部科学省は50数人の増員と言っていたのですが、2千何百人を削減するとなっています。すなわち、省益というのは一つの省庁の中で予算総額のパイがそれほど動きません。したがって、このオリ・パラ競技力向上費が膨らめば、他がしわ寄せを受けるのです、これが国の予算の仕組みなのですね。

スポーツ法の課題・提案

　ここからは私の提案です。スポーツ基本法第8条(法制上の措置等)で、「政府は、スポーツに関する施策を実施するため必要な法制上、財政上又は税制上の措置その他の措置を講じな」ければなりません。すべての基本法にこの条文が入っています。それ以外には金融上というのがありますが、スポーツ基本法には金融上はありません。しかし、法制上と財政上と税制上の措置は条文化しています。さきほどの例示は財政上の措置です。しかしそれ以外の法制上及び税制上の措置をなぜしてくれないのかと思います。例えば、第25条に優秀なスポーツ選手の育成とあります。社会で活動できる知識、技能習得の支援があります。ドーピング防止もあります。だと

すれば法制上として「競技者保護法」という法律を作ったらどうですか。ドイツは先般アンチドーピング新法を作りましたですね。この中にはドーピング被害、暴力反インテグリティなど、競技者が被害を受けている事案に対応しているわけです。したがって、日本も競技者保護法という個別法の制定を考えていただきたい。

　それから、障害者雇用促進法に習って、競技者雇用促進法を作ったらどうですか。トップアスリートのセカンドキャリアを支援する制度的なものを作るべきではないでしょうか。

　それからスポーツ施設の整備等であります。施設整備、施設運営の改善、指導者配置、安全確保、障害者の利便性などが書かれています。また、学校施設の学校開放についても異口同音にこれまでと同じように学校教育に支障のないようにと書いてある。また、スポーツ施設利用法は必要ないのでしょうか。図書館法はある、博物館法はある、公民館法もある。図書館法にいたっては利用料が無料です。ところがスポーツ施設についてだけは、公共スポーツ施設の基準設定されてないものだから、何かスポーツだけは儲けなければならないとなっているのです。ところがスポーツ基本法のトップに何て書かれていますか、スポーツは文化の一つであると書かれている。スポーツは国力の一つですか、国策の一つですか、そうじゃないスポーツは文化の一つであると書いておきながら、他の文化とは異なり金儲けをしろと書いてある。だから僕はスポーツ施設が収支バランスを取れと言われているのは、スポーツは文化の一つであるという表現と合わない、というのは自分の意見です。学校開放促進法もぜひ作って欲しい。要するに罰則法なんかいらないのです、推進法、促進法をもっと作って欲しい、それでスポーツ団体の努力についてもスポーツ団体法を作ってはどうですか。中小企業団体法、労働災害防止団体法などいろいろな団体法があります、それに類してスポーツ団体法を作ってほしいと申し上げている、統治、情報開示、競技者の利益保護、それからガイドライン等こういうことを規定しなさいという団体法ができてもよさそうなものだと思います。

　最後にもう一つ言います。スポーツ界は、何で国にお金ばかりせがむのですか。新公益法人法には47都道府県の体育協会の全部が移行しています。

加えて、国内競技団体のほとんどが公益法人です。何でこの新法人法の寄付税制をもっと使わないのですか、スポーツ界は、この寄付税制を活用していないものだから、国に予算ばっかり求めている。しかし、ふるさと納税が地方自治体にどれだけ利用されているのか。このふるさと納税までとは言いませんが、所得税などの控除等ですごく優遇されていますから、いくらでも寄付金が集まるのですけれど、あそこまでいかなくてもスポーツ寄付納税というのを制度的に作ってもらえないのでしょうか。先程来、せっかくスポーツ基本法に条文化された税制上の措置をもっと制度化すべきであると言ってきました。その税制上の制度つくりをスポーツ庁がやってほしいのです。そのほかにも、地方税の減税による例えば固定資産税の減税による施設整備促進であるとか、様々税制上の処置によって地方自治体が固定資産税の減免にすることによって施設整備の促進が図れるのです。そういうことをするのがスポーツ庁じゃないですか。

　それで先程、縦の一元化を言ってもいわゆるJSCが既に政策的なことをやっているわけでしょう。しかしJSCができなくても、スポーツ庁ができるのはこれなのですよ。こういう法律や制度を作ることこそスポーツ庁の役割なのです。オリンピック・パラリンピックの推進庁になるのであれば、2020年までの時限局として活用して、その先に本当に必要なスポーツ庁を構成すべきではないでしょうか。

　最後に、日本スポーツ法学会は、ぜひ法整備に対してもう少し提案をしていただきたいということを申し添えまして終りにさせてもらいます。よろしくお願いします。

【パネルディスカッション】

団体自治とスポーツ庁の役割に関する政策的観点からの検討
―財源を取っ掛かりとして―

中　村　祐　司
（宇都宮大学）

1．スポーツ団体とスポーツ庁

　スポーツ庁の組織図を見る限りでは、スポーツ団体の自治にかかわる記述は、参事官（民間スポーツ担当）の「スポーツ団体のガバナンス改善」とあるのみで素っ気ない。ガバナンスに漢字を当てるとすれば統治、協治、共治となり、トップダウンの印象を受ける統治という用語はともかく、他の二語には関係者間の対等性あるいはボトムアップ的な自治の要素が含まれているといえなくもない。

　2015年10月設置のスポーツ庁の予算総額は15年度が6億円（一般行政経費とその他の経費の合計。100万円以下四捨五入。以下同）であるが、それが16年度概算要求額では一気に297億7000万円に跳ね上がった。その内訳も一般行政経費が12億7000万円、その他の経費が285億円と後者の増額が目立つ（「平成28年度歳出概算要求額総表」）。

　後者において「生涯スポーツ社会の実現に必要な経費」が23億2000万円（うち、日本体育協会補助は5億2000万円）なのに対して、「国際競技力の向上に必要な経費」は41億2000万円に達している。また、スポーツ庁予算において、独立行政法人日本スポーツ振興センター（JSC）運営費

が134億3000万円ある。スポーツ庁は予算を見る限り事業官庁ではなく、あくまでも調整・監督官庁なのである。

それではスポーツ庁の「ガバナンス予算」はどうなっているのか。上記の国競技力向上の範疇にある「競技団体のガバナンス強化支援事業」は、15年度予算における235万円が16年度概算要求では「0」となった。額面どおりに受け止めれば、スポーツ庁はスポーツ団体のガバナンスには一銭もかけないことになる。これをスポーツ庁がスポーツ団体の自治を尊重していると見ればいいのか、スポーツ団体の一連の不祥事への対応が一段落したと見るのかはわからない。明らかなのは、スポーツ団体の自治を予算面から考える場合、スポーツ庁との関連だけではほとんど何も見えてこないという事実である。

2. スポーツ行政と2020年東京五輪

そこで、スポーツ団体の自治を視野に置きつつ、予算をめぐる考察の対象をもう少し広げ、2020年東京オリンピック・パラリンピック（以下、2020年東京五輪）に向けた競技力向上の財源を追うこととする。スポーツ庁の16年度に向けた「概算要求主要事項」によれば、「スポーツ立国の実現を目指したスポーツの振興」として、15年度よりも77億円増額の366億7000万円が計上されている。そのうち、「2020年東京オリンピック・パラリンピック競技大会等に向けた競技力の向上」が156億円を占める。

一般行政経費を含むスポーツ庁の概算要求額297億7000万円と、この概算要求主要事項の366億7000万円との差額約70億円がなぜ生じているのか。概算要求の最終提出までに修正が入ったのか、複数の省庁にまたがる共管的な要素が入ったのかなど、要求額を見る限りではわからず、今後の検討課題である。

しかし、明白なのは、2020年東京五輪に絡んでスポーツ庁が競技力の強化（メダルの獲得）に最大の重点を置くようになったことである。その意味では東京五輪開催までの今後の5年間弱は、メダル獲得戦略が強力に国策として実行に移され、スポーツ行政の点でも後世において特異な時期と

して振り返られるのではないだろうか。

3. スポーツが政治の道具と化した歴史的事例

1980年モスクワ五輪ボイコットでは、東西冷戦構造の中で、日本政府が当時日本体育協会傘下にあった日本オリンピック委員会（JOC）に対して不参加への強力な圧力をかけた事実がある。これは明らかに政治目的がスポーツ目的を上回った典型的な事例である。換言すれば、スポーツは政治（日米関係の最優先）の道具（日米同盟の証としての五輪ボイコット）と化したのであった。

その反省から、以後JOCは独立し、スポーツ統括団体と加盟スポーツ団体の自治をそれなりに追求し達成してきた。ところが、2013年に全日本柔道連盟の一連の不祥事が明らかとなり、また、2020年東京五輪の招致活動や開催都市決定の時期と重なった。公益財団法人を所管する内閣府による全柔連への勧告に代表されるように、政府や社会のスポーツ団体に対する信頼は大きく損なわれることとなった。

その余波は、招致活動そのものにも、あるいは選手強化費の配分をめぐるJOCの役割縮小にも及んだ。スポーツ界の不祥事やスポーツ団体をめぐる一連のガバナンス問題が引き金となって、政治・政府・政権は、とくに五輪でメダル獲得の可能生のある競技力強化をスポーツ界（スポーツ団体やスポーツ統括団体による自治）にまかせるのではなく、自らのコントロールの下で、国策を強力に進めることによって達成する方向へと大きく舵を切ったのである。

4. 政治・政府・政権における力学の変容

さらに、ここ数年の政治・政府・政権における力学の変容を把握しておく必要がある。2020年東京五輪政策の領域でいえば、政府部門における文科省の相対的地位の低下と政権（官邸）・内閣官房主導の強化がそれである。

前者については新国立競技場問題が主要因であることは間違いない。一

時は 3000 億円にまで膨らんだ建設費など前代未聞の迷走の過程で、特定の人物の影響力行使に対する批判以上に、文科省・JSC には五輪仕様のメインスタジアムの建設はまかせられないという評価が定着してしまった。白紙撤回後の対応では政権主導の政府体制が前面に出るようになった。総工費を首相主導で 1550 億円に「圧縮」して以降、建設関連での拠出をめぐる東京都の態度も極端（拠出反対）から極端（拠出賛成）に一変したように思われる。

　内閣官房に五輪担当大臣と、これを支える東京オリンピック競技大会・東京パラリンピック競技大会推進本部事務局（5 億円の概算要求）が置かれた。内閣官房には新国立競技場の整備計画再検討推進室も設置されている。「競技力の向上・国立競技場の整備等」（概算要求項目）は、実質的にはこの事務局と推進室が主導すると思われる。

　一方、発足間もないスポーツ庁（文科省の外局）の役割は、五輪推進（とりわけメダル獲得有望の競技力向上）が主目的ではないとはいうものの、実際には先述の予算規模に明らかのように、メダル獲得戦略の一翼を担わざるを得ない（協力強制の構図）。部活動を所管するスポーツ庁には、「1964 年と同じように 2020 年に向けてエリートを選抜、養成する場として加熱する兆候がすでにある」（2015 年 12 月 17 日付朝日新聞朝刊「歴史に学ぶ」）という。JSC 経由のものも含め、JOC とその傘下のスポーツ団体への支援もエリート選手支援が中心になるであろう。

　スポーツ団体への補助金にはスポーツ庁補助金、スポーツ振興くじ補助金、スポーツ振興基金助成金の三つのルートがある。2015 年度には競技団体への強化費の窓口が JSC となり、スポーツ庁が主導して配分する「戦略的強化費」（東京五輪向け強化費 12 億円）と、JOC を通じて配る「基盤的強化費」（日常的な強化費 51 億円）の 2 本立てに変わった（2015 年 6 月 9 日付 YOMIURI ONLINE）。

　JSC は、「政府出資金（250 億円）と民間からの寄付金（約 44 億円）を合わせた合計額を原資とした『スポーツ振興基金』の運用益と『スポーツ振興くじ』の収益等により、スポーツ振興のための助成業務を行っています」と説明するが、突出しているのは「競技力向上事業助成金」（オリンピッ

ク、パラリンピックの選手等強化事業費）で、61億5000万円に達している（JSCの2015年11月現在での「平成27年度スポーツ振興事業助成金配分額一覧」）。

5. 補助金依存のスポーツ団体

　2020年東京五輪開催に向けた政治・政府・政権主導のうねりのような潮流がまさに今、顕在化しつつあり、スポーツ団体の自治をめぐるスポーツ庁の役割には少なくとも五輪終了までは期待できないとすれば、スポーツ団体の自治を下支えするスポーツ庁の所管領域は実施的には空洞化していることになる。

　多くのスポーツ団体の運営課題は資源不足、とくに資金不足（そこから来る専任スタッフの確保の難しさ）である。もちろん、潤沢なスポーツ団体も存在する。たとえば日本サッカー協会の事業活動収入の合計183億円に占める補助金等収入6億5000万円（2015年の「収支予算書」）の割合を見る限り、依存度が高いとはいえない。しかし、「潤沢スポーツ団体」は例外的な存在であり、それ以外の多くのスポーツ団体にとって補助金や交付金は活動を支える重要な金銭資源であり、補助金なしでは活動が立ち行かない類のものである。そのことは、以下の各スポーツ団体の補助金依存からも窺われる。

　JOCの「平成26年度決算概要」によれば、「選手強化」（強化合宿事業）は63億円で、経常費用の76.8％を占めている。この中にスポーツ団体への補助金が含まれていると思われるが、たとえば柔道（全日本柔道連盟。以下、他競技の連盟についても競技名のみ記載）の「受取補助金等」は4億4000万円（「平成27年度　収支予算書」）である。体操の場合、2億6000万円の「補助金等収入」であり、レスリングは、「受取補助金」が2億2000万円（「平成27年度収支予算（国際競技力向上）」）である。水泳の「平成27年度収支予算書（案）」では「受取補助金等」が2億5000万円だが、うち「受取独立行政法人助成金」は3000万円で、「受取民間補助金」が1億9000万円を占めている。

陸上の場合、「受取委託金・助成金」2億8000万円（「2015年度第5期事業計画」）である。重量挙げでは「受取補助金等」の合計が8000万円（うち日本オリンピック委員会補助事業会計4000万円、スポーツ振興基金助成事業会計1300万円、スポーツ振興くじ助成事業会計1600万円）であり、経常収益の合計は1億3000万円である。ボートの場合、「受取補助金等」は7600万円で経常収益全体が2億6000万円（「収支予算書内訳表」）、カヌーの場合、「受取補助金等」が1億1000万円で、経常収支計が3億8000万円、トライアスロンは受取補助金等が約2億円に達し、ハンドボールは、補助金等収入が1600万円となっている。このようにスポーツ団体は、補助金なしでは運営が成り立たないのである。

なお、生涯スポーツに力点を置く日本体育協会の場合も、「補助金等受入収入」が20億円で、うち国庫補助金が5億円、スポーツ振興くじ助成金が12億7000万円である（「平成27年度収支予算書」）。

6. 欧州におけるスポーツの自治

こうして見てくると、スポーツ団体の金銭資源の不足は、補助金元への依存、すなわちスポーツ団体の自治・自律を貧弱なものにしている元凶ではないだろうか。しかもそのような傾向は、東京五輪の準備プロセスにおける文科相・スポーツ庁・JSCの相対的地位の低下と国策競技力向上戦略の実行により今後ますます加速していくのではないだろうか。

ところで、欧州評議会（Council of Europe）刊行による『欧州におけるスポーツの自治』（Autonomy of sport in Europe. 著者はJean-Loup Chappelet. 2010）には、「国家法、ヨーロッパ法、国際法の枠の中で、また、非政府スポーツ組織や非営利スポーツ組織の可能性という面」でのスポーツの自治を、以下のように明確に位置づけている。

スポーツの自治は、「1. 不当な政治的もしくは経済的な影響を受けずに、当該スポーツに適切な規定を自由に制定し修正し解決すること。2. 国家もしくは第三者による影響を受けずに、民主的に自らのリーダーを選出すること。3. 不均衡な縛りは受けない形で、公的その他の組織から十分な資金

を得ること。4. このようにして得た資金を、厳しい外部的制約を受けずに、目的を達成するために用い、自らが設定した活動の遂行に当てること。5. 公的機関との協議の中で、目的達成に見合った正当な達成基準を作成すること」(p.49) という指摘である。

また、2014年10月の国連決議「教育、健康、開発、平和を促進する手段としてのスポーツ」(Sport as a means to promote education, health, development and peace.United Nations A/69/L.5, General Assembly, 16 October 2014) では、国連総会自らが、スポーツ関係者やスポーツ組織に対して、「資源の動員とプログラムの作成」および「影響力の行使」と称して、前者については「持続可能性を持った有効なプログラムを創出するために、スポーツ諸組織、市民社会、選手、企業の間での取り決めを含み、あらゆるレベルにおいて多様なステークホルダーと刷新的な資金調達メカニズムを活性化させること」を、後者については「広く一般に合意された基準にもとづく共通評価・モニター手段や指標・水準の作成に関わり手助けすること」(p.5) を求めている。

欧州評議会や国連総会が求めるスポーツ団体の自治は、果たして日本のスポーツ界においてこれまでどれほど達成されてきたのであろうか。今後、とくに2020年東京五輪までに、1979年とは別の意味（国家威信の向上や新市場の開拓など）での政治によるスポーツの道具化がさらに進むのではないか。こうした流れの中で、スポーツ団体の自治をどのように捉えればいいのか。

7. スポーツ団体自治の試金石

スポーツ団体は、当然ながらハード・ソフト両面での自らの競技環境の改善や向上、当該競技の普及・振興に第一義的な価値を置く。しかし、これからはそれで良しとするのではなく、「持ち場」以外の領域についてスポーツの普及や可能生、スポーツ社会・文化の価値、さらにはそれらの波及性や広がりをめぐる自らの考えを、スポーツを他の目的のための道具として利用しようとする関係者・組織に対して、敢えて抗する形で明確に主張す

るべきではないか。

　五輪競技に該当するスポーツ団体はもちろん、そうではないスポーツ団体であっても2020年東京五輪はスポーツ事業における特別かつ歴史的な大祭典である。これを他の目的のために利用しようとする公的（国家、政府、省庁など）・私的セクター（企業など）の勢いを止めることはできないであろう。一方でスポーツを利用し道具化する勢力が存在するからこそ、五輪関連事業や五輪開催決定を契機とする諸事業が動き出すのであり、それは各層に様々な果実や恩恵をもたらすことも事実である。

　しかし、だからこそスポーツ団体は自治を獲得し守るために、1979年以来の再来である政治によるスポーツの道具化を相殺するアプローチに踏み出さなければならない。たとえば、新国立競技場の建設費1500億円の内訳と各機能の目的や建設プロセスの透明性、そして周辺開発（神宮外苑）のあり方をめぐる意見表明と働きかけを行い、これを不透明なまま進めようとする公的・私的勢力に対峙し、学会など関係者を巻き込む形で議論を広げることがスポーツ団体の自治を獲得するための重要な試金石になると思われる。

【パネルディスカッション　討論要旨】

スポーツ庁が果たすべき役割と
その法的問題点

コーディネーター：棚村政行（早稲田大学法学学術院 教授）
　　　　　　　　　笠井修（中央大学法科大学院 教授）

パネリスト：境田正樹（東京大学 理事、四谷番町法律事務所 弁護士）
　　　　　　鈴木知幸（スポーツ政策創造研究所 代表）
　　　　　　中村祐司（宇都宮大学 教授）

棚村：鈴木寛先生の基調講演にありましたようにスポーツ庁が10月1日に発足をしました。これまでスポーツ行政というのはどういう形で存在したかというと、子どもの体力とか、健康増進、障害者スポーツでいうと厚生労働省、スポーツ産業という話になると経済産業省が権限を持っていました。それからスポーツツーリズムということになると観光庁、スポーツでの国際交流の部分ではやはり外務省もかかわってきたりしたわけです。そして、文部科学省は、従来から持っていた競技力の向上とか、選手の育成、学校体育、そういう文部行政に付随してスポーツのところにもスポーツ青少年局で、権限なり責任を持っておりました。このような形で、スポーツ行政というものは、多数の関係省庁にまたがっており、権限はかなり分散されていて、財源についても必ずしも一元化されていたわけではありません。そういう状況の中でスポーツ庁がスポーツに対する政策形成とか、かなり広範囲な形でスポーツ行政全般にかかわることはできるのですが、一体どこまで一元化、効率化、集中化というようなことができるのか、しかも連絡・調整みたいなことについてどのような形でコミットし、どこが音頭を取って、問題が生じた場合に解決をするの

か、あるいはこれからの政策形成に向けて集約ができるのかというような、大きな課題を突き付けられていると思います。そこで、特にスポーツの国際化ということで、境田先生には国際バスケットボール連盟（FIBA）による日本バスケットボール協会（JBA）についての制裁問題を例に取り上げていただきましたが、基本的にはこういう国内問題と呼ばれるものが同時に国際問題であり、国際問題がやはり国内問題にも発展するということがまま見られます。また、国際的な圧力により、国内の組織改革を推進するというようなことも起こってくるわけです。今回特にガバナンスや競技力の向上という面から、リーグの統一ができないとバスケットボール男子チームがオリンピック等に出ていないというFIBAからの厳しい注文が出されました。つまり、FIBAという国際的な上位団体が本当に国内の所属しているところにどれくらい統制権とかサンクションみたいなものを及ぼすことができるのか。つまり今回のはどうも外圧がかなり引き金になって国内の改革、リーグ統一が進んだという点があります。一方で山崎先生がおっしゃったようにスポーツ仲裁裁判所（CAS）かなんかに訴えないと権限を逸脱した形でコントロールや規制や不利益、制裁が科せられて、団体自治が侵されないか。例えば国際競技連盟（IF）が国内競技連盟（NF）に対して、国際オリンピック委員会（IOC）が国内オリンピック委員会（NOC）に対して規約とかルール違反をタテに出場停止とか制裁を科した場合も起こり得るわけです。そのあたりのところで国際的な上部、包括的な団体がどこまで各国の競技団体なり協会をコントロールできるのかというあたりについて、境田先生の方でお話しいただきたいと思います。

境田：山崎先生に補足してもらいたいと思いますが、恐らくこれは国際サッカー連盟（FIFA）が一番最初ですよね。FIBAの方としては、ちょっと言い方悪いんですがFIFAを真似して、FIFAのような戦略を取っていきたいというのがあるんですね。そのFIFAというのはやはりIFですので、いろいろなルールを作ってそれをきちんと各国の協会にその遵守を求めると、それが相当細かいことまで求めてくるんですね。例えば、そのサッカー協会（NF）の理事の任期は、オリンピック周期の4年でなければダメだっていうわけです。ところが日本の法律だと2年なんですよね。だから法改正がない限り無理だ

と言っても、「いや、そうでない」と、「それがルール違反だ」みたいなことを平気で言ってくるわけですよ。私も今回向こうの担当者とやりあったんですが、向こうは、「それだったら俺が首相に言う」みたいな、そんなこともありました。いずれにしてもIFとするとやっぱりIFを中心にガバナンスを作り、その下にNFやその下部団体という形でピラミット構造を作っていきたいんですね。それがまさに今回のバスケットボールの問題でして、FIBAはそういったピラミッド構造を作りたいという思いがありました。というのも、日本は、2020年のオリンピックも決まったということでアジアで極めて魅力的なマーケットで、やっぱりアジアモデルになってほしいと、まずはきちんとFIBAのルールに則った形でやってくれと、こういう風にできているんですね。そうした中で、今回交渉しながら私も何度卓袱台を引っくり返そうとしたか分かりませんが、何度も交渉を重ねてやって落としどころ、日本の法律ではここまでしかできないということをギリギリ詰めて、改革を進めていったということですね。やはり向こうも杓子定規に言っているわけではなく、実は本音の部分、この辺が落としどころだなあというところがあるわけですね。だからやっぱり基本的に向こうの常務理事のような中心となっている人たちときちんとコミュニケーションを取るということはものすごく重要で、これ正に山崎先生なんかFIFAでそういったお立場ですが、IFともコミュニケーションをきちんと取っていくということはものすごく重要で向こうの真意を知ってそれに向けて対応すると、これは極めて重要なことですよね。

棚村：山崎先生、お願いします。

山崎：本当におっしゃる通り。今日のこの企画を担当させていただいた関係もあって、コメントさせていただきますと、FIFAのガバナンスの担当者にFIBAの事件の話をした時には、「やっぱりそれは明らかに過干渉だよね」というコメントをされていたんですね。ただ日本の観点、川淵さんの言葉を借りると、体たらくみたいなところからすると、今回に関してはそれが上手くいった部分も実はあったので、それをうまく利用するという部分が今回歴史的意義としてはあったと思うんです。しかし、今後のことを考えると、やはりスポー

ツ界の団体自治の限界というものをどういうふうに考えるのかという中で、国際団体からの圧力と今回スポーツ庁ができてスポーツ庁が何をするかという観点、これを整理するというのが今日のシンポジウムの大きなテーマなのかなあと思ってお話を期待しているところなんですね。若干、私見を交えて言いますと、やはり望月先生をはじめ、境田先生も含めて今回のバスケットボールの事案で非常に大きなメッセージとして与えられた話というのは、日本のスポーツのために何がいいのかということを考えるということ。バスケットボールで言えば日本のバスケットボール界のために何がいいのかということを考える存在がいなければいけないということです。スポーツ界では正しいことを言うことによって自分の地位が脅かされることを恐れて何も言えないということが非常に多いのですが、じゃあ日本のスポーツのための国益とは何なのかということを考える存在がいなければいけなくて、それがスポーツ庁の一つの役割なのかなと思います。もちろん、先程、中村先生がおっしゃっていたように、メダルを政策的に増やしていくということは2020年との関係では重要なのかもしれませんが、これから本当にやっていかなければいけないのは、国際レベルでの交渉ないしはIFの言いなりに全部ならないとか、そういうことがすごく大事ですので、国際交渉力や国際情報収集力、そういう力がスポーツ庁には期待されているのかなと。また、そのスポーツ庁の考え方ないしはそのパワーをどうコントロールするかというパワーバランスというかチェック&バランスもそれはそれで必要だと思うんです。しかし、ことFIBAの事例で考えた場合に、今の日本に足りない部分が浮き彫りになった、そういう意味ではすごくいい話でした。繰り返しになりますが、それが今回は日本のバスケットボール協会にとっては、川淵さんみたいな方がいらっしゃったおかげで、いい形で利用できたのは幸いで、結果としてよくなった部分と、あるいはそれ以外のメッセージも同時に汲み取るということがすごく大事なのかなという風には思いました。

棚村：どうも、ありがとうございました。結局インターナショナルなスポーツのコミュニティという場での自治という問題と、それが各国のNFとかに対するコントロールとか、統制権みたいな、逆に言うと国内のスポーツ団体の自治

というか、自主性が侵される関係になっています。そこにスポーツ庁あたりがパブリック・ガバナンスとしてある意味では国際的な交渉力の不均衡がある中で適正なバランスを取りながら、国内団体の自治あるいは透明性とか、やっぱりガバナンスとコンプライアンスを高めるというような例として、境田先生、山崎先生、いい例をお話しいただきまして、どうもありがとうございました。

　それでは第2点で、鈴木知幸先生の方にお伺いします。鈴木先生は、積極的にスポーツ庁がスポーツ政策の形成からその実現ということまでかなり広範囲な形でもって司令塔的な役割をすることを期待され、二重行政をしないためにも、そのシステムとして特に法の整備、財政的な面での資金力というか、税金の獲得というので寄付控除みたいなものが大切だとおっしゃっていました。税の優遇などは公益法人としては最大のメリットと言えます。しかし、逆に言うと優遇してもらおうとすればするほどそういう意味では行政の介入とか、透明性とか、アカウンタビリティとかそういうものも求められてきます。ある意味では非常にいいことではあると思うのですが、先生がおっしゃるスポーツ庁というのはあまりにも大風呂敷を広げ過ぎたのでどこかにポイントを置いていかないと、結局他のところに、例えば施設とか公園とかそういうものは国土交通省に取られるし、障害者スポーツとか健康、体力増進みたいなことになると厚生労働省が相変わらず権益をそんなに簡単に手放さない。そうするとスポーツ庁が従来持っているものをどういうような形で連携をして実現できるのか、他の省庁が持っている権限にどこまでアプローチできるかが問われることになります。例えば国税庁とか、税務当局の権限とかを簡単にはスポーツ庁の方がいろいろな形で協力を求められるのかというようなこともあると思うのですが、そのあたりをお伺いします。

鈴木：答えになるかどうか分かりませんが、まず今まで言われている司令塔的役割では無理があります。というのは、行政的立場で言えば長官というのは係長級みたいなもので、大臣は課長級です。そうすると、決裁権のない係長が課長を呼んで俺が司令塔になるから協力しろと言っているのと同じことですね。というのは外局の長官には財務省に対する直接的な予算要求権がない。それに、政策決定権もありません。したがって、結局文部

科学大臣にお願いするだけです。その長官が司令塔的役割を果たせるかどうか、結局、既得権の省益を調整できるとは思いませんので、僕は無理があると思います。ですから司令塔的役割というのであれば、復興庁の復興大臣のようにスポーツ庁にスポーツ大臣を作らなきゃいけなかった。それに、元々「スポーツ基本法」は「スポーツ振興法」第2条から生まれた個別法です。それが「学校教育法」に入るべき「学校における体育の充実」（第17条）がスポーツ基本法に条文化していますが、これはおかしくありませんか。「学校教育法」であるべき体育の充実が「社会教育法」の中に入ってきています。これは明らかにスポーツ庁を文部科学省の外局にしてスポーツ行政を他省に渡さないというメッセージだと思っています。やはり学校教育である体育授業は、初等・中等教育局に戻すべきであって、スポーツ局に組み込んでいくということは無理があると思いますし、学校にしわ寄せが来ると思っています。したがって、スポーツ競技振興に学校教育をこれ以上巻き込まない形で役割分担すべきだというのが、私の意見です。

　それからスポーツ庁と日本スポーツ振興センター（JSC）が二重行政にならないように、法整備をしっかりやっていかなければいけないと思います。それに「スポーツ基本法」はやっと生まれましたが、それを活かす実定法が全くできていません。奨励法や支援法をどんどん作って欲しいということが僕の要望です。それこそスポーツ庁を設立した価値になってくると思っています。

棚村：それではもう1点、特に1つの例ということでスポーツ庁にどんな役割が期待できるかという時に、今のJSCとかそういう意思決定のメカニズムでいろいろと問題になったのは、やはり新国立競技場だと思います。A案B案が今日出るということで、工費もかなり抑えられるので、その点についての検証というか、鈴木先生のご意見をお願いできますか。

鈴木：あの新国立競技場のザハ案は、あのまま突っ込んで行ったらオリンピック全体の反対運動になりかねなかったと思っております。今回の検証委員会の結論に出てきております「トップヘビー」という指摘は、今まで

のスポーツ界の意思決定の悪しき実態を表していると思います。トップが決めれば下は意見も言えないというような感じがずっと続いてきました。これは今の国立競技場の問題だけではないと思っています。また JSC がザハ案を修正できなかった理由は、安倍総理がブエノスアイレスでプレゼンした時に、あのザハ案のデザインがバックに流れたことなんですね。あれは国際公約だということで、文部科学省は何としてでもザハ案を通したかったようです。ようするに、安倍総理が嘘をついたことにさせたくなかったということが金縛りになっていました。

　次は建設費ですが、今 1,550 億円という案が最終的にできましたが、1,550 億がどのように生まれたかというと、ザハ案の最後が 2,651 億でしたが、その屋根をなくして、可動席をなくして、いくつかを削減したら 1,550 億になった。すなわち積算のベースはザハ案のままなんですよ。それを面積比で積算してみると、新国立競技場の面積ですと 900 億円で済むはずです。なにしろ世界に 1,000 億を超える施設はないんですから。1,550 億円にぎりぎり節減して国民に約束したから 1,550 億で工事を始めるでしょう。しかし、建設コストは必ず途中で追加が必要となります。その際は、防災機能は別料金に付け替えるなど帳尻を合わせると思います。舛添都知事が「4 分の 1 を負担する」と言っていましたが、冗談じゃない。この分担の契約には、これから上がる建材費や人件費もすべて 4 分の 1 を都が負担するということが含まれています。395 億円と最初は言っていますが、本人がもうすでに「800 億円までは説明していきたい」と言っているんですよ。それに昨日、ある報道で運営費が 1 兆 8,000 億円まで暴騰すると放映されました。ロンドンでは整備費も総額 2 兆 1,000 億かかっているというわけです。そうなれば、都民、国民がオリンピックを返上しようという話が出かねません。開催経費を抑え込んでいくかということは国立競技場だけの問題ではなくて、日本全体の財政の問題になってくると思っております。ぜひ皆さん方に今後の進捗について関心を持っていただきたいと思っております。

棚村：ありがとうございました。この点につき、中村先生からも、お話をお願いいします。

中村：私も新聞報道等で新国立の問題を追っているんですが、分からなくなっちゃうことがすごく多いですね。公共事業が予算の段階であれだけの額で変動するというのは政府としてはあってはいけないことなんです。ただ、東京都知事が急に1,550億円出すような話をしたというのは、東京都知事が考えている"旨み"があるわけです。通産省系の省益としてやっぱり神宮外苑のところを5つ目のショッピングモールにして、人を集めて、会場にして、お金を落とさせてエンターテインメントをやっていく。その時の決まり文句が防災になっているんですよ。ただ防災と言われるとやっぱりすごいインパクトがあって、みんなああそうだなって思うんですが、そういったところをやっぱりオープンにしてやっていかないといけなくて、そのことは学会なんかで主張していかなきゃいけないということは思いました。やはり朝日新聞の雑誌 AERA の記事（2015年9月14日号）ですね。AERA の記事が本当のところを突いているんじゃないかなと思います。

鈴木：新国立競技場の防災機能は理由にならないです。今やすべての公共施設どころか大手企業まで防災機能を整備するというのは社会的責任でして、公的施設の防災機能設置は完全に義務ですよ。それを防災機能つけるから395億円出しますというのは理由にならないですね。それで先ほど、中村先生がおっしゃいましたが、東京都は、「神宮外苑地区まちづくりに関わる基本覚書」を今年の4月に締結しております。その中で神宮外苑地区を賑わい施設にしていくとのことなのですが、神宮外苑の歴史的経緯や役割は守るべきで、新たな将来構想には反対という意見がたくさんあります。この件も都民に説明して理解を得ていません。このまちづくり、神宮外苑地区をスポーツクラスターにするという構図も説明されていない。ですから、都が防災機能は必須だとして395億円を負担すると説明していますが、これはごまかしだと思っています。

中村：文部科学省の大臣までそのことを匂わせていますからね。そこのところはやっぱりよくないと思います。迎合しているんですよ。あと JSC の建て替えとかみんな一体となっているんです。だから政治によるスポーツの道具化が凝

縮した空間が神宮外苑になってしまう可能性があるのではと思っております。

棚村：それでは新国立競技場問題もさることながら、今、中村先生からも言われたスポーツの政治道具化の問題もあります。先生のご報告ですと、やはり各競技団体の自治能力というか、自治力の低下とか、それから文部科学省やスポーツ庁、JSCの相対的な地位の低下が加速されると心配されていました。特に、五輪対策だとかあるいはメダルの獲得ということだけに力を発揮するのではなくて、具体的に自治能力とか団体自治を上げるためにスポーツ庁がどんな役割を果たせばいいのか。それから欧州評議会とか、国連総会みたいな自治力のアップのノウハウみたいなことを先生にご紹介いただいたのですが、日本で具体的に団体自治を本当に実質化していくためにどういう仕組みが必要なのでしょうか。私どもなんかは、例えばアメリカなんかはうまいなあと思っていまして、いろいろなものについても法律で締め付けるというよりは、いいモデル事業を出したり、いい取り組みをしたりして効果を上げ、それが測定されてある程度実績をあげてくるとお金を出し、そうでないものには出さない、つまりお金による間接的な規制の仕方です。だからある意味では補助金依存体質みたいなものは脱却する必要があると思うのですが、行政が一体どういう役割を特にスポーツ行政でスポーツ庁が果たせばよろしいでしょうか。

中村：今のご質問の点で言いますと、オーストラリアの地域のスポーツクラブ、行政が連邦か州かの違いはあるんですが、例えばクラブでしたら、グラウンドとか照明だとかクラブハウスというものを資金援助して建てるわけですね。それでいて運営には口を出さないと。あと本当に小さなクラブで驚いたんですが、日本で言うとNTTなんでしょうかね。かなり大きな企業が地道な草の根スポーツクラブのスポンサーとなっていて、支援をしているということがあります。先ほど企業のお話でもありましたが、企業の力って結構草の根に浸透しているんですね。

　最近、スポーツと震災復興ということで震災後のスポーツがどうなったのかといったことで現地を回ったのですが、スポーツ庁のことについてはみなさんものすごく期待しているんですね。現地の人たちにとっては、省も庁も関係ないんです。例えば、栃木県でもスポーツの力はすごくて、国から直接お金を貰

うとかじゃなくて、地域のところで支え合ってやっていくという面があって、プロも含めて、そういったような面というのは見え始めているので、私もスポーツだけを見ながら被災地を回って行く時に、スポーツが果たしたスポーツ以外の力というものを目の当たりにしました。そういった意味で言うと、地域におけるそういう動きが多少でも積み上がっていけば、スポーツ庁がそれを見て応援すると思うんですね。だからもう振興や育てるというのは無しにして、上からドバンとやるのではなくて、その辺のところを下から積み上げていくということが大事だと思いますし、そうすれば世界的な組織にしても意外と距離は近くなるんですね。小さなスポーツクラブが世界の国際連盟と交流するケースも、震災後出てきているので、そういったようなことを地方自治という視点から追求していけたらと考えています。

棚村：ボトムアップで地域なりあるいは地方が持っている力を民間の力でもって活性化していくということですね。境田先生からは何かございますか。

境田：先生のご質問のちょっと前の、内閣官房の力が強いというお話がありましたが、今回五輪担当大臣は内閣官房なんですね。確かに内閣府ではなくて官房、官邸に近いところなんですが、これが何でそこなのか、国立競技場問題も何で遠藤さんがトップなのかというと、要はこれから2020年に向けていろいろな政策をやる時に、多省庁にまたがるんですね。今、五輪担当大臣が困っているのは、何かやるにしてもいろいろな省庁との調整が必要なので、2020年東京組織委員会との調整、それから東京都との調整が必要なんです。特に東京都との調整、これがすごく難しいんです。自治体との調整がある時は、やはり一つ上の内閣官房がやるのが座りがいいわけなんですね。とは言っても何かの意志決定をするというのは東京都、つまり舛添知事で、そこに至るまでにいくつもの決済が必要なんです。スポーツ庁だってそうです。そういったところを全部乗り越えていくのはものすごい地道な作業が必要で、威張るというよりも頭を下げる回数が増えるのが内閣官房かなと私はちょっと思っていますが、そういうところがあるかなあというのが一つ。

　それとスポーツ団体についてなんですが、日本サッカー協会（JFA）がこ

れだけできるのは、年間予算がJリーグが始まる前は15億円でしたが、現在は200億円。やっぱり予算が増えることによって各都道府県協会にきちんと渡すお金もでき、連盟を強化するお金もでき、若手を強化するお金もでき、海外派遣するお金もでき、スポーツ医科学のトレーニング施設なんかの提供もできるということでお金があることによって回るし、お金がないとやっぱり難しいわけです。バスケットボール協会なんかは年間予算が15億円なんですが、バスケットボールの競技人口は約60万人いて、その人たちがお金を納めてくれるし、プロ興行としてもそこそこ魅力があればお金が集まります。だからこそ、今後、改革の可能性があるのです。しかし例えば私が2年前にやった、フェンシング協会は5,000人の会員しかいないわけですね。テコンドーは今、大橋先生が担当されていますが、これは2,000人だったかな。そうすると年間の予算がもう数千万とか、1億とかそんなんですよ。そうするともう人一人雇うのが大変という中でリーグに求められる役割は膨大な量があるわけで、それこそIFとの連携から、日本オリンピック委員会（JOC）やJSCとの連携、大会の主催とかいろいろやることはあるのですが、そういう人材がいないわけです。だからそういった問題をどうやってスポーツ庁は解決していくのかという時に、今のスポーツ行政がいろいろな煽動が多いのはなぜかというとスポーツ予算が圧倒的に足りないからです。これを何とか獲得するためにJSCという受け皿を作る、totoという受け皿を作る、そこからまたさらにいくつか予算を必死でとってきて何とか財務省からお金貰ってやっているわけですよ。その結果、責任体制が曖昧になって今日に至っているんですが、いずれにしても予算がない。スポーツ庁ができるところで予算を増やして団体にばらまくというのは難しいんですね。だからここはやはり民間の知恵とかマーケティングのノウハウをスポーツ団体に導入して自立していかなければいけません。そのためのサポートはスポーツ庁ができるはずなんです。それから、今回、日本財団がパラリンピックセンターに100億円のお金を提供しますということを言っていて、実際に日本財団の中に全31団体のオフィスを作ってあげたわけです。35万円まで好きに使っていいとし、しかも事務局機能、経理とか会計とかそのへんは全部常駐のスタッフが全団体見てあげるんですよ。それにIFとの調整もやってくれることによって、格段によくなるわけです。だからそういった

仕組みをやっぱり官民みんな合わせて考えて、知恵を出して、そういったことでスポーツ団体を良くしていくと、こういったことをやっていかなきゃいけないと思います。

棚村：行政全体の役割がかなり肥大化していたのが、今後縮小化しつつあります。そして財源も非常に厳しい状況になると予算の取り合いになるのですが、その時にこれまでのスポーツ行政も監督とか指導とか、そういう形での指導監督型行政、予算をどうやって取ってきてその補助金とかお金を配分するかという護送船団方式の行政の役割から、今後はどちらかというとグッド・ガバナンスや資金獲得活動みたいなものをむしろ側面から自立を支援していく、そのための自立支援型の行政というものに変わる必要がある。そういう意味での行政全体が大きく変わってきている中で、スポーツ庁が果たす役割というのもいろいろなスポーツが関係している省庁、それから自治体なんかの担当の部署とかかかわっているわけです。それが全部今縦割りで横の連携がなかなか難しい。そうすると連絡調整的な機能、司令塔というのをメディアとかが一生懸命言って議連なんかでもいっていたところですが、機関を統合し、財源も一本化するなんていうことはなかなか難しい。そうすると権限が分散した中で、連絡調整をし、うまくそれぞれのところにまたがっている省庁間の中の調整とか情報共有みたいなことをして円滑に、そして非常にいい形での自立支援型、連絡調整型の行政の役割というものが期待されている。そういうスポーツ庁に期待される今後の役割についてはいかがでしょうか。

鈴木：「地方自治法」が変わりまして、地方自治体は教育行政の中でやってきたスポーツ行政を、首長部局に移すことができるという特例ができました。首長部局にスポーツ行政を持っていくことができるようになったわけで、東京都は、「スポーツ推進局」を作りました。私もスポーツ行政が教育委員会あるいは文部科学省に止まっている時代じゃないと思っていました。さらに内閣府にスポーツ庁を作るべきだとずっと言い続けてきたんですが、内閣府も業務が飽和状態であり消極的でした。スポーツ行政が財源を確保していくとすれば、教育委員会内ではだめですよ。ですから東京都のスポー

ツ振興局は強いですよ。

　それともう一つは、財務省は盛んにtotoにスポーツ財源を押し付けようとしています。新国立競技場では、国庫負担が国の負担2分の1で、その予算をtotoから入ってきた国庫納付金を使おうとしているんです。だから財務省は、徹底的にtotoの売上金をスポーツ財源に使えと指示を出しています。そのため、サッカーだけでなく、バスケやラグビー、野球もいずれtotoの対象になりますよ。国民がバスケットボールを見ている時に競馬を見ている時と同じ目になるわけです。これでいいですか、というのが僕の意見です。

境田：ちょっと松本先生に補足してもらいたいんですが、今回は、基本的にその勝ち負けを当てるんじゃなくて、ビッグ方式なんですよね。だから試合を賭けにするというのではなくて、ランダムにやっているのを選べばそれで当たり外れなんです、そういうことでいいですね。

松本：まだそんなに議論が煮詰まっているわけでもないと思うので、あんまり詰めてもいけない話だと思いますね。野球が入るとまだ決まったわけではないですし。

境田：全然ないです。

鈴木：しかし、スポーツ議員連盟は狙っていますよ。しかし、野球くじを買っている観戦者が、もし巨人が勝っていれば3億円が当選していたのに巨人のせいで負けたとなると、悔し紛れにネットで八百長があったなどとデマを流す人が出てきてもおかしくないですよ。

棚村：ありがとうございます。どなたからでも、フロアの先生方ご自由にご発言をお願いします。

桂：境田先生が、先ほど理事評議員の方全員の辞任を求めるのに非常に苦労

したということで、すべてを話すとなる 2 時間はかかるというお話でしたが、やはり興味がありまして、可能な範囲でお話ししていただけますでしょうか。それから NBL と BJ リーグにそれぞれ脱退をしろと、そうすると NBL、BJ リーグはどういう対応をしたのか、難しい金銭補償問題はどう処理されたのでしょうか。法的整理をするのであればダイナミックな改革がしやすいでしょうが、法的整理をせずにどういう形で実行されていったのか。ご説明が難しいかもしれませんがよろしくお願い致します。

境田：BJ リーグの顧問が水戸先生だったんですね。だからまあ水戸先生がいたのは大きかったです。そもそも BJ リーグという会社は 2005 年にできて、BJ リーグも J リーグを目指したわけです。それでいろいろな出資者の方からお金を集めて 15 億円集めていったわけです。これがまあどんどん減っていってゼロになったと。本当であればそれを減資して価値をゼロにしてそれで合併という選択肢がありますよね。これをちゃんと今の役員が株主に対して説明をして謝罪をして減資してそれできれいさっぱりしますという合併の話があったんです。ところが彼らは 10 年間でお金はゼロであっても、俺たちが築いてきたこの BJ リーグの価値は 15 億円だみたいな、まけて 10 億円だみたいな、そういう思いがあるわけですね。だからゼロを単純位 BS 上のお金で見ないでくれと、これをできるだけ高く買い取ってくれみたいな話になったわけです。NBL というのは元々その JBA が作ったような JBA 傘下のクラブですからこれはまあ言うこと聞くわけですが、やはり BJ リーグ側の役員の人たちは合併に際しては相当抵抗感があったわけですね。仮に新しいリーグを立ち上げるとか、新しい会社を作ってそっちに行くんだったら、自分たちはそこの重要な、例えばマーケティングホームだとかを全面的に委託するとか、そういったところを交換条件にしたいと。もしくは自分たちが運営を全面委託するとか、そういった思いというか、希望というか要望があって、そこは相当 2 ヵ月 3 ヵ月ネゴシエーションしました。しかし、いざ私がそことネゴシエーションして BJ リーグとうまく話がまとまったとして、BJ リーグ傘下の 24 チームがその方針についてくるのか、これがまた難しいわけですよ。また、私がある程度 BJ リーグと妥協した案に NBL 傘下の 13 チームは合意するのかといったらこれまた

分からず、JBA の人たちもそれを共有するか分からない。そういうことがあったので、これは新しいリーグを新法人を作って辞めてもらう、もしくは脱会してもらって 47 チーム全部辞めてもらってやるしかない、そうなると 47 チームの社長を全部説得しなきゃいけないということで、その説得作業だったです、残りは。だからこそ、新リーグはこんなことを考えている。Jリーグのように例えば 1 億円しか年間売り上げないクラブにですね、Jリーグ方式のように上手く成功すればこれだけのお金をちゃんとお渡しできるんですよと、Jリーグはそうなんですが、必ず売上金の一部を拠出するのと、Jリーグのマーケティングで得たお金を分配しているんですね。バスケットボールも新リーグのスポンサー獲得をこれだけ恐らくできるだろう、そうするとこれだけ配れるんだよと、そう言ったことをお話ししていっていたんですね。そうすると最初 10 人、1 週間後 15 人とか段々とトップの説得がうまくいって、大体 4 月頭の段階ではほぼ全チームが説得し切れたという話ですね。そうなると BJ リーグの運営会社としては面白くないんですが、BJ リーグの会社を私たちもリスペクトしますし、そこはやはり何らかの形で協力してもらうということは考えていました。今働いている人に手伝ってもらったり、もしくは今後いろいろな業務をやろうと、それは今もまだいろいろ一緒に検討したり一緒にやっている、そういう風なところですね。それから評議員については評議会、理事については理事会に私たちが出席して、FIBA の考え方や今後新しくできる新生 JBA のあり方はこうあるべきだと、今までの問題はこうだったからこうあるべきだ、もしもこの改革にあなた方が賛同しなければ FIBA は制裁を解除しない、そうするとリーグ統一はできたとしても制裁は解除されずにオリンピック予選に出られないんだと、本当にいいんですか、という説得を理事、評議員にしたわけです。そうすると結局 4 月末の段階では皆さん最後はしょうがないという形で、ご理解いただいたというふうな感じです。

杉山：境田先生にご質問させていただきたいのですが、リーグを統一する過程で新リーグの入会条件に都道府県協会の支援を受けることという条件があったと聞いています。その点に関して、NF の方から都道府県協会にこういった条件を満たしたクラブを支援するようになど、条件を出していたのか。また、

都道府県によっては、複数チームの入会があるところと複数チームは入会していないところがあるようなので、そうした場合の条件はどうだったのか。リーグ統一の過程で一部で紛争が生じたと聞いているので、そういった紛争を最終的にはどういった形で落ち着けたのか。可能な範囲でお話しいただければと思います。

境田：今回というか歴史上、2005年にBJリーグができた段階では、日本バスケットボール協会は各都道府県協会にBJリーグと一切縁を切るというか、協力するなということを言ったわけですね。だから多くのBJリーグのチームは県協会と断絶状態にあったわけです。それが10年の過程で半分ぐらいは改善していたんですね。でもやはり残りの半分はなかなかうまくいかないと。でもJリーグの時のこれは川淵さんの経験なんですが、やはりクラブが成功するためには、自治体、それから県協会、それからスポンサーといった人たちと一体となってクラブを盛り上げていかないと絶対成功しないと。県協会がそっぽを向いている様じゃダメだということで、それで県協会の支援というのを絶対条件にしたわけですね。当然その評議員会の場で各県協会の代表者の人にもそのように伝えました。ただ絶対に支援しなさいとは言いません。当然、県協会は県協会で何十年という歴史があって、そこの理事会で物事は決まるわけで、そこの意志決定は協会であって我々タスクフォースが強制するわけにはいかないので、まずはきちんと議論をして支援をするようにしてください、というお願いはしました。義務じゃないですね。その結果いろいろな協会でそういった議論をしたんですが、福岡と愛媛と広島、ここは最初、協力の意志を出さなかったです。それで私が全部現地に行ってそれから説得というか、何でできないのかちゃんと言い分を聞いて回りました。やはりあるんですよ、過去の歴史が。いろいろな歴史なり、いろいろ言い分はあったわけですね。しかし、新リーグとして成功するためには、県協会の役割はこれまで以上に重要なんだよ、あなた方が協力しない限り日本のバスケ界はよくならないんだよ、ということを私は全協会の人に説得して回ったんですね。その結果、福岡と愛媛は最終期限の前日か前々日かに支援を申し出てくださいまして、広島はしなかったので仲裁申立てだとこういう話になったんですね。実際、申し立てさ

れたんですが、私が広島に関しては、理事会の中で当事者に代表者なり関係者のヒアリングが十分できてないから、もう1回きちんとヒアリングをしなさいと、その上で手続をやって下さいということをお願いしたんですね。それで仲裁を取り下げてもらい、もう1回ちゃんとした審議の場を設けたんです。そもそも広島にはチームが二つあって、一つのチームしか支援できない。やっぱり二つになると共倒れになると、広島としては一つのチームは絶対一部にやらせてみたいから、一部に集中したいんだということで、あとはもう一つクラブに対する不信感などがあったようですね。最終的に、我々はそれ以上は踏み込めないということで、一つのチームのみを支援ということになりました。そういった経緯です。

白井：境田先生への質問です。今日のテーマである団体自治ということから考えると、川淵さんが入って境田先生も入ったということですが、それで動き出したことはよく分かりますし、その功績は大きいと思うのですが、なぜそれが入れたのか、団体自治として入っていったのか、入ることができた要素は何だったのでしょうか。それとこの件はスポーツ庁ができる前のことだった思います。仮に例えばスポーツ庁があった段階ですと、スポーツ庁が何らかの形で役割を果たし得たかどうか、その辺りを今日のテーマと絡んでお話しいただきたい。

境田：FIBAの制裁文の中で、制裁の理由の下に今後ジャパンタスクフォースチームを作ってそこが問題解決にあたると、そのメンバーはFIBAと文部科学省が推薦した有識者によって構成されるという文言があったんですね。それでFIBAと文部科学省からの推薦ということで川淵さんとか私とかが選ばれたと、そういう経緯なんです。

山崎：今日、棚村先生の司会が非常に素晴らしい進行で、すごく有益なお話が聞けました。これからスポーツ庁が果たすべき役割について先生方のご議論の中で思いついたのは、結局スポーツ庁がお金を配るみたいなことを期待するというのはすごく古い考え方であって、結局スポーツにお金が入ってくるようにするマーケッターをたくさん作っていくことがスポーツ庁の役割であ

り、それが団体自治、つまり団体の自立に資するということだと思っています。今、アメリカを中心にした世界的な傾向で、スポンサーがスポーツにお金を出す理由として、スポーツにお金を出すことによって企業イメージが上がる、特にCSR的な観点から企業イメージが上がるという観点でお金を出すことが増えています。これがいわゆるCSRとかアクティベーションと呼ばれている最近のスポーツスポンサーの傾向です。しかし、競技団体の人たちというのは、競技力を上げればお金がついてくるだろうと、とにかく競技力を上げることがまず第一みたいな形でなりふりかまわずメダルを取りにいくとか、国際大会での成績を上げるというところに注力しがちですが、今この時代でスポーツに継続的にお金が入ってくる確率を高める手段というのは、CSR的なブランディングをするということで、そのセンスを持ったマーケッターが必要なんですよね。さっき中村先生のお話にもありましたように、例えば震災との関係でそのスポーツ団体ないしは選手がそういったCSR的な活動をして、それが地域振興に結びつく、つまり、体験とか、絆とか、仲間とか、コミュニティとかそういうところにお金を払う時代なわけじゃないですか。スポーツにはそういうプラットホームとしてお金を生み出すすごいポテンシャルがあると思うんです。なので、中村先生が指摘されていた通り、スポーツ庁ができました、スポーツ基本法を作りました、補助金増やして下さいということを繰り返していると先がありません。スポーツ庁ないしはIFが、コンサルタントやマーケティングの専門家を派遣してお金を稼げるようにするみたいな、FIFAが加盟協会に対して、自立してお金を稼げるように指導するというようなことをやっていますが、それと同じことが必要なんじゃないかなというのを先生方のお話を通じて感じましたね。どうしても行政に頼るみたいなところから本当に自立をしていくために、スポーツにお金が入るような仕組みを作るということ、そのためのマーケッターが必要な気がしました。

鈴木：僕は、今のままでは日本でのCSRはなかなか育たないと思うんですよ。アメリカのような税制があれば企業は動きますが、日本の今の税制のままではダメですよ。また、兵庫県ではスポーツ振興のために企業に超過課税をお願いして、そのお金で総合型地域スポーツクラブを県内の全部の小学校に作っ

たわけです。このような CSR が広まればいいですね。私は相続税のあり方にも注目しています。今、高齢者の相続が孫にまでお金を配れるような制度になっていますが、高齢者の相続税はもっと社会に還元すべきだと思います。他には、例えば固定資産税を免除して、企業や民間に、従業員の福利厚生だけでなく市民も使えるようなスポーツ施設の設置を促すとか、なにしろもっと税制を活用して C が SR してくれるような社会制度に改正しなきゃいけないと思っています。アメリカの税制では個人は 30％まで税控除になるのに、日本も toto の対象拡大よりも寄付税制をスポーツ界がもっと活用できるように制度を変えるべきだと思っています。

笠井：中村先生は一言いかがですか。今のお二人のご意見を踏まえて。

中村：制度的なことも重要だと思いますね。例えば、地方創生の最初の頃、政官民いろいろな人が横のつながりで地域を何とかしようと張り切っていましたが、違う世界の人たちと意見を合わせるのはなかなか難しいというのが現実です。しかしそれがスポーツの場合、国でも地方でも政策資源としてそれが持っているものの横つながりの連携がすぐできちゃうんですね。ですから、そういった意味で言うと私はスポーツ庁にすべてのスポーツ関連の行政が集約されていないから中途半端と言うのではなくて、逆にスポーツだからこそ一生懸命官公庁もスポーツツーリズムとか言い出したり、国土交通省もやっぱりスポーツという資源に目を向けたりしているし、他の省庁も厚生労働省予防医学だとか、予防介護だとか健康ということでやっているから、いろいろな省庁が絡んでいるところに、スポーツ庁が横の調整の主役となり得るようなことがあるんですね。それを見ていると地域も非常に力づけられるのでそういうようなことをオリンピックのうねりの中でも追求してほしいと思うんです。そういったようなところで学問って抵抗学だけじゃなくて、構築学というか、そういう歴史の中の節目で我々が少なくとも生きている間にスポーツ庁の設置や 2020 年東京五輪の開催に巡り合えたわけですから、その辺のところのポジティブな構築の部分もどんどん提起していけたらなあという思いがあります。

伊東：今日はどうも有益な話をありがとうございました。境田先生にちょっとお聞きしたいのですが、バスケットボールが非常に短期間で立て直しができたというのは、素晴らしいことだと思いますが、これを真似したい競技が他にもあると思うんですね。ガバナンスが悪いと言うことはないのですが、競技力強化としてはなかなか成果がでないで困っているところもあり、それが全体的なガバナンスの停滞につながっているという競技もマイナーなところではあると思うんです。例えば、球技では、リオの代表権はほぼ絶望的というところもありますよね。同じスポーツとして見ると今後いろいろ助成金が出るということを考えると、そういった競技はもうちょっと頑張れという話が恐らく出てくるんではないかという気がします。そうするとバスケットボールでやった手法が他の競技でも今後使わせていただけるのではないかと思いますし、そういうような展開を今の段階でタスクフォースの皆さんがお持ちかどうか、あるいはスポーツ庁がそれに対して横から援助をするとか、そういうことをお考えかどうかということを分かったら教えていただきたいんですが。

境田：スポーツ庁の民間スポーツ担当の方などは、やっぱり今回のことに関心を持っておられますね。元々、今回のタスクフォースも文部科学省とタッグを組んでやっていたんです。文部科学省の方が情報共有をして日体協とJOCに指示をして、各県協会とか、いろいろなところにバスケットボールをきちんと支援しようということでいろいろと協力してくれたんですね。そういうことがあって、そのメンバーがスポーツ庁にもそのまま何人も行っていますから、そこは彼らは分かっていますね。去年１年間、スポーツ庁の人と僕と松本先生が中心になって20団体位のヒアリングをして、スポーツ団体の実態調査とか、ガバナンスのモデル案を作ったりとかしたんですが、そういう中で課題があるというのはよく分かっているわけです。だからそれに今後取り組まなきゃいけないということにもなっているわけですね。ただ今回はやはり特に女子バスケに関しては去年アジア選手権で優勝をして、リオに恐らく７割８割で行けるという可能性があって、それにもかかわらず予選にすら出られないというのがあって、渡嘉敷とか大賀とか吉田といったスター選手がそれに出ることもできないという、そういう危機的な状況があってマスコミも取り上げてくれた、と

いうふうな素地もあったわけですね。あと川淵さんというカリスマ的な人がいて、それでみんなも注目してくれたからこそできたという面もあると思うんです。僕じゃなくても、望月先生であれ山崎先生、弁護士だったらできたようなことをやっていますが、やっぱりそういったいろいろな環境が整ったからこそできた話というのがあって、もう一回やれと言われてもこれはちょっと大変だなあというのはありますね。ただおっしゃる通り、この間に僕も都道府県協会とか連盟との関係だとか、やっぱりそこが強化するにしても普及するにしても、そのNFと下部団体が一致団結して取り組むということ、これが絶対重要で、連盟の方で高体連がインターハイやるから代表でユースには参加させないとか、高校の学校が一番なんだみたいな形で代表は二の次とかという人が実際いたわけですよ。だからそういうふうなことはやっぱりダメで、そういうことを改善していこうとか、そういういろいろな課題が分かったのでそういった課題を他団体においてもきちんと伝えていけたらなあというふうには思っています。

辻口：鈴木先生にちょっと教えていただきたいんですが、イギリスとかドイツとかのスポーツ先進国がスポーツに力を入れているというのはそうだと思うんですけど、それは実態を教えていただきたいんだけど、トップスポーツに力を入れていてスポーツ先進国というような形で言われているのか、それともいわゆる大衆スポーツなんかについても援助なりあるいは支援なりについてはその辺どうなっているのか、先ほどちょっと出たように韓国なんかだとちょっと違うような感じもするので、その辺りのことについてちょっと教えていただければなあと思います。

鈴木：歴史的にはイギリスとかドイツの欧州国というのは、スポーツ予算を投入していますがそれが単にメダルの数を増やすのではなく、スポーツ全体の振興を図り国民の意欲を高めるような社会に投資しています。それが本当の成熟した先進国だと思うんですね。韓国はどちらかというと先進国に追いつこうとして背伸びをして、何とかして「日本には負けない」という感じが強いですね。逆に日本の政治家などは「韓国にだけは負けるな」という声が聞こえる程に非常に意識しています。このように競技力向上は国力だから国家戦略

にするというのはおかしいんじゃないかと思っています。

辻口：そうするとイギリスとかドイツとかフランスというのは、やっぱりトップスポーツの育成強化にかける規模は違っている。

鈴木：予算が違います。

棚村：ロンドンオリンピックの時もそうですが、やはり理念があって、スポーツを通じた社会の融和・発展とか、世界の平和とか、開発とか、安全とか、そういうようなスポーツとしての価値を向上させて子どもとか若者を育成していこうという理念を打ち出しました。そしてロンドンでは、国をあげてそれらをやっていますから、必ずしもトップアスリートの養成というだけではなくて、社会全体をスポーツを通して、例えば高齢化に対するその健康増進とかいろいろなことも生涯スポーツみたいなことも力を入れているし、ある意味ではスポーツを通じた国際交流とか、今、スポーツ庁が取り上げているようなものを全般的にしながらそのポイントにしたのはやっぱり子どもとか若者を育成していくために、スポーツを通じて平和とか安全とかそれから健全な子どもたちの育成という理念や普遍的価値を打ち出し、そういうことを英国は世界に広げています。そういう意味ではやっぱり大きな哲学や理念があって、政策があって、しかもその裏付けとなる人とか予算がつけられて、おっしゃったように歯車が回っていくわけで、大風呂敷を広げても人もお金も何もつかない縦割り行政のままであれば、スポーツ庁が多分期待された役割というのはほとんど何も果たせないと思います。

笠井：もうお一方、時間がありますが、いかがですか。

松本：今日はありがとうございました。僕もちょっと皆さんのご意見を受けた中での僕なりの意見ということなんですが、もちろん団体の意志というものが非常に大切なところで、各競技団体自ら取り組まなきゃいけないというところはあるとは思うんです。とはいえ現状、じゃあ彼らが十分な情報とリソースを

持ってすべて取り組めているかというと、実は全然そうではない。昨年、境田先生と一緒に競技団体を回わらさせていただいた時も、壁を隔てた隣りの事務所の情報を全く知らない。自分のスポーツの世界のことはもちろん知っているんだけど、一つスポーツが変わるだけで全くシェアがなされてないという現状は本当によく分かりました。そういうところを何とかブレイクスルーできないかなというようなところでいろいろなテーマに関しての内部シェアみたいなのはスポーツ庁がやはりイニシアティブを取っていくべきではないかと思っております。それは仮にスポーツ庁がイニシアティブを取ったとしてももちろん団体自治とかに反するわけではないので、そういう意味ではさっき伊東先生がおっしゃったようなお話というのは、例えばBJリーグの成功モデルとかをより広く伝えていくということで他の団体がより意識してできるとかいうことにもなると思います。意識の高い団体さんは、「うちのナショナルコーチに対してきちんと話してほしい」というようなお話もすぐいただけるような状況であったりするので、何らかのそういう情報相手のシェアのシステムなんかを作っていくと、意識の高い団体は多分どんどん取り組んでいかれると思います。実際、昨年僕らが調査した中でも、意識している団体は今回のバスケのような川淵さんみたいな方がいろいろな手腕を発揮されたり、FIBAから制裁があったというようなことがなかったとしても、5年10年かけてどんどん改善している団体もあったりするので、そういう意味ではそういうところを補完するようなプラットホームをどうやって作っていくのかが非常に重要ではないかと思っていますし、そういうものに対して我々もどれぐらい貢献できるかということが今日の非常にいくべき方向としていいテーマなのではないかと思っています。

境田：本当にその通りで、松本先生と一緒にいろいろな調査をしましたね。ある時は、30か40団体に集まってもらってガバナンスのモデル案を説明して、議論してもらったんですよ。例えば10団体位で話をすると、「うちの団体ではこういう取り組みしているんだよ」、「ああ、それ知らなかった」ということで、団体間で情報共有するだけで、いろいろなマーケティングの手法が分かったり、いろいろなコンプライアンスのやり方が分かったりするということがあっ

たんですね。だからそういう機会をどんどん増やすことによって、各団体は少しずつよくなっていくんだろうなあと思います。

笠井：ありがとうございました。それでは最後に望月会長、締めの一言をお願いいたします。

望月：私は、日本バスケットボール協会の関係で、境田先生、山崎先生、松本先生に解決のために助力をお願いした側でして、今日は静かにしておりました。日本バスケットボール協会の件は、個別の事情が複雑に重なっている事案ですから、この案件の解決方法を他の競技団体に応用するには、個別事情を慎重に検討し、機械的な適応をしない配慮が必要だと思います。
　競技団体の多くは、変革への取り組みには腰が重い、言い換えれば「慣性の法則」が強いですから、変革に動き出すにはそれに必要な刺激が求められます。松本先生が指摘されたように情報公開も有効です。競技団体内部の事情が中心で動いていますから、外部との情報交換は重要ですし、スポーツ庁は司令官として采配を振るうというより、情報共有のためのプラットホーム的な役割を果たすという面で期待されているのかと思いながら討論を聞いておりました。
　スポーツ庁が国民の期待に答える上で有益な素晴らしいパネルディスカッションになったと思います。最後になりますが、パネリストの先生方、司会の先生方本当にありがとうございました。

棚村：あと一言ちょっとお話をしようとしたのは、やはりスポーツ庁ができる、それから2020年の東京オリンピック・パラリンピックが開催されるということで非常にスポーツに対する世の中の関心も高まってスポーツ行政なんかもある意味ではあり方が非常に問われ、期待されています。その中でやはり民間というか競技団体自体の団体のプライベート・ガバナンスというのでしょうか、そういうものとパブリック・ガバナンス、それから行政のあり方で言うと、先ほどちょっとお話ししましたが、監督とか指導するという行政のあり方、こういうものからむしろ自立とか自治の支援という自立支援型か、そういうための

パネルディスカッション　討論要旨

情報提供とか、あるいは役割分担と連携の促進みたいな形で、できることをそれぞれがやりながら、かかわりを非常に強くしていくことを大いに期待しております。今回のパネルディスカッションがこれからのスポーツの価値の一層の向上とか、あるいは発展ということに寄与するような形で、新たなスポーツ庁の働き、スポーツ政策の展開、あるいは法の整備ということにつながればというふうに思います。本日はご報告をいただいたパネルの先生、ご参加いただいたみなさんに感謝を申し上げましてまとめの言葉にさせていただきます。どうもありがとうございました。

【報告】

「スポーツ法学教育の普及・推進に関する声明」について

吉田 勝光
(スポーツ法学教育の在り方検討委員会委員長)

1　はじめに

　本学会は、スポーツ法学の重要性に鑑み、2012年5月に開催された理事会において、スポーツ法学教育の在り方検討小委員会(後にスポーツ法学教育の在り方検討委員会)を立ち上げ、全国の大学等に対して、スポーツ法学教育に関する調査・アンケートを実施してきた。2014年12月に開催された本学会22回大会では、シンポジウム「スポーツ法学教育の在り方を考える」を開催した。それに引き続いて、大学でのスポーツ法学授業での標準的なテキストを意図して、本学会監修『標準テキスト　スポーツ法学』(エイデル研究所)の発行に着手し、本年6月に上梓した。

　このように、スポーツ法学教育の在り方の問題に取り組む中で、去る2015年12月19日(土)に早稲田大学法学部8号館(3階大会議室)において開催された本学会2015年度総会において、「スポーツ法学教育の普及・推進に関する声明」(以下、「本声明」)が行われた。スポーツ法学教育の在り方検討委員会委員長(吉田)が、望月会長に代わって声明文を読み上げた。

2　声明のきっかけ

　わが国のスポーツを取り巻く状況は、スポーツ立国戦略公表(2010年)

を契機とし、スポーツ基本法制定（2011年）、スポーツ基本計画策定（2012年）に至った。そして、その後、2020東京オリンピック・パラリンピック開催が決定（2013年）し、このたびスポーツ庁が開設（2015年）された。来るべく2020東京オリンピック・パラリンピックの成功に向け、準備が進められている。スポーツ庁の開設は、スポーツ・運動を通じた健康づくりや自己実現を図る等、国民の期待は大きいところである。一方で、スポーツに関して様々な法的問題が生じている。例えば、暴力、八百長、賭博、スポーツ団体の不正経理、ドーピング違反等、法の逸脱が問題とされる行為が依然として行われている。

　2012年12月に、大阪市立桜宮高校の男子バスケットボール部主将が、顧問教員の体罰に抗議して自らの命を絶った。この事件を契機にスポーツにおける暴力の根絶に関する様々な動きがあった。学会関係では、一般社団法人日本体育学会理事会が、2013年1月23日付けで、「緊急声明」を出した。本学会でも同年2月14日付けで、理事会による声明「緊急アピール：スポーツから暴力・人権侵害行為を根絶するために」を出した[1]。しかし、上述したように、スポーツに関する法的問題は暴力にとどまらない。

　そこで、本学会は、このような危機的状況を法的視点に立って打開すべく、「スポーツ法学」教育の重要性（普及・促進）を訴えたものである[2][3]。

3　声明に至る経緯

　当初は、教職課程での教員免許取得における免許教科「保健体育」の「教科に関する科目」欄への「スポーツ法学」の追加に関するアピールが意図された。スポーツに関して法の逸脱状況は、将来のスポーツ選手を生み出す学校教育の現場においても変わらず、安全管理（リスクマネジメント）が不十分であったことによる事故、体罰・暴力による行き過ぎた指導、いじめ、セクシュアル・ハラスメント、パワー・ハラスメント、学校関係団体の不正経理等、法遵守意識の欠如がみられたからである。

　しかし、検討する中で、教職課程における教員免許取得のフィールドにとどまらず、より広く、様々なスポーツにおける教育の場をターゲットに

して「スポーツ法学」教育を訴えるのが妥当と判断され、本声明のタイトル及び内容になったものである。

4　声明文の内容及び解説

(1) 内容
　総会直前まで熱心な議論がなされ、結局、声明文は以下のとおりとなった。

　　日本スポーツ法学会「スポーツ法学教育の普及・推進に関する声明」

　　　スポーツに関する法的諸問題を対象とするスポーツ法学は、すでに世界の多くの国で普及し、大学、その他の高等教育機関において教育・研究が行われ、スポーツ団体やその指導者の人材育成及び資格認定においても、重要な教育内容となっている。
　　　また、これらスポーツ法学教育の普及は、スポーツの推進や政策の基盤となり、人権、安全、公正、インティグリティ（真摯さ）、アンチドーピング、暴力撲滅などの理解と規範意識の形成などにとって不可欠である。
　　　しかしながら、現実には、我が国に限定しても、暴力、体罰、八百長、賭博、スポーツ団体の不正経理、ドーピング違反、セクシュアル・ハラスメント、パワー・ハラスメントなど、様々な法的問題が後を絶たない。
　　　そこで、日本スポーツ法学会は、以下のことが重要であると考え、選手、指導者を含め、21世紀の国民すべての豊かなスポーツライフが実現されるよう、スポーツ法学教育の普及・推進に関する声明を発する。

　　1　国は、スポーツ法学の研究及びその教育の普及・推進を図るとともに、スポーツ法学の専門的知見をスポーツ政策に導入するように努めること

2　すべてのスポーツを行う者が、スポーツ法学を学習できる環境を関係者が相互に連携して整備すること
　3　大学、その他の高等教育機関において、スポーツ法学教育を導入すること
　4　スポーツ団体は、選手及び指導者の研修、指導者資格、人材開発などのために、スポーツ法学教育をより積極的に導入すること
　5　教員養成系大学（学部、学科を含む）における、保健体育教員の養成課程において、スポーツ法学を必修科目とすること
　6　国、地方公共団体、その他関係機関は、スポーツ政策の審議や政策決定にあたって、スポーツ法学の素養のある人材を登用すること

2015（平成27）年12月19日

　　　　　　　　　　　　　　　　　日本スポーツ法学会
　　　　　　　　　　　　　　　　　　会　長　望月　浩一郎

(2) 解説

　以下、上記声明文に掲げた6項目について、簡単なコメントを付す。
　第1項（特に後半）は、スポーツ法学関係の知見（本学会年報、関係著作・論文等）をスポーツ政策に活かすことを求めるものである。本年6月に「スポーツ法学」教育の質の向上を目指して、本学会監修『標準テキスト　スポーツ法学』（エイデル研究所）が発刊された。第2項は、スポーツ法学を勉強する機会を各関係機関に求めるものである[4]。
　第3項は、大学等の高等教育機関において（教職課程にとどまらない）、スポーツ法学科目の開設や類似科目（例えばスポーツマネジメント、体育経営管理等）の中でスポーツ法学の内容を盛り込むことを求めるものである。
　第4項は、スポーツ団体に対して、例えば、同団体が実施する指導者や資格取得者等への研修等において、スポーツ法学教育の導入を求めるものである。

第5項は、教員養成系大学（学部、学科を含む）の保健体育教員養成課程において、スポーツ法学を必修科目とすることを求めるものである。「保健体育」の免許を取得するには、認定を受けた大学等で、所定の科目を習得する必要がある。「保健体育」については、「教科に関する科目」として、教育職員免許法施行規則（昭和29年10月27日文部省令第26号）第4条（中学校）及び第5条（高等学校）で規定する科目の履修が求められている。「保健体育」に関しては、中学校及び高等学校のいずれにおいても、「一単位以上二十単位」を取得する必要がある。第2欄には、「体育原理、体育心理学、体育経営管理学、体育社会学、体育史及び運動学（運動方法学を含む）」が掲げられている。しかし、「スポーツ法学」は挙がっていない。「スポーツ法学」を第2欄の「体育原理、体育心理学、体育経営管理学、体育社会学、体育史及び運動学（運動方法学を含む）」に追加することを求めるものである。

　第6項は、国の政策に深くかかわるスポーツ審議会や、地方公共団体のスポーツ推進審議会などに委員としてスポーツ法学に造詣の深いものを登用することを求めるものである。

5　今後の展開の方向性

　本声明文を発した後にも、例えば、プロ野球読売巨人軍の選手による賭博問題等、新たに不祥事が露見している。本学会としても、本声明を契機としてスポーツ法学教育を更に推し進めていく必要性があろう。その際には、上記声明文に掲げた各項目の具体化を図る必要がある。

　更に、本学会自体としてもスポーツ法学教育充実を図っていく必要があろう。

　その1つとして、質の更なる向上である。先般、大学評価・学位授与機構により、「学協会における、大学・大学院教育の分野別質保証の取り組み状況に関する調査」が実施された（回答期限：2016年1月8日）。そこでは、質問項目の1つとして「モデルカリキュラムの策定（各分野の典型的な授業科目構成のの例示等）」が掲げられている。上記『標準テキスト

スポーツ法学』の作成にあたって、モデルとなるシラバスの作成を意図したものの、紙幅、時間的制約の関係で提示することができなかった。改訂版での加筆や他の方法での提案を検討していくことが望まれる。

　併せて、スポーツ法学教育を担う人材の育成である。現在、スポーツ法学の授業を担当する多くの教員が、非常勤講師である。この多くが、法学関係のスペシャリストである法曹関係者（中でも弁護士）である。「スポーツ倫理」といった授業では、担い手不足が推測されるが、スポーツ法学教育にあっては、十分な人的財産を有しているといえる。しかし、他方、大学の正規教員が、スポーツ法学のスペシャリストとして、当該授業を担当するケースは多くない。したがって、今後のスポーツ法学教育を考えた場合、正規教員の増加、しかもスポーツ法学を専門とする能力・教育力を持った正規教員の養成が求められるといえよう。

【注】
(1) 日本スポーツ法学会ＨＰ：http://jsla/j/statement.htm（2016年3月31日）。
(2) スポーツ法学教育の重要性を説く論稿として、松本泰介「スポーツ法教育～スポーツに特化した法教育の必要性～」（新日本法規出版、2015）http://www.e-hoki.com/limm/legal/1314.html?hb=1（2015年11月13日）。
(3) 日本体育学会の「体罰・暴力根絶における本学会の取り組み」において、井上洋一「スポーツにおける暴力・人権侵害行為根絶のためのサポートシステムの構築－スポーツ法学の立場から第三者相談窓口などの検討」（http://www.jstage.jst.go.jp/article/jjpehss/60/Report/60_60.R13/_pdf（平成28年8月22日））でも「4. おわりに」の中で、暴力・人権問題解決のためには、根本的な解決のための方法の一つとして「スポーツ法学の必修履修」を指摘している。
(4) アンチ・ドーピング教育に関する調査研究（佐藤豊監修「スポーツの価値を基盤とした授業の"ススメ"」2015年）においては、アンチ・ドーピング教育の在り方について調査研究している。

【原著論文】

学校運動部活動時の「体罰」判例に見る体罰の特徴とその要因に関する研究

村 本 宗 太 郎

(立教大学大学院)

1 はじめに

1) 問題の所在

　我が国の中学校や高等学校(以下、「高校」)における学校運動部活動(以下、「運動部」)は、多くの生徒が日常的にスポーツに親しむことができる青少年スポーツの中心的な存在である。文部科学省は、「我が国の文教施策」[1]の中で、「運動部活動は、学校教育活動の一環として、スポーツに興味と関心を持つ同好の児童・生徒が、教員等の指導の下に、自発的・自主的にスポーツを行うものであり、より高い水準の技能や記録に挑戦する中で、スポーツの楽しさや喜びを味わい、学校生活に豊かさをもたらす意義を有している」[2]、「運動部活動は生徒のスポーツ活動と人間形成を支援するものであることはもとより、その適切な運営は、生徒の明るい学校生活を一層保障するとともに、生徒や保護者の学校への信頼感をより高め、さらには学校の一体感の醸成にもつながるものである」[3]として、運動部の有用性について述べている。運動部は、このような有益な面を持つ一方で、多くの問題を抱えており、その問題の1つとして体罰問題を挙げることができる。

　これまで運動部における体罰問題は毎年発生している。2012(平成24)年12月には、大阪市立桜宮高校男子バスケットボール部において、指導者による運動部中の執拗な体罰を理由に、男子生徒が自殺する事件が発生した。その後、2013(平成25)年には、(公財)日本体育協会を中心に、「ス

ポーツ界における暴力行為根絶宣言」⁽⁴⁾が発表され、スポーツ界からの暴力の根絶が宣言された。しかし、その後も運動部での体罰は一向に後を絶たないのが現状である。本来、学校教育での体罰は、「学校教育法」第11条⁽⁵⁾で禁止が明文化されている。それにもかかわらず、体罰の発生が後を絶たないのは、運動部指導者に対しての謹慎や退任処分、体罰が発生した運動部の大会への参加辞退や活動自粛にみられるように、体罰問題の当事者ばかりに問題の責任や所在を求め、運動部における体罰発生について体系的な整理や、体罰の特徴に関する検討が不十分であったためと考えられる。今後、運動部における体罰の根絶を目指す上で、問題当事者ばかりに着目するのではなく、これまで運動部で発生した体罰から、運動部での体罰の特徴やその要因を解明することが必要であると考えられる。

2) 先行研究の検討および研究の目的

これまでの学校教育における、体罰問題に対する法学的視点からの先行研究として、体罰の概要に関する研究、個別の判例に着目した研究、教員の行為から体罰の判断基準に着目した研究が挙げられる。

体罰問題の概要に関する研究としては、望月[6]、飯野・小熊ら[7]、の研究を挙げることができる。望月は、日本オリンピック委員会や文部科学省の調査から、スポーツ界において暴力行為等が存在していることを問題視している。また、暴力行為と体罰との違いや、指導者の暴力行為のパターンについて論じている。そして、暴力行為を支持する人々の存在として、アスリート、指導者、保護者と市民を挙げており、啓発活動を行う必要があることに言及している。飯野・小熊らは、学校教育における体罰に関し、戦後からの体罰問題に関する法令を検討し、教員の懲戒権の性質と行使の実態、理論的課題を明らかにすることを目的として、教員による懲戒行為と体罰行為に関する論議について分析を行った。その中では懲戒権の解釈の流れについて、法務庁からの通達や法務府発表によって行政解釈がなされてきたことに言及している。

次に、体罰に関する個別の判例に着目した研究としては、梅野・采女[8]、梅野・向ら[9]、安藤[10]、長尾[11]等の研究を挙げることができる。例えば長

尾は、他の児童へ悪ふざけをしていた小学校児童への教員による有形力の行使が体罰に該当しないとした、2009年の最高裁判決に着目し検討を行った。そこでは判決の内容の検討を行いながら、「体罰」の意味の多様さや有形力の行使と体罰の行為との関係、教員が実際に行った行為について論じ、子どもの人権保障、教育を受ける権利の確保という、「法」感覚の浸透を目指す必要性についても言及している。

　最後に、教員による行為と体罰の判断基準という視点からの研究として、薬師丸[12]と岡本・桂ら[13]の研究が見られる。薬師丸は、懲戒や体罰の法的性質や責任、両者の関係について分析し、懲戒処分の適正な運用についての検討を行った。また、懲戒と体罰の違いや、教員が体罰行為に及ぶことで、行政、刑事、民事、国家賠償法上のそれぞれの責任を負う可能性があることについて言及している。そして、現場の教育関係者が、体罰と懲戒とを区別するための判断基準を提示している。

　岡本・桂らは、体罰禁止の規定を知るはずの教員が、学校教育の場面において、何をすると体罰となり、体罰をすると具体的にどうなるかといったことをイメージするのが難しいことが、体罰問題の根底にあると指摘した。そこで、教員の行為によって生徒が怪我をしたのか否か、という基準に基づいて判例分析を行っている。そこでは、生徒に怪我を負わせれば原則として体罰であると判断されること、生徒が明確な怪我を負わなくても、相当な精神的苦痛を与える行為は体罰だと判断されること、悪ふざけをするような生徒を制止させる程度が指導行為としての限界であることを示している。

　これまでの体罰問題に関するスポーツ法学研究においては、体罰問題の概要の検討や、体罰に関する個別の判例の検討、教員の個別の行為について体罰かそうではないのか、という判断基準を検討した研究がみられた。これらの研究は、体罰行為そのものの検討や、個別の体罰に関する裁判についての法との関連や扱われ方、実際の教員の行為が体罰であるか否かといった点を確認するうえでは重要である。しかし、これらの研究は、特別に運動部での体罰に着目したものではなく、また、運動部における体罰の傾向についても触れられていないため、運動部での体罰にみられる共通点

や特徴について確認することは難しい。そこで本研究では、体罰が争点となった運動部における判例に着目し、運動部での体罰の特徴とその要因を明らかにする。

2 運動部における体罰判例の検討

1) 調査内容
本研究では、運動部において発生した体罰問題で、判例としてデータベース上に掲載されているものに関して検討を行った。

(1) 調査方法
インターネット上の裁判判例データベース（以下「判例DB」とする）へのキーワード入力による検索結果に基づき判例の整理を行った。判例DBとしては、使用頻度の高さや、掲載判例数の多さ等の観点から、以下の3つの判例DBを分析対象とした。

1. LLI統合型法律情報システム[14]
   URL　http://www.lli-hanrei.com/indexjp.html
2. TKC法律情報データベース（TKCローライブラリー内）[15]
   URL　http://lex.lawlibrary.jp/index.html
3. D1-Law.com[16]
   URL　http://www.d1-law.com/

(2) 分析対象とした期間
1947（昭和22）年4月1日～2015（平成27）年3月31日

(3) 調査結果
今回の調査で着目する、運動部での体罰に関して、「体罰」とともに対象を広げるため、「部活」（運動部活動を含む）をキーワードとする、「体罰 and 部活」のキーワードを3つの判例DBに入力し、検索を行った。その結果としては、LLI統合型法律情報システムは45件、TKC法律情報デー

タベースでは43件、D1-Law.comでは52件の判例が提示された。

この検索結果から、本研究における分析対象とする判例の選定を行った。本研究での調査対象は、定時制を含む小学校から大学までの学校運動部の中で、指導者から生徒に対して行われた体罰であり、かつ体罰の内容が裁判の中で言及された判例に限定した。このため、福祉施設やフリースクール、学校外部のクラブなどで発生した体罰に関する判例等については対象外とした。その結果、18件の判例が得られた。(表1参照)

18件の判例について、表1「学校運動部における体罰に関する判例」で、①事件番号、②体罰発生年月、③判決年月、④担当裁判所、⑤民事刑事区分、⑥学校設置区分、⑦学校区分、⑧児童生徒性別学年、⑨教員性別年齢、⑩競技、⑪行為内容、⑫事案概要、⑬体罰への問題視、⑭備考、という視点で整理を行った。なお事案概要については、3つの判例DBで共通にみられる判例は、より簡潔にまとめられていたD1-Law.com[16]の内容を、それ以外のデータについては、その判例が掲載されているDBの事案概要を引用した。

表に示した内容は、3つの判例DBに提示された判例である。本調査において、これら3つのDB内の主だった事例は把捉できているものと思われるが、DB上に掲載された判例は、膨大な裁判事例の一部であること、それぞれのDBの作成過程において取り扱われるデータの選別が行われていること、この3つのDBに提示されていない事例についてはすべて網羅できているとはいえないこと等、本調査結果が非常に限定的な範囲での結果であることについて十分に留意する必要がある。また得られた結果について、数量的に提示しているが、限定的な範囲での結果であり、また本来的に数量的に分析することには限界がある。その点を踏まえ、本研究では、体罰の発生場所、体罰箇所等を示すために形式上、数量的に表しているにすぎないことを指摘しておきたい。

学校運動部活動時の「体罰」判例に見る体罰の特徴とその要因に関する研究

表1 学校運動部における体罰に関する判例

①番号	②体罰発生年月	③判決年月	④担当裁判所	⑤民事刑事区分	⑥学校設置区分	⑦学校区分	⑧児童生徒学年	⑨教員性別	⑩競技	⑪行為内容	⑫事案概要	⑬体罰への問題視	⑭備考
1	1984(昭和59)年から1985(昭和60)年3月22日まで	1993(平成5)年9月6日	岐阜地方裁判所	民事	公立	高校	女・2年生	男	陸上	体調の悪いときや集中力を欠き練習器を強要、教員の乗用車で登下校するなど、自由を束縛された生活を強制。「ブス」などといって生徒を侮辱。「お前はバカだ、なんでわからんのか」「陸上部を辞めろ」などと暴言。練習のときに肌が露出にしたのがいけないから退部せよと発言。生徒を土下座させて謝罪させた。「のろくてくずだ」と口の中が腫れているほど殴打。頭部などをやりで乱打。病院には生徒の足のことなどわからない、非科学的な練習をしたなどと罵倒。三名の女子生徒に対し、頭部をどなり数回、やや小刻みに飛び散るほど殴打。生徒に新鮮なやり五手を使い土下座の謝罪。一日間体育教室においてやり五手を使い土下座の謝罪。翌日も別に部活をやりつめ、顔面を手やり五手で繰り返し殴打。生徒の大きな怒声で騒然体が90度左右に回転してしまうほど回ほど殴る、「語試験の成績が悪い」お前は家の人に「しかられたなどと告げ口しているのではないか」などと大声で罵声をあびせかけつつ、合計4時間30分にわたってもがいて起立せられるなど自由を束縛された。食事の禁止を強制。	高校陸上部顧問教諭による体罰や暴行等の発言を繰り返し受けた女子生徒が自殺した事件について、体罰等の違法性を認めたが、自殺の予見可能性および体罰等と自殺との相当因果関係を否定した事例。	○	
2	1991(平成3)年ただし体罰は日常的に考えられる。	1993(平成5)年11月24日	仙台地方裁判所	民事	公立	高校	男	男	柔道	部活動のルールを守らない者は進でも生徒本人全員で竹刀葉で尻を叩かれるのが武道部の顧問であった。武道部の顧問教諭もしばしば竹刀で気合を入れていた等と言っており、部員の行為によりけが気合いが入ってないのだけでなく、部員を殴る蹴るということは一切なかった。	集団によるいじめを理由にした県立高校長に対してなされた4件の進学処分のうち、処分の基礎となった事実について、一部が認定しえないとして、裁量権の行使に違法があったとして3件の処分を取り消した事例。	×	裁判で問題視されたのは、部員によるいじめ行為のみ。
3	1984(昭和59)年10月19日	1993(平成5)年11月24日	浦和地方裁判所	民事	公立	中学校	男・2年生	男	バレーボール	「お前の今の出はだらだらやっているからこんなふうになったんだ。反省の言葉を言えと叱った。いきなり理由もなくして十数人の選手から左手の甲を殴打。右端に並んでいた生徒に対しても右頬を激しく殴打。その結果、生徒はよろけ、左側頭部付近を数センチ手後方にあったコンクリート角柱の側面に激突。	中学バレーボール部顧問教諭の体罰により負傷した生徒が長期欠席を余儀なくされた事件について、教諭の違法行為を認めた事例。	○	
4	1994(平成6)年6月13日及び同年その他	1996(平成8)年12月25日	大阪地方裁判所	民事	私立	高校	男	男	水泳	膝の故障で自分を申し出ていた水泳部員である生徒に対し、足が悪いくらい見学すること言い、教員所所持していたスタート用ムチでプールの端を数回回打ちして、プールに入ろくような口吻で、右腕にあった生徒一人だけをプールを往復して泳がせた（部活）。別生徒である水泳部員の左頬面に激突。	生徒に体罰を加えた教諭に対する懲戒解雇権について、その程度、手段に照らして重きに失するとして無効と判断された事例。	×	授業中の部活動に対する体罰、部活動に対する体罰、部活動に対する体罰も存在。

①番号	②体罰発生年月	③判決年月	④担当裁判所	⑤民事刑事区分	⑥学校設置区分	⑦学校区分	⑧児童生徒性別学年	⑨教員性別年齢	⑩競技	⑪行為内容	⑫事案概要	⑬体罰への問題視	⑭備考
5	1996(平成8)年	2000(平成12)年9月13日	大阪地方裁判所	民事	私立	高校	男	男	野球	指導者は練習中に怠慢なプレーや消極的なプレーをした野球部員を口頭で注意したにもかかわらず同部員が同様のプレーを繰り返した際、しばしば、部員の頬を張ったり、足をキャッチャーズボックスの上から軽く蹴ったり、バットのヘッドグリップで頭部を叩いていた。また、時として「ケツバット」と呼ばれるバットで部員の臀部を強く感情のおもむくままに（以下「ケツバット」という）を加減して行わせることもある。エラーをした部員に対して強く力をこめたケツバットを行う。	私立高校野球部で上級生から暴行等のいじめを受けた野球部員が、上級生及び野球部監督に対して求めた損害賠償請求において、高校及び監督には損害賠償義務違反がなかったとされた事案。	×	裁判で問題視されたのは、部員によるいじめ行為。
6	2000(平成12)年9月27日	2004(平成16)年12月24日(一審) 2005(平成17)年12月22日(控訴審)	東京高等裁判所	民事	公立	中学校	男女 野球部員12名	男	剣道	生徒の背後から生徒が痛みを感じる程度の強さで、稽古着、垂れを着用した上からその左腰辺りを1回蹴る。	中学校のクラブ活動中に顧問教諭が女子生徒を痛みを感じる程度の強さで1回蹴ったことが、注意や体罰を加えたためではなく、親しみを込める気持ちでされたとしても国家賠償法上違法な行為に当たるとされた事案。	○	裁判で問題視されたのは、教員から学校内での体罰行為及び学校内における安全配慮義務について。
7	2005(平成17)年6月上旬 同年8月13日	2007(平成19)年3月23日	岡山地方裁判所倉敷支部	刑事	私立	高校	男	男	野球	抱き抱えした上、顔面に、激怒の余り平手で数回殴打。 怒号して、顔面を多数回叩いたり手拳あるいは平手で数回殴打。 指示に従わなければ顔面1回殴打。 顔面を手拳で数回殴打。 顔面を手拳で数回殴打。	私立高校の野球部監督であった被告人が、野球部員間の暴行事件の隠蔽等のために体罰に及る当該生徒の暴行事件を数回踏み付け、生徒を立たせてその顔面をまたたくと、暴行を加える等のことは許されないことであり、被害生徒はみならず公式試合などへの出場部員全員の試合出場を失うなど、退学等、学校の公試などへの出場ないし資格を失わせることも本件の原因となる暴行行為の被害を受けた生徒の利益を不当に害することとなり、教育の保護者や学校の規則等に従わせる同意事を信頼して指導を委ねたなどとして、被告人が同役1年6月執行猶予第3年に処された事案。	○	・被告は学校職員大野球部の指導上の野球部員の指導員実績あり。・甲子園出場実績あり。

142

①番号	②体罰発生年月	③判決年月	④担当裁判所	⑤民事刑事区分	⑥学校設置区分	⑦学校区分	⑧児童生徒性別学年	⑨教員性別年齢	⑩競技	⑪行為内容	⑫事案概要	⑬体罰への問題視	⑭備考
8	1996(平成8)年7月から1998(平成10)年6月頃および、1997(平成9)年3月頃から1998(平成10)年6月まで	2008(平成20)年5月20日	大阪地方裁判所	民事	公立	中学校	男女複数名	男	剣道	・稽古の合図に使う太鼓のバチで顔がくらくらするぐらい強く叩く。 ・太鼓のバチを防具の面の下から入れて喉を圧迫する。 ・竹刀で頭、足を叩く。 ・竹刀で喉元に突きをつける。 ・蹴る、投げ飛ばす。 ・防具の箱から突き落とす。 ・問題の箇所に対し、次のような罰を与えさせる。アロレのような形式で大の字になってフンと言わせ、童謡を歌わせる。指導者の面前で次のように罰を一周半または三回該わっているような形式で。 ・指導の急に足の急に漏れ込み指を一瞬差す。 ・指導者に服を脱くように求め、生徒らは服を脱ぐと下を着替を一瞬差う。 ・生徒に反復横飛びをさせ、関係をやらされかったと言う。 ・生徒と生徒に対し激しい、生徒が飛びかかりよとし、窓の方向にかっていったところで指導者によって止められる。	市立中学校の部活である剣道部の指導教員からの体罰及びセクハラ行為を受けた精神的苦痛につき、市に対し、同教員及び県による国家賠償法の連帯責任及び国家賠償法による債務不履行に基づき、慰謝料請求を認めた事案。	○	体罰とセクハラ問題
9	2004(平成16)年6月30日	2008(平成20)年6月30日	長崎地方裁判所	民事	公立	中学校	男2名生	男	サッカー	<教員の日常的な体罰> ・他の生徒の見えない場所に生徒を連れて行き、生徒に弁解を許さず体罰を加えるといった手法を取っていた。教員からの呼び出しを受けることは必ず体罰を受けるということで、クラスの生徒にとっての共通認識となっていた。 <問題視と部活動の関連> 「部活動体罰制度」と呼ばれる制度が採用されていた。 ・部活動体罰制度とは、生徒が軽い勘違いや勘違いといった行動をとると、その行動を禁止する罰則として、連帯責任として、部活動を停止する制限の配慮または見られるが、主体への義務としての配慮や場面が見られるが、法主体への義務の適切、不適切の指導は教員に許容されることを受けた。 諸式の連帯罰は体罰期間中の部活動停止、早期排除の体育館の雑用がけがするといった事業に、この範囲から生じる関節にの意識を有たせた生徒への裏切りの意識を植え付けさせ、集団的な不公平さを持たせた他の生徒への罰則の意識を植え付けさせ、必要以上の精神的圧迫を加えるものである。	市立中学校の学級担任の教員の喫煙指導と中学生の自殺との間に事実的因果関係があると認められ、あるいは自殺を決意していたことまでは予見することは困難であったとしても、同教員及びその学年主任が教員による特段の事情が認められ、クラブ活動の学校生活の安全や健康生活の維持に対する義務に違反したと認めるもの。本訴訟は、市に対する損害賠償等の請求を棄却した事例。	×	部活動中の体罰ではないが、当事者である教員が体罰をしている旨は認められた。部活動の罰則に関する事例。
10	2005(平成17)年3月6日	2009(平成21)年3月6日	長野地方裁判所	民事	公立	高校2年生	男2名	男	バレーボール	・バイパチ等で部員を叩きつけ、血を流すような怪我をさせる。 ・部員によるいじめの事実を知っていながらいじめ被害にあった生徒だけを練習させないようにする。 ・いじめを学校に訴えない生徒に再考を促す。 ・暴力を肯定する発言をする。	原告の子AがBらに嘆いしかから受けたと主張し、同校バレー部顧問Y1及び同校のLAの独断教員Y2らの指導方針の支持を求め、県教育委員会などの職員による取り扱いが不適切であったなどと主張し、被告県等らに対し、主張するに当たって慰謝料等を求め、被告Y2の登校拒否及び怪我を主張として、被害者を相続し、各被害等を請求した事件。同校側は、判決同校校長及び部員ら指導責任ほか(甲事件・乙事件)の継続を請求し、同事件を否定し、甲事件・乙事件の裁判によりまる判断を求めて、訴訟は、同校側が通信請求を否定した事を全面的に受け入れ再判決とし、控訴における裁判所は、請求を否定する限度で請求の減免を認め、同事実について、原告の主張を肯定する範囲で請求を認容した事例。	△	裁判で問題視されたのは、部員によるいじめの行為。

①番号	②体罰発生年月	③判決年月	④担当裁判所	⑤民事刑事区分	⑥学校設置区分	⑦学校区分	⑧児童生徒学年性別	⑨教員性別年齢	⑩競技	⑪行為内容	⑫事案概要	⑬体罰への問題視	⑭備考
11	2005(平成17)年9月下旬	2009(平成21)年10月27日	神戸地方裁判所	民事	公立	中学校	男	男2名	柔道	部員全員を集合させて全員の目の前で生徒を激しく叱責し、拳骨で頭部を叩く。	市立中学校に在籍する生徒（13歳）が、柔道部の練習後の更衣時間中に騎乗遊び戯れをしたうえ、馬乗りになって殴打し負傷させたことについて、監督業務を怠った両教師が不法行為としての損害賠償義務を負うとともに、本件加害生徒が同級生に傷害を負わせられるとして、その両親に民法709条に基づく損害賠償責任が認められた事例。	×	体罰を受けた生徒は特定の生徒に対し、練習用マットや畳などで包み蹴るなどの暴力行為をするようになった上で、濃すぎる濃厚なあえていじめに類する行為を行っていた。
12	2003(平成15)年5月5日	2010(平成22)年4月28日	東京地方裁判所	民事	公立	中学校	男2名	男	テニス	試合に負けた生徒に対し、左頬を右手の平手で10回以上叩くとともに、「俺だって叩くよ、こら」と足が上がるんだ」と言って、右足を生徒の顔にまで上げ、生徒の右肩等に当てるとともに、「ストレッチが甘いからだ」と言って、肩をつかんに入れ、肩と口頭と口を同時に回三回と押して、ストレッチはこうするんだ」と言った上、右手で生徒の左足を蹴る。	校内に多量の私物を保管し生徒に体罰を繰り返すなどの行為をした市立中学校教員に対する賠償後の求償について、地方公務員法28条1項3号に該当する事由がないとされる事例。	○	体罰及び暴力を受けているという内容の書面を生徒とその保護者が着信を告げ校長から15回を着けて、教育委員会からも1回にわたるなかに訴えがあり、さらにた、体罰ではなく強い指導だと言ってほしいと逼迫って言った。
13	2005(平成17)年8月2日	2010(平成22)年5月19日	神戸地方裁判所	民事	公立	中学校	男・1年生	男	柔道	高温多湿の環境下での練習中、頭痛を訴え、意や休憩を何度も求めてきた生徒にすかさず休憩をとることを許さない。生徒の言動について、生徒が仮病を使って練習を怠けようとしているものと決めつけ、1時間程度生徒を正座で床に座らせ、頬を叩いたり足で押し付けたりしながら怒鳴りつける。	市立中学校1年に在学して柔道部に所属する生徒について、夏期合宿に参加中に熱中症を発症して死亡したのは、副顧問教諭らの過失によるものであるとして、国家賠償法1条1項による損害賠償金の支払いを命じた事例。	△	部活動の活動計画における注意義務違反。
14	2004(平成16)年12月24日	2011(平成23)年12月27日	横浜地方裁判所	民事	公立	中学校	男・3年生	男	柔道	無抵抗の生徒を出し一方的に、口汚くなどの暴力の力をぶち込み、背負い投げ一本背負い及び払腰などの技をかけ繰り返し、生徒の頭頂を床に叩きつけた、その際、柔道着の増形を力で絞め上げ、生徒が落ちた状態になって10回程度を続けた。また、床に口に正拳突きをした生徒の顔面を手を握り口部から右腕部に突いてから、その後、腰を持ちあげて、上の行為を追加させた目的で、「サマーソルト」と評して、気に入らない生徒に対し、身体に苦痛を与える目的で、足部に続いて投げ飛ばし、頭を柔らかで多発な行為を繰り返した。	市立中学校3年の生徒（原告）が柔道部の指導教諭と実施の格取り練習中に受傷し、原告の脳機能障害を負ったことから、次の教諭に対する損害賠償を請求した事例。市及び教諭がおけ授されたが、教諭個人は責任を負わないとして教諭に対する請求は棄却された事例。	○	

144

①番号	②体罰発生年月	③判決年月	④担当裁判所	⑤民事刑事区分	⑥学校設置区分	⑦学校区分	⑧児童生徒性別学年	⑨教員性別年齢	⑩競技	⑪行為内容	⑫事案概要	⑬体罰への問題視	⑭備考
15	2009(平成21)年1月以降日常的	2012(平成24)年2月17日	前橋地方裁判所	民事	公立	高校	女・1年生	男	バレーボール	他の部員や保護者らの面前で生徒を平手で叩く、バレー部部員全員を竹刀で叩いた、部活動中に、生徒の頭、尻、太もも、みぞおちをバットで叩いた。 バットを持ちながら、「こんな部についてやる、メダルなにしてやる、だめにしてやる。勝のせいにしてジーブはしないのか」などと生徒に侮辱的発言。	バレーボール部顧問である県立高校の教員が、部員である生徒を竹刀で叩いたり侮辱的発言をしたことに対する、生徒からの国家賠償請求が認容された事例。	○	暴行・侮辱的発言・加重練習の強制について争点あり。
16	2010(平成22)年10,12月	2012(平成24)年11月19日	山口地方裁判所岩国支部	民事	私立	高校	男・4名	男	テニス	些細な理由(部活動への無断欠席、忘れ物)によって生徒の頭髪を丸刈りにすることの強要。 部員に問題があった場合、何かあると「特待生(部活特待生)をとるぞ」旨のハラスメントを継続的にしていた。	生徒に対し家庭事情に立ち入った質問をしたり大切な生徒を変更するかどうかの指導を行うかたり、たことを理由に勤務する高校から雇用契約されていた位置案件を明示しないまま生徒に解雇されたと相告した上で、生徒側は解雇無効として未払賃金の支払を請求するとともに、慰謝料等の支払を請求したところ、不法行為を理由に該雇ではないかと高度の蓋然性が認められ相当な理由による退職とは認められず、解雇権の濫用に該当する雇無理由があるから、民法上解雇は無効として、前記請求は一部認容されて、請求がいずれも棄却された事例。	△	プライバシー権等に明らかに配慮に欠ける言動。
17	2009(平成21)年7月29日及び日常的	2013(平成25)年5月14日(一審) 2014(平成26)年1月31日(控訴審) 2015(平成27)年2月5日(上告審)	大津地方裁判所	民事	公立	中学校	男・1年生	男	柔道	部員に対し、日頃から練習に疲れてきた様子を見せると平手打ちをする等の暴力行為を振るっていた。 生徒が声を出していないことで、練習を怠けていると決めつけて、五本目まで受け身投げの練習を与え決めて、生徒は結局一人を残した。二五本目には、生徒は弱めの受け身をそばり、仰向けになって戦意喪失している状態で、練習の継続が明らかに困難な状況となって、それにもかかわらず指導者は、二本目からは自らが生徒の足を取り相手しないしに激烈の技をかけるなどくり返しを続けさせたのに対し、力の加減をせず激しい返しを繰り返した。	町立中学校の柔道部に所属していた生徒が、同柔道部の練習中に投技で頭部を負傷し、急性硬膜下血腫により死亡した事案で、柔道部顧問が同練習の変更を認識しつつも、それから直ちに練習を中止する等の外部に受診する等として、いれば救命の可能性はあったと認められた事例。	○	初心者と経験者を日常的に練習を行い、意図的に選手を打つ経験あり。
18	2012(平成24)年12月18日及び12月22日	2013(平成25)年9月26日	大阪地方裁判所	刑事	公立	高校	男・2年生	男	バスケットボール	両頬を平手で数回殴打。 顔面又は頭部を平手で数回殴打。 球練習をさせ後、失投する彼に1回ずつ、合計で数回殴打。 顔面及び頭部を平手で立て続けに十数回殴打。	大阪市立桜宮高校のバスケットボール部のキャプテンだった男子生徒(当時17歳)が体罰を苦にして自殺した事件で、男子生徒への体罰を告発する事件で、同当時の顧問教諭に対する裁判において、被告人は、肉体的な苦痛に加え、相当な精神的な苦痛を与えているおり、被害者の自殺及び被害者作成の書面からもそれを明らかにしておおり要するに重大な影響を与えたいることは何にもこのような理由で暴行を加えなかったいうにはいえずかった、被害者が書き残した遺言不足らばなり被害者が書き遺したようなのといえず、被告人を懲役1年(執行猶予3年)に処した事例。	○	

2) 運動部における体罰問題に関する概要

ここでは、運動部での体罰について、本調査結果の概要、体罰行為の内容、体罰に及ぶ理由と生徒の関係から検討する。

(1) 本調査結果の概要

体罰が発生した年代を見ると、1980年代2件、1990年代4件、2000年代10件、2010年代2件であり、判決が出された年代では、1980年代0件、1990年代4件、2000年代7件、2010年代7件であった。

事件区分では、刑事事件2件、民事事件16件であった。指導者の体罰行為そのものは、暴行罪（刑法第208条）、傷害罪（刑法第204条）等に問われる可能性がある。しかし、多くの場合において、体罰行為に及んだ指導者が、公立学校の教員であることから、指導者個人の責任が追及されることよりも、学校設置者である地方公共団体に対する民事事件として裁判へと発展することが多く看取された。学校設置区分では、公立学校14件、私立学校4件であった。学校区分で見ると、中学校9件、高校9件であり、運動部の活動が盛んに行われている中学校、高校において多く見られた。体罰行為に及んだ指導者の性別については、すべての事案で男性であった。指導者の立場としては、教員ではなく学校職員であったのは1件で、運動部専任監督であった（事件番号7）。体罰を加えられた生徒の性別は、女子生徒よりも男子生徒の方が多くみられた。生徒の学年は、確認することができた範囲では、1年生3件、2年生5件、3年生1件であった。

体罰の発生した運動部について競技別でみると、個人競技11件（柔道5件、剣道2件、テニス・ソフトテニス2件、陸上競技1件、水泳1件）で、団体競技7件（バレーボール3件、野球2件、サッカー1件、バスケットボール1件）であった。これらの競技について、屋内競技と屋外競技に区別すると、屋内競技11件、屋外競技7件であった。これらの競技のうち武道競技である柔道部と剣道部における事案が7件であった。

(2) 体罰行為の内容

体罰行為の内容について、体罰時の道具使用の有無を見ると、道具が用

いられた事案はのべ12件であった（「のべ」としたのは、1件の判例の中でも複数の体罰が見られ、それらを1件ずつ検討したためである）。体罰に用いられた道具は、竹刀、バット、パイプ椅子が利用されていた。特に竹刀が用いられることが多かったが、この点について、競技で竹刀を用いる剣道部に限らなかった。例えば事件番号2では、柔道部の練習場に、各学年別に罰を与えるための竹刀が準備されている、といった状況が見られ、他にも陸上競技部、水泳部、バレーボール部において、教員が竹刀を用いた体罰が行われている事案が見られた（事件番号1、4、15）。一方、競技で利用している道具が、体罰の道具として利用されている事案としては、事件番号5では野球部においてバットが、事件番号8では剣道部において竹刀が使用されていることを挙げることができる。

　道具を用いずに、生徒に体罰を加えるといった行為はのべ25件であった。その体罰の内容としては、平手もしくは手拳で殴打する、または蹴るといった行為が見られた。それ以外には、柔道部で起きた体罰（事件番号14、17）において、指導者が、無抵抗の生徒を投げ続ける行為を行ったことで、生徒が頭部を強打するといった、練習の一部として危険な行為が行われていることが見られた。他には、長時間の正座の強制が3件、体育館の舞台から突き落とすといった行為が見られた。生徒が体罰を加えられた身体の箇所については、頭部がのべ21件と最も多く、次いで足7件、尻5件、みぞおち、肩がそれぞれ1件見られた。今回の調査で確認することができた範囲では、「男性教員が、生徒の頭部を、平手もしくは手拳で殴打する」といった体罰が、最も多く見られる行為として挙げることができる。生徒が体罰によって怪我は負っていない事案も見られたが、頭部を強く叩かれたことによって生徒が倒れ、壁に激突し、怪我を負うという事案も見られた。他には、教員からの体罰に精神的苦痛を受け、その後の学校生活に支障が出るといった事案も見られた。

　体罰を受けた場面については、教員と生徒が一対一の状況下で行われた体罰は、事件番号12のみであり、それ以外では、他の生徒が見ている場面や、保護者が見ている場面で行われていることが見られた。今回の調査で確認することができた範囲では、指導者は必ずしも、生徒と一対一の隠ぺいさ

れた空間で体罰行為に及ぶわけではなく、運動部の活動中であれば、場所や人の存在に関係なく、体罰行為に及ぶ場合があるということが見られた。体罰が行われた場所について、事件番号3と12は試合会場であるが、その他では、普段の活動を行っている練習場で行われている場合が多く見られる。また、試合会場における体罰である、事件番号3と12に関して、事件番号3はバレーボール部の試合で、チームとしては試合に勝った状況であり、事件番号12はソフトテニス部の試合で、個人出場の選手が負けた状況で指導者による体罰が行われており、試合に負けたからという状況以外でも体罰が発生する場合が見られた。

(3) 体罰に及ぶ理由と生徒との関係

　指導者が体罰に及ぶ理由について、「指導者から見て運動部の活動に対して生徒が怠けている様子であった」とする理由が8件と多く見られた。その例として、熱中症の症状を訴え休憩を求める生徒に対して、指導者が、生徒は怠けようとしていると決めつけるという事案（事件番号13）や、生徒の怠慢なプレーが見られた場合に体罰を行っている事案（事件番号5）が見られた。通常の学校生活における生徒指導では、生徒側に指導を受ける理由が明確である。しかし、運動部での体罰の理由として挙げられた、「指導者から見て生徒が怠けている様子であった」とするものは、指導者の主観に基づく非常に曖昧な判断基準である。他に指導者の主観的な判断がなされた場合としては、指導者にとって生徒のプレーが納得できるものではなかった、という理由も見られた（事件番号3、12、18）。この理由も、運動部での体罰に特徴的に見られる内容といえよう。その他の理由では、「気に入らない生徒に対し，身体に苦痛を与える目的で，猛烈な勢いで投げ飛ばしたり、寝技を装って首を絞め続ける等の暴行を加えていた。」（事件番号14）というものや、「部活動のルールを守らないもの」に対して、「気合を入れること」を目的として（事件番号2）行われたものが見られた。

　指導者と生徒との関係に関して、生徒や保護者との間に信頼関係が構築されていたので体罰ではないと主張する指導者が見られた(事件番号1、8、9、16、18)。他には、指導者が運動部内での指導歴が長く、指導実績が豊富で

あるため意見をするのが難しい、指導者の心象を悪くすることによるレギュラー選考への悪影響を恐れる、特待生制度の解消をほのめかされる等の様々な理由のために、生徒が指導者に対して意見をすることができなかったという関係も見られた（事件番号1、3、6、8、9、11、15、16、17、18）。また体罰行為以外に、指導者による生徒に対して、侮蔑の言葉を発していたことが見られた（事件番号1、8、12、15、16、18）。指導者が、運動部における生徒の態度等に不満を抱えたことを理由として、生徒の人格否定となりかねない発言や、強迫的な発言、セクハラ発言等の侮蔑の言葉を発することも運動部場面にみられる特徴であるといえよう。

以上、体罰に及ぶ理由と生徒との関係について整理してきたが、体罰の発生要因との関係で見ると、生徒との信頼関係に対する高い自己評価、指導者の立場の絶対的優位性及び、その優位性に起因した生徒に対する主観的判断、生徒に対し指導者の意向通り行動を求める態度が示唆された。

3　運動部での体罰に見られる特徴と要因

ここでは、運動部での体罰に及ぶ理由の検討によってみられた、「指導者生徒間の関係性」、「運動部における指導者の立場」、「スポーツ指導における暴力か否かの認識」の視点から、詳細に判例を分析することとしたい。なお、使用されている判例の引用部分については、判例DBの書誌及び全文部分を引用している。

1）運動部における指導者および指導の特徴から見た体罰の発生要因

(1)「指導者生徒間の関係性」と2012（平成24）年前橋地裁判決

2012年前橋地裁判決とは、群馬県の高校バレーボール部（以下、「バレー部」）の指導者が、部員である女子生徒に対して、部活中に竹刀で叩くなどの暴行や、侮蔑的な発言を行っていた事案（事件番号15）である。この事案では、部員に対して気合を入れる、緊張感をもたせるなどの考えで、部活動の指導の一環として行ったものであっても、指導者が平手や竹刀で頭

や、みぞおち等を複数回にわたって叩くことは、違法な有形力の行使である暴力に該当するというべきであるとして、指導者を雇用する群馬県に対しての生徒側の請求が一部認容されている。

　本事案での指導者は、バレー部の指導に関して、「被告B〔指導者〕は、本件バレー部の部員に対し、長年にわたり部員の保護者の面前においても、平手や竹刀で叩いて指導を行ってきたが、部員やその保護者から苦情はなかった。したがって、被害者である部員及びその保護者の黙示の承諾があり、違法性が阻却される」（〔〕内は筆者による加筆）[17]と、自らの指導に対して生徒や保護者は承諾していたことを主張している。

　しかし生徒側は、「被告B〔指導者〕は、本件バレー部において、選手選考や実技指導など様々な場面で非常に強い権限を有する地位にあったことから、部員及びその保護者は、被告Bから、選手選考などで報復的な扱いを受けることを恐れ、非難しなかったため、被告Bの暴行は、表面化しなかった」（〔〕内は筆者による加筆）[18]と主張している。生徒や保護者は、指導者に意見をすることによって、運動部内で報復的な扱いを受けるのを恐れて指導者に意見をすることができなかった。しかし指導者は、このことを自らの指導法に対する承諾であると認識し、運動部における指導として体罰を行ってきた。被告の主張に対して裁判所は、「原告が本件暴行について黙示の承諾をしていたと認めることができない上、被告B〔指導者〕が、原告の黙示の承諾があると誤信していたと認めるに足る証拠はないのであるから、被告らの責任がないということができない」（〔〕内は筆者による加筆）[19]と判断している。

　また、「被告B〔指導者〕は、昭和五一年に教員になり、平成二二年に退職するまで、各勤務先の学校のバレー部の監督をし、被告Bが率いたバレー部が、春の高校バレー大会等に多数回出場したという実績を有していた」（〔〕内は筆者による加筆）[20]とあるように、指導者は、バレー部の指導実績が十分にあると評価される指導者であった。本事案では、指導者が長年バレー部の指導に携わり、指導実績を十分に残していたことを背景に、生徒および保護者も自らの指導を信用していると過信したことが体罰に及んでいた要因の1つであると考えられる。

換言すれば本事案からは、運動部において指導者が、生徒や生徒の保護者との間に強固な信頼関係を築くことができていると過信し、その結果、指導として体罰に及ぶことも生徒が容認していると認識してしまう「指導者有利に歪められた信頼関係」という要因が看取されるといえよう。この要因に関連する他の事案では、指導者が生徒に背後から突然蹴りをいれたことについて、「一審原告X2〔生徒〕の冗談に突っ込みを入れる気持、親しみを込める気持であった」（〔〕内は筆者による加筆）[21]とした2005（平成17）年東京高裁判決（事件番号6）や、指導者が、「多少の暴力であっても、そのことを当事者が納得していれば違法な体罰とならない」[22]とする「やや強度のスキンシップ」を主張した2010（平成22）年東京地裁判決（事件番号12）等を挙げることができる。

(2)「運動部における指導者の立場」と2013（平成25）年大阪地裁判決
　本事案は、大阪府の高校のバスケットボール部（以下、「バスケ部」）の指導者が、部活動中に生徒に行った体罰を苦にして、当時キャプテンであった男子生徒が自殺した事案（事件番号18）である。指導者であった男性教員が、部の主将であった男子生徒に対して、指導者自身が満足するプレーができなかったことを理由に暴行を加えたことは理不尽というほかないとして、被告人である指導者は懲役に処されている。
　本事案での指導者は、事件のあった学校に赴任し、バスケ部の顧問となった19年前から、「生徒に対する暴力を指導の一環と位置づけ、指導方法として効果的だとの考え」[23]を持ち、生徒に体罰を加えていた。また同指導者は、事件のあった学校のバスケ部を複数回にわたり全国大会へと導いた指導実績が高いと評価される指導者であった。指導者はプレーでミスをした生徒に体罰を加えた理由について、生徒に成長してもらいたいとの思いがあったとして、運動部における生徒の成長を願って愛のムチを加えたと主張したが、裁判所は、「被害者は、罰を受けるようなことは何らしておらず、要するに被告人が満足するプレーをしなかったという理由で暴行を加えられた」[24]と判断している。
　このような指導態度をとる指導者に対して、「本件以前に，同僚の教師が

体罰等で懲戒処分を受けたり，自己の体罰ないし暴力的指導について父母から苦情を受けたりするなど、自己の指導方法を顧みる機会があったにもかかわらず」[25]とされるように、指導者に対して体罰に関する意見をする教員や保護者は存在した。しかし、顧問である指導者と副顧問は、体罰を止めることも、校長や教頭らに報告もしなかった。その理由について、副顧問は、「実績があり、すばらしい技術指導をしている先生には意見は言えなかった」[26]、「講師という立場上、教諭である顧問に異論を挟みにくかった」[27]としている。この副顧問は同校バスケ部の卒業生であり、指導者の教え子であることで、意見をするのが難しい立場にあった。結果として指導者は、「効果的で許される指導方法であると妄信して、体罰ないし暴力的指導を続けてきた」[28]と指摘されているように体罰行為を続けていた。

　長年におよぶ体罰を指導であると認識し、さらに優れた部の大会成績を残していた指導者が顧問を務め続けたことで、指導者が部内においては絶対的な存在となり、本来は暴力であると考えられる行為が、あたかも指導者からの指導であると誤認させ、体罰も含めた指導が同校バスケ部の伝統となってしまっていたことが考えられる。

　換言すれば本事案からは、指導者が、運動部の中で絶対的な立場となってしまうことによって、本来は体罰行為であると考えられる生徒に対する暴力行為を、運動部内における指導の一環としてしまう「運動部における指導者の絶対的立場」という要因が看取されるといえよう。この要因に関連する他の事案では、指導者が「選手選考や実技指導など様々な場面で非常に強い権限を有する地位にあった」[29]とされた2012（平成24）年前橋地裁判決（事件番号15）や、「親といる時間よりも被告Y1〔指導者〕といる時間の方が長かったことから、本件当時13歳前後であった原告元生徒らにとって被告Y1〔指導者〕は唯一頼れる大人という認識であった」（〔〕内は筆者による加筆）[30]とされた2008（平成20）年大阪地裁判決（事件番号8）等を挙げることができる。

(3)「スポーツ指導における暴力か否かの認識」と2008（平成20）年大阪地裁判決

本事案は、市立中学校の部活である剣道部の指導教員から、生徒が体罰及びセクハラ行為を受けた精神的苦痛について、学校を設置する市に対して、同教員を履行補助者とする教育環境配慮義務違反による債務不履行に基づき、慰謝料請求を認めた事案（事件番号 8）である。
　本事案では、競技上の特性として、スポーツと暴力とがきわめて近い関係にある剣道競技において発生した体罰が問題視された。裁判所はこの点について、体罰該当性の有無に関し、「特に剣道のような格技においては、格技という性質上あるいは運動の激しさ等の理由から、どの程度有形力の行使を伴う指導が許されるかは一義的に定めることは困難である」[31]としている。
　本事案での指導者は、運動部において、稽古の合図に使う太鼓のバチで部員の頭を強打する、バチを防具の面の下から入れて喉を圧迫する、竹刀で頭、腕、足などを叩く、竹刀を喉元に突きつける、防具の胴を押し上げ喉を圧迫する、等の行為を日常的に行っていた。これらの行為について指導者は、「剣道は、竹刀を持って打ち合い、体当たり等もあり得る格闘技の一種であるから、その練習過程において指導者である被告 Y1 の竹刀が原告元生徒らの頭、腕、足などに当たることが当然あったと思われるが、それらはすべて練習の一環であり、決して体罰と評価されるような行為ではない」[32]と主張し、剣道という競技特性上、多少の行為は当然のように発生するもので、体罰ではないとしている。被告の主張に対して裁判所は、「指導熱心のあまり及んだ行為であるとしても、全体として、社会的に相当な範囲を超えているといわざるを得ず、体罰に当たるから違法である」[33]と判断している。
　剣道は、選手同士の直接的な身体的接触が存在するため、練習と暴力との基準を明確に定めることは難しい。本事案での指導者は、剣道の競技特性を理由として体罰行為を行っていたのである。剣道に限らず、多くのスポーツにおいて、それぞれの競技特性上、選手同士の身体的接触が避けられない場合がみられる。そのことを理由として、指導において暴力行為を行うことは許されない。しかし運動部では、練習中の多少の暴力は仕方がないものとして行われる体罰が実際の指導現場では存在すると考えられる。

換言すれば本事案からは、スポーツ中においては暴力が発生しやすい状態にあること、身体活動であるスポーツの持つ身体性という特徴から、運動部指導者が、スポーツ場面における多少の暴力は当然であると認識してしまう、「練習の一環としての体罰の容認」という要因が看取されるといえよう。この要因に関連する他の事案では、生徒を殴打したことを「試合に臨む選手らに活を入れるため」[34]と主張した1993年浦和地裁判決（事件番号3）や、「自ら野球部の練習中に野球部員に対して、暴力を振るうなどしており、右指導方法がかかるいじめ行為を助長させていた」[35]と指導としての暴力を指摘された1996（平成8）年大阪地裁判決（事件番号5）等を挙げることができる。

(4)「関係性」「立場」「認識」の3視点を内包した1993（平成5）年岐阜地裁判決
　1993年岐阜地裁判決は、運動部での体罰に関する「指導者生徒間の関係性」、「運動部における指導者の立場」、「スポーツ指導における暴力か否かの認識」の3つの視点が内容としてすべて含まれている事案（事件番号1）である。
　本事案は、岐阜県の公立高校陸上競技部の顧問であった男性教員によって、体罰および侮辱的発言を受けていた女子生徒が自殺した事案である。裁判では、体罰等の違法性については認められたが、生徒の自殺についての予見可能性および体罰等と自殺との相当因果関係は否定されている。
　指導者は、女子生徒に対して、体調が悪いときや負傷中でも練習を強制し、生徒の頭部を竹やりが割れて飛び散るほど殴打すること等を行っていた。指導者がこれらの行為を加えていたのは、生徒が、練習や記録会で指導者が納得する記録を出せなかった時や、部の日記をつけなかった時等の、指導者が生徒に不満を感じた状況においてである。
　本事案の中で指導者は、生徒との関係について、信頼関係にあったことや、生徒への教育者としての指導を主張している。それは、「被告〔指導者〕が選手らに『ブス』といったとしても、それは被告の選手らを愛する逆の表現であって選手らもそのことをよく理解しており、決して侮辱の言葉で

はない」（〔〕内は筆者による加筆）(36)という主張や、「同女〔指導者〕が校則に違反して深夜外出していたこと及び練習をさぼるなど一流選手としての自覚に欠けていたから」（〔〕内は筆者による加筆）(37)という主張から見ることができる。指導者は、生徒が指導者や指導法について理解していると一方的に認識していたことを窺うことができる。被告のこの主張に対して裁判所は、「確かに『ブス』という表現も、その発言された状況あるいはその場の雰囲気によって、それが相手に対する侮辱的な表現とは受け取られないこともまれにあるとは思われる」(38)としながらも、「『ブス』という表現は、一般的には相手の容貌に対する侮辱的な表現でしかない」(39)とし、「陸上競技における選手の能力ないし技能とは何ら関係がないこと、花子が一七歳という多感な思春期の少女であることを考えると、右表現は前述した部活動における厳しさとは全く無縁のものであって、単なる生徒を侮辱する発言であり、教師あるいは陸上部顧問の発言としては、極めて不適切であるといわざるを得ない」(40)としている。

　また指導者は、生徒を自らの自動車で登下校をさせるような、生徒の自由を束縛した生活を強制していた。加えて、生徒が疲労骨折で医師から運動を避けるよう指示されていたにもかかわらず、「病院には春子〔生徒〕の足のことなど分からない」（〔〕内は筆者による加筆）(41)などと非科学的な発言をして練習を強制し、他の生徒が通院で練習を休んだことについて、「痛いかどうか聞くのではなく、厳しくいって一日でも練習を休ませないのが本当の思いやりだ」(42)として、他の生徒の通院を制止しなかった生徒を叱るなど、生徒に対する指導者の方針や方法を、運動部の中で絶対的なものとし、その中では体罰のような行為も指導の一環として考えていたことが看取された。さらに、「スポーツの場において『たたく』『泣く』という言葉は厳しい練習を意味するもの」(43)という主張もしており、指導者が運動部内で自身の一方的ともいえる考えに基づいて指導にあたっていたことが見られた。

　また指導者は、学校運動部の活動だとしても、高いレベルにある選手のスポーツ指導には暴力は当然である、とする主張もしている。それは、「春子〔生徒〕のように全国高校三傑に入るような生徒の部活動の練習方法や

指導方針は必然的に他の部員とは異なる高度のレベルのものが要求されており」（〔〕内は筆者による加筆）[44]、競技レベルの高い特別な選手には指導法も高度になるとし、「そこでは、当然に厳しい指導や練習が前提とされているので、指導者と選手との関係においては、指導者の選手に対するある程度のしっ責あるいは有形力の行使も選手を鍛えるための一手段として許容されており（このような指導者と選手の出会いがスポーツの社会における条理である）、本件における被告乙山の春子に対する指導もそのようなものとして社会的に許容される範囲内のものであったというべきであるから、なんら違法ではない。仮に陸上部における被告乙山の春子に対する指導が学校教育活動であるとしても、被告乙山の春子に対する二回の有形力の行使は、必要やむを得ぬ教育、矯正の方法であり、懲戒権の行使として許容される範囲のものであって、学校教育法にいう『体罰』ではない」[45]と主張し、指導者が、高い競技レベルでのスポーツ指導において体罰行為は当然であるといった認識を持っていたことがわかる。被告の主張する体罰を当然とする認識に対して、裁判所は、「多少のしごきや体罰近似の指導を事前に生徒が包括的に甘受するといった相互了解があると認めることは到底できず、また、そのような相互了解があってはならない」としている。[46]

4　本研究のまとめと今後の課題

　本研究では、学校教育内の運動部における体罰に関連する判例について整理、分析することで、運動部における指導者による体罰での特徴と要因について検討を行った。本研究で得られた主な結果は以下の通りである。

- 運動部での体罰に関係する裁判は、民事事件として扱われる場合が多く、公立学校で多く提起されており、中学校と高校で同じ件数が見られた。
- 体罰行為に及んだ運動部指導者はすべて男性で、体罰を受けた生徒は女子生徒よりも、男子生徒の方が多く見られた。
- 競技別にみると、柔道5件、バレーボール3件、野球2件、剣道2件、テニス・ソフトテニス2件、陸上競技1件、水泳1件、サッカー1件、

バスケットボール1件であった。
- 体罰の内容に関して、平手もしくは手拳で殴打する・蹴るという行為が多く見られた。
  道具が用いられた場合では、竹刀・バット・パイプ椅子といったものが用いられていた。
- 体罰を加えられた生徒の身体の箇所は、頭部が最も多く、次いで足、尻、みぞおち、肩が見られた。
- 指導者が体罰に及ぶ理由では、「指導者から見て生徒が運動部の活動を怠けている様子であった」という理由が多く見られた。

また、運動部において体罰を誘発する要因について以下の3点が示唆された。

まず、指導者が生徒との間に十分な信頼関係を結ぶことができているという過信と、自らの指導に生徒が納得しているという誤認をした「指導者有利に歪められた信頼関係」が示唆された。この要因に関して、指導者が、生徒との関係について十分な信頼関係にあることを理由として体罰を行っている様子がみられた。しかし、実際には生徒と指導者の関係は、生徒が指導者の言うことを聞かざるを得ない関係や、指導者からの報復を考えると生徒が意見を述べることができない、指導者有利に歪められた関係であった。そこでは、指導者が認識していたような信頼関係は築くことは見られず、指導者が一方的に生徒との信頼関係を認識している様相が看取された。

次に、運動部の指導実績や指導歴によって、部内で指導者が絶対的な存在となり、体罰であると考えられる暴力行為も、部内では指導の一環であるとしてしまう「運動部内における指導者の絶対的立場」である。この要因に関して、指導者が、自身の運動部内での立場について、高い指導実績や同一の運動部での指導歴の長さ等の理由により、自身の部内での指導方法に自信と正当性を持つことで、運動部内での絶対的な地位を確立している様子がみられた。そこでは、指導の一環とする体罰行為が常態化しても、生徒や他の教員、生徒の保護者は、指導者に対して指導に関する意見をするのが難しくなってしまい、指導者は意見を受けたとしても、絶対的な立

場にあることから聞き入れない様相が看取された。

　最後に、スポーツ指導を行う上で、暴力を指導の一環として行うことを常識であると認識してしまう「練習の一環としての体罰の容認」である。この要因に関して、指導者が、運動部での指導と暴力との認識について、生徒に対する叱責や有形力の行使は、生徒を鍛えるための手段であり、指導の一環であるとして許容されると認識する様子が見られた。そこでは、スポーツの場面での暴力は自然なものであり、運動部指導の場面で生徒に手を上げたとしても、それが違法な行為であると指導者が認識していない様相が看取された。

　本研究の結果を踏まえ、これからの運動部における体罰防止に向けた具体的な対応策としては、以下のことを挙げることができよう。本研究の結果として得られた体罰発生の要因から、まず「練習の一環としての体罰の容認」に見られるように指導者が体罰とはどのような行為であるかということ関する認識不足が挙げられる。また、「指導者有利に歪められた信頼関係」、「運動部内における指導者の絶対的立場」が生み出されてしまう運動部空間の閉鎖性が挙げられよう。これらの問題について、まず体罰防止に関する理解と認識を深めるためには、部活動担当者に向けた理論に基づく体系的な講習会等の実施が急務といえる。また、運動部の閉鎖性については、教員相互の見学会や運動部の運営に関する検討会の開催、外部の第三者がチェックを行うことができる制度の構築等、運動部が閉鎖空間となることを防止する制度の構築が求められているといえよう。

　本研究の今後の課題については、今回の調査が、判例DB上の限定的な範囲における結果に見られる内容であることから、主な判例は把捉できていると思われるが、今後さらに、運動部における判例を扱った書籍も調査対象に加え、詳細な検討を進める必要がある。また、学校外のスポーツクラブにおける指導者による体罰といった、運動部での体罰以外の判例についても整理し、運動部での体罰とを比較することによって、運動部での体罰に特徴的にみられる内容についてもさらに分析を進める必要がある。

　最後に部員によるいじめとの関連について言及する。本研究は、運動部での指導者による生徒への体罰について着目したもので、部員間のいじめ

については検討していない。しかし、今回の研究で挙げた判例の中の数件は、部員間のいじめが争点となった裁判として提起され、その中で指導者による体罰が認められたものも存在する。このように、運動部では、指導者の体罰と部員間のいじめの問題が並立的に起きている可能性があり、今後運動部内部の体罰・暴力問題を検討する上で考慮する必要があろう。

【注】
(1) 文部省編『我が国の文教施策 心と体の健康とスポーツ』大蔵省印刷局、1998年。
(2) 同上、115-116頁。
(3) 同上、116頁。
(4) 日本体育協会『スポーツ界における暴力行為根絶宣言』、2013年、http://www.japan-sports.or.jp/Portals/0/data/koho_kyanpen/news/bouryokukonzetsusengen(yoko).pdf、2016年8月2日最終アクセス。
(5) 学校教育法第11条「校長及び教員は、教育上必要があると認めるときは、文部科学大臣の定めるところにより、児童・生徒及び学生に懲戒を加えることができる。ただし、体罰を加えることはできない。」
(6) 望月浩一郎「スポーツにおける暴力・セクハラ・パワハラの法的諸問題」森川貞夫編『日本のスポーツ界は暴力を克服できるか』かもがわ出版、112-129頁、2013年。
(7) 飯野守・小熊伸一「生徒に対する教師の懲戒権の研究 ―中学校を中心として―」『研究紀要』43、103-110頁、1999年。
(8) 梅野正信・采女博文「事例研究 教育管理職のための法常識講座（第7回）生徒に対抗される『体罰』」『季刊教育法』132号、41-46頁、2002年。
(9) 梅野正信・向和典・上猶覚「事例研究 教育管理職のための法常識講座（第21回）体罰関係訴訟判決に学ぶ」『季刊教育法』146号、64-69頁、2005年。
(10) 安藤博「判例研究 熊本県天草市公立小学校『体罰』事件最高裁判決」『季刊教育法』162号、98-103頁、2009年。
(11) 長尾英彦「『体罰』概念の混迷」『中京法学』第44巻3・4号、185-206頁、2010年。
(12) 薬師丸正二郎「体罰と懲戒：その限界と判断基準」『紀要』41、157-168頁、2009年。
(13) 岡本大典・桂充弘「判例から見た体罰の定義とその罰則」森川貞夫編『日本のスポーツ界は暴力を克服できるか』かもがわ出版、33-47頁、2013年。
(14) LLI統合型法律情報システム、http://www.lli-hanrei.com/、2016年8月2日最終アクセス。
(15) TKCローライブラリー、http://vcampus.rikkyo.ne.jp/grp/libk/login_tkc.html、2016年8月2日最終アクセス。
(16) D1 - Law.com、https://mypage.d1-law.com/dh_p/、2016年8月2日最終アクセス。
(17) TKCローライブラリー「【文献番号】25501715」、http://lex.lawlibrary.jp/lexbin/ShowZenbun.aspx?sk=635817080531046731&pv=1&bb=25501715、2016年8月2日最終アクセス。
(18) (19) (20) 同上
(21) TKCローライブラリー「【文献番号】28131231」、

http://lex.lawlibrary.jp/lexbin/ShowZenbun.aspx?sk=636058470233849646&pv=1&bb=28131231、2016年8月2日最終アクセス。
(22) TKCローライブラリー「【文献番号】25464042」、
http://lex.lawlibrary.jp/lexbin/ShowZenbun.aspx?sk=636058473519508179&pv=1&bb=25464042、2016年8月2日最終アクセス。
(23) TKCローライブラリー「【文献番号】25502140」、http://lex.lawlibrary.jp/lexbin/ShowZenbun.aspx?sk=635817085568660442&pv=1&bb=25502140、2016年8月2日最終アクセス。
(24)(25) 同上
(26) 朝日新聞「副顧問ら体罰黙認『恩師に意見言えず』」、『朝日新聞』、朝刊、2013年1月10日、37頁。
(27) 同上
(28) TKCローライブラリー「【文献番号】25502140」、http://lex.lawlibrary.jp/lexbin/ShowZenbun.aspx?sk=635817085568660442&pv=1&bb=25502140、2016年8月2日最終アクセス。
(29) TKCローライブラリー「【文献番号】25501715」、http://lex.lawlibrary.jp/lexbin/ShowZenbun.aspx?sk=635817080531046731&pv=1&bb=25501715、2016年8月2日最終アクセス。
(30) LLI統合型法律情報システム「【判例番号】L06350208」、http://www.lli-hanrei.com/indexjp.html、2016年8月2日最終アクセス。
(31)(32)(33) 同上
(34) TKCローライブラリー「【文献番号】27825734」、
http://lex.lawlibrary.jp/lexbin/ShowZenbun.aspx?sk=636058479114727645&pv=1&bb=27825734、2016年8月2日最終アクセス。
(35) TKCローライブラリー「【文献番号】28070172」、
http://lex.lawlibrary.jp/lexbin/ShowZenbun.aspx?sk=636058480193815543&pv=1&bb=28070172、2016年8月2日最終アクセス。
(36) TKCローライブラリー「【文献番号】27818524」、http://lex.lawlibrary.jp/lexbin/ShowZenbun.aspx?sk=635817085568660442&pv=1&bb=25502140、2016年8月2日最終アクセス。
(37)(38)(39)(40)(41)(42)(43)(44)(45)(46) 同上
(47) 朝日新聞「執拗な暴力、苦悩の主将　バスケ体罰、桜宮高教諭を懲戒免職」、『朝日新聞』、朝刊、2013年2月14日、38頁。
(48) 朝日新聞「体罰放置『教委に一因』大阪・桜宮高、外部委が最終報告」、『朝日新聞』、朝刊、2013年5月2日、1面。
(49) 朝日新聞「部活中の暴力、批判　遺族『負の連鎖を変えて』　桜宮バスケ部元顧問に有罪」『朝日新聞』、夕刊、2013年9月26日、11面
(50) 伊東卓「運動部活動の指導における体罰に関する報道事例の分析」菅原哲朗・望月浩一郎編集代表『スポーツにおける真の勝利　暴力に頼らない指導』エイデル研究所、30-40頁、2013年。
(51) 菊幸一「体育と暴力」杉本厚夫編『体育教育を学ぶ人のために』世界思想社、104-122頁、2001年。
(52) 牧柾名・林量俶・今橋盛勝・寺崎弘昭『懲戒・体罰の法制と実態』学陽書房、1992年。

(53) 舛本直文「学校運動部論—「部活」はどのような身体文化を再生産してきた文化装置なのか—」杉本厚夫編『体育教育を学ぶ人のために』世界思想社、262-280 頁、2001 年。
(54) 望月浩一郎「スポーツでの暴力をなくすための競技団体の課題」菅原哲朗・望月浩一郎編集代表『スポーツにおける真の勝利　暴力に頼らない指導』エイデル研究所、22-29 頁、2013 年。
(55) ノルベルト・エリアス「スポーツと暴力に関する論文」『スポーツと文明化:興奮の探求』大平章訳、217-252 頁、1995 年。
(56) 鈴木知幸「体育・スポーツ行政から見た運動部活動の問題と課題」森川貞夫編『日本のスポーツ界は暴力を克服できるか』かもがわ出版、48-66 頁、2013 年。
(57) 山本徳郎「スポーツにおける暴力とは何か」森川貞夫編『日本のスポーツ界は暴力を克服できるか』かもがわ出版、18-32 頁、2013 年。

【スポーツ仲裁評釈】

JSAA-AP-2014-007（自転車）仲裁判断について
―国際大会代表をめぐる紛争―

八 木 由 里
（八木法律事務所）

1 本件事案の概要

　本件は、2015年ロードアジア選手権大会の個人タイム・トライアル出場正選手にAを選出し、申立人を補欠とする決定（以下、「本決定」）に関し、2014年のアジア選手権大会、全日本選手権大会、世界選手権大会における申立人の成績とAの成績を比較すれば、本決定は著しく合理性を欠くものであること、申立人の被申立人に対する態度を申立人に不利益に考慮したことは恣意的であり裁量権を逸脱したものであること、被申立人は2015年1月19日頃本決定を行っていたのにあえて通知を遅らせて申立人の不服申立ての機会を不当に奪おうとしたもので適正かつ公正な手続きに違反したものであることを理由として、本決定の取消しを求め、さらに申立人を本種目の出場正選手として選出する等の決定を求めたものである。

2 当事者

　申立人は、本件当時23歳の自転車競技の選手である。申立人は2012年から本格的に競技活動を開始し、2013年の全日本選手権個人タイム・トライアル及び個人ロードレースで優勝し、2014年のロードレースの女子エリート強化指定選手である。

　申立人は、スポーツ仲裁規則第3条第2項に定める「競技者等」である。

被申立人は、公益財団法人日本自転車競技連盟であり、日本国内における自転車競技を統括する公益財団法人である。

被申立人は、スポーツ仲裁規則第3条第1項に定める「競技団体」である。

3 当事者の求めた仲裁判断

(1) 申立人は、以下のとおりの仲裁判断を求めた。

①被申立人が2015年2月2日以前に決定し、2015年2月2日に通知した2015年ロードアジア選手権大会(第35回アジア自転車競技選手権大会。以下、「本大会」)個人タイム・トライアル出場正選手にAを選出し、申立人を補欠とする旨の決定を取り消す。

②被申立人は、申立人を、本大会個人タイム・トライアル(以下、「本種目」)における出場正選手に決定せよ。

③被申立人は、本大会における代表選手決定における選考理由及び選考過程を開示せよ。

④被申立人は、国際競技大会に派遣する日本代表選手選考のための明確な選考基準を定立せよ。

⑤仲裁申立料金は被申立人の負担とする。

(2) 被申立人は、以下のとおりの仲裁判断を求めた。

①申立人の請求(1)及び(2)をいずれも却下する。

② 申立人の請求(3)及び(4)については答弁しない。

③ 仲裁申立料金は申立人の負担とする。

4 双方の主張内容

(1) 申立人は、本件申立ての理由として、以下のことを主張した。

① 2014年の世界選手権、アジア選手権大会等大きな大会における申立人の成績とAの成績とを比較すれば、Aを本種目の出場正選手とし申立人を補欠としたのは著しく合理性を欠くこと。

②被申立人の本決定は、上記大会の成績を適正に考慮せずに、申立人の被申立人に対する態度等を不利益に考慮するなど、競技団体に許容されるべき裁量を逸脱した恣意的なものであること。
　③被申立人は2015年1月19日には既に本決定を行っていたにもかかわらず、あえて申立人に対する通知を意図的に遅らせて申立人の不服申立ての機会を不当に奪おうとしたもので、適正・公正な手続の保障に反するものであること。

(2) 被申立人は、上記申立人の本件申立ての理由に対して、以下のとおり主張した。
　①申立人の主張①に対して、被申立人は、申立人を本種目に2014年12月25日にエントリーしていること、被申立人は、強化委員会の答申に基づき、強化本部会で本大会の出場予定選手を決定したが本種目の出場正選手はロードの選手の中から指名されることになっていること、Aを出場予定者、申立人を補欠と決定しているが、最終的な出場正選手の決定は、本種目開始時間（2015年2月14日午前8時）の24時間前までになされること、この選出については被申立人ロード部会のBに決定権限が付与されており前日のロードレースの経緯によって最終的に決定されること、申立人とAの成績を比較する場合、全日本選手権大会の結果が重視され、申立人は2013年に優勝しているが、2014年及び2012年までの5年間は、Aが優勝していること、全日本選手権以外の大会は一方が出場しなかったこと、一方のコンディションが完全でなかったこと等から参考とする要素が少ないこと、以上の理由からAを出場予定選手、申立人を補欠とした決定は合理的なものであること。
　②申立人の主張②に対して、選手がチームとしての行動に従わないことは選考に影響する可能性があること。
　③申立人の主張③に対しては特に反論していない。

5 事実の経緯

(1) 2014年12月23日、被申立人ロード部会コーチであるBから、エリート女子の強化指定選手に宛てた電子メールで、「2月中旬のアジア選手権にはA（ロードとTT兼任）、C、D、Eの4名で考えています。Aが怪我等した場合はXがロードとTTを兼任。コースが完全に平坦であり、アジアのエリート女子の戦い方から選手を選びました」との内容の文章が送信された。

(2) 申立人は、これに対し、同日、Bに対し、電子メールで「送られたメールのとおり、アジア選手権に当方が選出されない選考をされる場合は速やかに、スポーツ仲裁機構への緊急仲裁手続きを行います」、「Bの主観による選考が正当であるか、仲裁機構の判断を頂きます」との内容の文章を送信した。

(3) 被申立人は、2014年12月25日付で、本大会のエリート女子ロードレース及び本種目の選手として申立人及びAの氏名の記載のあるエントリーシートを作成し、本大会事務局に提出した。

(4) 本大会の代表選手は、被申立人の選手強化委員会の2015年1月14日付提案に基づいて被申立人の選手強化本部会が決定した。被申立人は、申立人に対し、同月19日付書面により、申立人が本大会の選手として派遣されることになったので承引されたい旨通知した。

(5) 被申立人のFは、2015年1月19日、申立人に対し、電子メールで「アジア選手権の派遣選手については、最終的選考会議である選手強化本部会においてX（申立人）を選考しました。本日発表予定です」との内容の文章を送信した。また、同メールにて、被申立人のG、Hが本大会前に申立人及び申立人コーチのIと面談したい旨の申入れがなされた。

(6) 2015年1月29日午後1時から約1時間つくば市内において、申立人、I

と、G、H及びFとの間で会議が行われた。会談では、選手選考については、同月19日付で公表されたとおり申立人が本大会の日本代表として選出されたことを除いて、被申立人側から本大会における本種目の選手選考の話は一切なされなかった。申立人は、過去の選手権大会の際の宿泊ホテルの場所やミーティングの内容等について意見を述べたが、被申立人側から肯定的な回答は得られず、被申立人の指示に従って欲しいことや代表チームのミーティングに出席することの指摘がなされた。

(7) 2015年2月2日、Fは申立人に対し、電子メールにて、「タイムトライアルにつきましては1名しか出走できず、現在はAが出場予定です。補欠としてXとなっております」との内容の文章を送信した。

(8) 申立人は、本大会における本種目の出場を出場正選手ではなく補欠と決定されたことに不服であったので、本決定の取消しを求め、更に申立人を本種目の出場正選手として決定すること等を求めて、日本スポーツ仲裁機構に仲裁を申し立てたものである。

6 本件申立てに対する判断

結論として、仲裁パネルは以下のような判断を下している。

> 主文
> 1 申立人の請求の趣旨（1）及び（2）を棄却する。
> 2 申立人の請求の趣旨（3）及び（4）にかかる申立てを却下する。
> 3 申立料金54,000円は、申立人の負担とする。

7 判断の基準

仲裁パネルは、スポーツ仲裁における代表選考の判断基準について日本ス

ポーツ仲裁機構の前例を踏襲し以下の通り判断基準を示した。

　日本においてスポーツ競技を統括する国内スポーツ連盟（被申立人もその1つである）については、その運営について一定の自律性が認められ、その限度において仲裁機関は国内スポーツ連盟の決定を尊重しなければならない。仲裁機関としては、①国内スポーツ連盟の決定がその制定した規則に違反している場合、②規則には違反していないが著しく合理性を欠く場合、③決定に至る手続に瑕疵がある場合、または④規則自体が法秩序に違反しもしくは著しく合理性を欠く場合において、それを取り消すことができると解すべきである」と判断されており、本件スポーツ仲裁パネルもこの基準が妥当であると考える。よって、本件においても、上記基準に基づき判断する。

　ただし、本件においては、以下に述べるとおり、修正した基準を適用することにする。

　被申立人が本大会出場選手に関し代表選手選考基準を定めていたかどうかについては、以下に述べるとおり、必ずしも明らかではない。被申立人は、2013年12月29日付ウェブサイトに「2014年ロード強化指定選手選考基準ほか」との題の下に、「2014年ロード世界選手権大会並びに第17回アジア大会以外の選手選考について」としての基準を掲載し、全く同じ内容の基準を、2014年4月27日付ウェブサイトに再掲出として掲載している。なお、第17回アジア大会が本大会と異なることについては当事者間に争いはない。これらの内容は、「ロード世界選手権以外のナショナルチーム派遣レースの代表選手選考については、全てのカテゴリー（ジュニアを除く）において、2014年強化指定選手の中から当該監督の推薦により提案され、ロード部会の承認を得る」というもので、同じウェブサイトにおいて、ロード世界選手権大会のエリート女子の代表選手選考基準が「全日本選手権ロードレース終了時点でのUCIポイント獲得上位者並びに全日本選手権ロードレース優勝者から選考する」とされていることを対比すると、代表選手選考の具体的基準とすることは困難であるといわざるを得ない。また、ウェブサイトに掲載された代表選手選考基準は、掲載の時期から考えて2014年1月から同年12月までの1年間に行われる大会についてのものと解すべきである。なお、2013年に

インドで行われたアジア選手権大会の選手選考については、2012年12月14日付書面において、エリート・ロード女子については、「当該監督の推薦により提案され、ロード部会の承認を得る」と記載されている。以上の事実から判断すると、本大会のエリート・ロード女子の代表選手選考基準に関しては、明確な基準が公表されることなくロード部会において、代表選手が選考されていたと判断せざるを得ない。したがって、本件スポーツ仲裁パネルは、本大会出場選手に関し公表された代表選手選考基準は存在しないものと判断し、被申立人の決定がその制定した規則に違反したものかどうかを検討することはしないものとする。

　前記のとおり、本大会出場選手の選考基準は存在しないことになるので、本件スポーツ仲裁パネルが準拠すべき基準として定立した前記基準のうち④については、代表選手選考基準の存在が前提となっているので、本件に適用することはできない。また、③については、原則として、代表選手選考決定に至る手続が規定されていることを前提とし、そうでない場合には、代表選手選考過程が全く不合理であったり、合理的に見て代表選手選考権限がないと考えられる者が恣意的に選考した場合に、手続違反として、当該選考結果を取り消すことができると解すべきである。本件においては、本決定のための手続は規定されていないが、被申立人に選手強化本部会及び選手強化委員会が存在すること、本大会に派遣する選手について選手強化委員会が選手強化本部会に推薦した経緯はあること及び弁論の全趣旨から、少なくとも合理的でない恣意的な代表選手選考手続が行われたとは考えられない。したがって、本件を基準③によって判断しても本決定を取り消すべきであるとの結論に到達することはできない。

　また、仲裁判断をする際に準拠すべき基準としての②は、「規則には違反していないが決定が著しく合理性を欠く場合」には決定を取り消すことができるとされており、規則の存在が前提になっているように読めるが、規則の存在しない場合でも、なされた決定が著しく合理性を欠く場合には決定を取り消すべきであるので、②は、「規則の有無にかかわらず決定が著しく合理性を欠く場合」と修正して本件について②を適用することにする。

　なお、申立人は、代表選手選考について基準がない場合の過去の仲裁判断

の先例から、試合結果等の記録を考慮せずに記録以外の諸事情だけを考慮してなされた競技団体による代表選手選考は裁量権の濫用として無効ないし取消うるべきものとなるとの基準があるとするが、本件スポーツ仲裁パネルは、前記基準②にこのような場合も含まれると考える。

8　本件へのあてはめ

　仲裁パネルは、以上のような判断基準を示したうえで、その基準を以下のように当てはめている。

(1) 本件申立ては、代表選手選考の具体的基準が存在しない場合に選手の成績を適切に評価することなく本種目の出場正選手と補欠の決定がなされたこと、本決定に至る過程で申立人の被申立人に対する態度等を申立人に不利益に考慮するなど恣意的で裁量を逸脱する判断がなされたこと、被申立人が本決定の申立人に対する通知を遅らせたことは申立人の不服申立手続を利用する権利を不当に奪うもので適正手続違反であることを理由として、本決定は著しく合理性を欠くとして本決定の取消しを求めると共に、申立人を本種目の出場正選手として選出すること等を求めたものと解することができる。

(2) そこで、最初に、本決定が著しく合理性を欠く場合に該当するかどうかについて、主張された各理由について検討する。
　(i) 申立人は、申立人とAの過去2年間の本種目の成績、特に世界選手権大会の成績を比較して決定すべきであり、またUCIポイントは、個人タイム・トライアルの実力を測ることができると主張する。これに対して、被申立人は、2014年のアジア選手権大会及び2013年の世界選手権大会はいずれもAが出場していないことから比較材料とならず、2014年の世界選手権大会については、両名の順位が10位以下であるため参考となる要素が少ないので、全日本選手権大会を重視すべきとする。
　(ii) 本大会の本種目の出場選手としては申立人とAの2名がエントリーさ

れていたのであるが、本種目には1名しか出場できない以上、両選手のうち1名を出場正選手、他を補欠とせざるを得ない。代表選手選考基準が存在しないので何らかの基準を設定して出場正選手と補欠を決定しなければならない。このような場合に両選手の出場している大きな大会の成績を比較することにはそれなりの合理性があり、また、2014年ロード世界選手権大会のエリート女子の代表選手選考基準としてUCIポイント獲得上位者及び全日本選手権ロードレース優勝者から選考すると記載されていることから、これらを類推適用することにも合理性があるということができる。両選手の成績を比較する場合には、申立人が本格的にロードレースに参戦したのが2013年というのであるから、2013年と2014年の成績を比較するのが相当である。ところで、全日本選手権大会では、2013年に申立人が優勝、Aが準優勝、2014年はAが優勝、申立人が準優勝というのであり、2014年の世界選手権大会では、申立人が14位、Aが18位と際立った差はない。また、UCIポイントでは、Aが23、申立人が22と1点差である。

　以上の点から、申立人とAの過去2年間の成績は拮抗しており甲乙つけがたいということができる。したがって、両選手の成績から判断した場合に、被申立人がAを本種目の出場正選手とし、申立人を補欠とした決定が著しく合理性を欠くということはできない。

(iii) 次に、申立人の被申立人に対する態度等を不利益に考慮することについて、被申立人は、被申立人の指示に従わずチームとしての行動に従わないことは、アンチ・ドーピングの居場所情報関連義務違反に抵触するリスク等から、代表選手選考に影響する可能性があることは認めている。

　本件において、この点が実際に判断されたかどうかは不明であるが、仮に、成績において甲乙つけがたい選手がいる場合に、チームとしての行動に従わない選手の方を不利益に扱うことがあったとしても、裁量の範囲を逸脱しているということはできないというべきである。

(iv) 最後に、被申立人が本決定の通知を恣意的に遅らせたとの主張については、本決定が具体的に何時なされたかは、本決定に関与した者が本大会の会場であるタイに出発したため明らかではないが、少なくとも

2015年1月19日から同年2月2日の間になされたことには争いがない。しかし、被申立人が通知を意図的に遅らせたとの証拠はなく、また同年2月2日に申立人に通知したことによって申立人の不服申立ての機会が奪われた事実はないので、適正・公正な手続に違反したということはできない。

以上のことから、申立人の主張するいずれの理由によっても本決定が著しく合理性を欠く場合に該当するということはできないと解すべきである。

(3) 次に、被申立人は、申立人を本種目の出場正選手として選出すべきであったとの主張について検討する。

既に述べたとおり、申立人とAの過去2年間の成績を比較したとき、両選手の成績は拮抗しており甲乙つけがたい状況である。このように2人の選手の成績が客観的に拮抗している場合には、競技団体において選出権限を有する者がいずれの選手を選出しても裁量権の範囲内と解すべきである。更に本件においては、2014年世界選手権大会のエリート女子の選手の選出基準とされている全日本選手権の成績及びUCIポイントのいずれにおいてもAが少し上回っているので、本決定は合理的なものとして、本仲裁パネルも尊重すべき決定といえる。したがって、申立人を出場正選手、Aを補欠に選出すべきであるとの申立人の請求は棄却すべきである。

(4) 申立人の請求(3)は、本大会の本種目における出場正選手及び補欠決定における選考理由及び選考過程の開示を求めるものと解釈でき、請求(4)は、国際競技大会に派遣する代表選手選考のための明確な基準の定立を求めるものである。ところで、スポーツ仲裁は、スポーツ競技又はその運営に関して競技団体又はその機関が競技者等に対して行った決定についてなされるものとされており（スポーツ仲裁規則第2条第1項)、その趣旨は、特段の事情がない限り、競技団体又はその機関のなした決定の当否について仲裁人の判断を求めるものに限ると解すべきである。請求(3)及び請求(4)は、いずれも決定の当否に対する判断を求めるものであるというこ

とはできない。

したがって、請求（3）及び請求（4）にかかる申立てはいずれも却下する。

9　付言

仲裁パネルは、以上のように本件申し立てについて判断を示した上で、以下のような付言を加えている。

本件申立てを判断する際に最も問題となったのは、2015年アジア選手権の代表選手選考基準が存在したのかどうかということであった。被申立人から代表選手選考基準として提出されていたものについては、前記のとおり、2014年の代表選手選考基準であって本大会には適用されないものと判断することができた。本件がアジア選手権大会直前の申立てであったため、被申立人の関係者が既に大会開催国に出発した段階で審問が開かれたことも1つの原因ではあったが、被申立人の提出した代表選手選考基準の適用される競技会が必ずしも明確ではなかったことが大きな理由である。

被申立人は、2013年、2014年にはアジア選手権大会の代表選手選考基準を一応発表しているにもかかわらず、2015年については何故か公表しなかった。

どのような競技であっても、世界選手権大会、アジア選手権大会などのような国際大会における代表選手選考基準は選手にとって重大な関心事であるので、速やかにウェブサイトなどで公表し、周知することが要求される。

被申立人の2014年世界選手権大会に対する代表選手選考基準に対比して、2013年、2014年のアジア選手権の代表選手選考基準は、強化指定選手の中からロード部会が選考するというだけのもので客観的に見ても選手から見ても具体的に何を基準として選考されるのかは極めて不明確である。このような基準であれば、仮に当該基準が事前に公表されていたとしても、本件申立てがなされなかったとはいえないが、せめて2014年世界選手権大会の代表選手選考基準のような客観的な指標を利用した内容の基準であれば、選手からみてもかなり具体的な基準として機能すると考えられ、本件申立てのような紛争の予防に資するといえる。

したがって、本件スポーツ仲裁パネルは、被申立人に対し、今後代表選

手選考基準をできる限り客観的な基準として定立するように要望するものである。

10　解説

(1) 判断基準について

　本件判断でも指摘されているように（上記7）、JSAAの仲裁判断の基準として①国内スポーツ連盟の決定がその制定した規則に違反している場合、②規則には違反していないが著しく合理性を欠く場合、③決定に至る手続に瑕疵がある場合、または④規則自体が法秩序に違反しもしくは著しく合理性を欠く場合において、それを取り消すことができるという基準は過去多くの事案で踏襲され、確立した基準であるといえる。ただ、実際の事例でこの基準をあてはめようとすると、いくつか疑問が生じることがあり、本件仲裁判断はそういった疑問にも正面から明確に解釈を示している。例えば、基準の中で使われている「規則」には、代表選考のために競技連盟が公表した「代表選考基準」も含まれるのかという点は必ずしも明確ではないが、この仲裁判断では、競技連盟が公表した「代表選考基準」が仲裁判断基準の「規則」に含まれる旨を確認している（同様の解釈・運用がなされが事案としてJSAA-AP-2004-001（馬術）やJSAA-AP-2015-003（ボート）など）。したがって、一発勝負の代表選考競技会をすると公表しておきながら、上位者から代表選手を選考しないような場合が代表選考において①の基準により競技連盟の決定が取り消される典型的な例であるといえる。ただし、公表された代表選手選考基準が存在しない場合であっても、例えば、ナショナルチーム規程の中に「オリンピックの代表選手は、理事会の決議を経て決定される。」というような規定があるにもかかわらず、代表選考決定に理事会の決議を経ていないような場合には、①の基準に該当する場合もあり、代表選考の事案の場合、代表選手選考基準の有無とその基準に違反しているかどうかだけではなく、競技連盟に恒常的に存在している規則に反していないかのチェックも仲裁申立に際しては不可欠であろう。

　さらに、本決定では、「仲裁判断をする際に準拠すべき基準としての②は、

『規則には違反していないが決定が著しく合理性を欠く場合』には決定を取り消すことができるとされており、規則の存在が前提になっているように読めるが、規則の存在しない場合でも、なされた決定が著しく合理性を欠く場合には決定を取り消すべきであるので、②は、『規則の有無にかかわらず決定が著しく合理性を欠く場合』と修正して本件について②を適用することにする」としている。この点も、実際の事案で上記判断基準を当てはめようとすると疑問に感じる点でもあり、こういった点を正面から明示している本件仲裁判断は、今後の発生する事案において大いに参考になり得るであろう。

(2) 過去の代表選考基準の準用

結局、この事案では、そもそも代表選考基準自体が存在しないため、②の合理性の有無をいかにして判断するかという点が最も重大なポイントとなっている。そして、この仲裁判断のユニークな点は、過去の、しかも、異なった国際競技会の代表選考の際に用いられた選考基準を類推適用しているという点である。すなわち、2014年ロード世界選手権大会のエリート女子の代表選手選考基準を準用して、UCI ポイント、全日本選手権ロードレースの結果を比較し、その結果、申立人とAの過去2年間の成績は拮抗しており甲乙つけがたいとして、Aを代表に先行した競技連盟の決定が著しく合理性を欠くということはできないと結論付けている。

(3) 過去の成績が「拮抗」している場合

本件では、申立人と代表に選出されたA選手の過去の成績が「拮抗」していたことをもって、Aが代表に選出されたことについて合理性があるとの判断を下しているが、JSAA-AP-2004-001（馬術）の事案でも、「拮抗」という言葉自体は使われていないが、同様の検討をし、同様の結論に至っている。結局、申立人が代表に選ばれた選手よりも、明らかに上の成績を残しているようなケースでなければ、代表決定が著しく合理性を欠いていると判断されることは難しいと言わざるを得ない。それは、スポーツ連盟には、その運営について一定の自律性が認められ、その限度において仲裁機関は国内スポーツ連盟の決定を尊重しなければならないというスポーツ仲裁の大前提から導

かれる帰結である。したがって、概して、競技連盟の代表選考が JSAA の仲裁判断において覆るためのハードルは極めて高いと言える。

(4) JSAA-AP-2013-005 ボッチャ事案
　以上のように、申立人の成績が代表に選ばれた選手よりも明らかに上であるというような場合でない限り、スポーツ仲裁で代表選考が覆ることはないという状況の中で、競技連盟の代表選考がスポーツ仲裁によって取り消されたのは選考に関するスポーツ仲裁事例 18 件のうち 5 件である（表1）。そのうち、本件同様に申立人と代表に選考された選手の過去の競技結果を検討しているのが JSAA-AP-2013-005 ボッチャの事案である。この事案では選考基準として「第 14 回日本ボッチャ選手権における上位成績者を強化指定選手（国際大会派遣対象者）とする」という基準が公表されており、第 14 回日本ボッチャ選手権の参加者は 16 人であった。仲裁パネルはこのような状況の中で「上位成績者」というためには、ベスト 8 以上となることが必要であるとして一定の基準を示している。申立人は、第 14 回日本ボッチャ選手権で優勝したが代表に選出されず、逆にベスト 8 に入っていなかった選手が代表に選出された点を指摘し、競技連盟の代表選考を取り消しているのみならず、申立人を代表に選出すべきという点にまで踏み込んで判断を下している。この事案は、「上位成績者」と言えるためには少なくとも参加者の半分以上の成績であることが必要であると明示している。しかし、だからと言って、例えば代表に選出された選手が 16 人中 8 位だったとしたら、本件代表選考が不合理と言えなかったかどうかは判断が難しいところである。ボッチャの事件のように明らかに申立人のほうが選考された選手よりも実力が上であると判断される事案と両者の実力が「拮抗」しているため選考結果が覆らないケースとの境界がどこにあるのかは、まだはっきりと見えていない部分もあり、今後の事案の集積を待ちたい。

(5) 競技力以外の点（人格や品格・コミュニケーション能力・年齢など）を考慮することの可否
　これまで複数のスポーツ仲裁事案で、競技力以外の点（人格や品格・コミュ

表 1　代表選考事例一覧表（2016 年 6 月 30 日現在）[1]

	事件番号 (JSAA-AP-)	被申立人（競技団体）	仲裁人	結果（取消 申立）	結果（選定 申立）	緊急 手続
1	2003-002	日本オリンピック 委員会（テコンドー）	望月浩一郎	棄却		○
2	2003-003	日本身体障害者 水泳連盟	野村美明、 浦川道太郎、 水戸重之	棄却	棄却	
3	2004-001	日本馬術連盟	小寺彰、 竹之下義弘、 浦川道太郎	棄却	棄却	
4	2004-002	日本身体障害者 陸上競技連盟	笠井正俊、 桂充弘、 野村美明	棄却		準用 合意
5	2005-001	日本ローラー スケート連盟	早川吉尚	却下		○
6	2008-001	日本カヌー連盟	冨島智雄	棄却	却下	○
7	2010-002	全日本ボウリング 協会	下条正浩	棄却	棄却	○
8	2010-004	兵庫県ボウリング 協会	宮島繁成	棄却	棄却	○
9	2010-005	日本障害者 バドミントン協会	早川眞一郎、 山内貴博、 福田弥夫	○無効 確認	○選定 確認	○
10	2011-003	日本ボート協会	浦川道太郎、 伊東卓、 水戸重之	○	棄却	○
11	2013-003	日本水泳連盟 （水球）	竹之下義弘	棄却	棄却	○
12	2013-005	日本ボッチャ協会	山岸和彦、 小泉英郷、 佐川明生	○	○	○
13	2013-023	全日本スキー連盟	川添丈、 神谷宗之介、 合田雄治郎	棄却	棄却	○
14	2013-024	日本卓球協会	山岸和彦、 横山経通、 平野賢	棄却	棄却	○
15	2014-004	大阪卓球協会	濱本正太郎、 井上圭吾、 堀田裕二	棄却	却下	○
16	2014-007	日本自転車 競技連盟	竹之下義弘	棄却	棄却	○
17	2015-003	日本ボート協会	下條正浩、 山内貴博、 八木由里	○	○	
18	2016-001	日本自転車 競技連盟	下條正浩	○		○

ニケーション能力・年齢など）を考慮することの可否について争われてきたが、こういった点を一定の範囲で考慮に入れることについては過去の仲裁判断でも認められている。各競技の代表選手は国の代表として、場合によっては国費で国際大会に派遣されることを考えれば、日本代表としてふさわしい人格や品格を求められることには合理性が認められる。ただし、競技力以外の点で非常に優れているという点を前面に出して、それを理由に、明らかに他の選手よりも競技レベルの劣る選手を選考する場合には、不合理と判断される場合があるであろう（JSAA-AP-2013-005 ボッチャなど）。競技連盟の代表選手は、国際交流のために選出されるのではなく、あくまでも国際競技会で結果を残すことが第一の使命である以上、当然のことながら第一に考慮されるべきはあくまでも選手の実力であり、複数の選手の成績が拮抗しているように見える場合、甲乙がつけられないような場合に、初めて競技力以外の点を考慮することが許されると考えるべきである。

(6) 一発選考と総合判断による選考

　本件では、そもそも代表選考基準が存在していなかったため、代表選考基準の適否というものは問題となっていないが、最後に、一発選考と過去の成績等の総合判断による選考について少々言及しておきたい。

　JSAA-AP-2004-001（馬術）の事案では、仲裁判断の中で「日本馬術連盟および連盟関係者には、オリンピック大会代表選手選考という公的使命を遂行しているという意識に乏しく、シドニーオリンピック大会における代表選手選考方式を改善したと称する今回の代表選手選考方式は公平性、明晰性の点ではむしろ後退するものであった」との指摘がなされ、複数の競技会の結果と内容を総合的に判断して代表を選考する方式（アテネ方式）よりも一発勝負（シドニー方式）の方が公平性・明晰性の上で優れているとも読める指摘がある。確かに、誰から見ても結果が明確で、代表選考問題が発生する可能性が低い一発勝負による代表選考方法は、法律家の視点からすると、公平性・明晰性の上では優れているようにも見える。しかし、選手の立場から見た場合、本当に一発勝負の選考が最適な方法であると言えるのであろうか。特に調子の上下が激しい競技や、選考競技会という特定の一日に合わせて調

整することが難しい競技では、競技連盟が一方的に指定するたった一日の選考競技会にピークパフォーマンスを合わせることは、選手に過大な負担をかける場合がある点は否定できないし、1回だけのチャンスでは「運」に左右され、必ずしも実力順とならないなどの指摘もある。しかし、そのような主張に対しては、それはオリンピック本番でも言えることであり、特定の一日に実力が出せるかどうかがまさにアスリートの実力そのものに他ならないという主張も時に法律家から聞かれるところではあるが、アスリートが代表選考競技会に合わせて調整を強いられた結果、代表として選出されてもオリンピック本番には調子を合わせられず、良い結果が得られなかったというのであれば、全く本末転倒である。また、一発選考のための選考競技会は、全候補選手が指定された1つの場所に集まって行われるため、各選手が世界各地でトレーニングをしていて、かつ、環境の変化がパフォーマンスに大きく影響するような競技では代表選考競技会の開催場所が一部の選手に不利または有利に働くような場合も考えられる。

　そこで、代表選考方法として一発選考の長所を残しつつ、結果が運や調子に大きく左右されず、場所的な不平等もできるだけ少なくする選考方法としては、例えば全候補選手が参加する選考競技会をたった「1回」ではなく、ある程度長期間にわたって「数回」行う方法により、実力のある選手が上位に浮上する可能性が高くなるようにするとか、採点競技であれば、ヨーロッパと日本で選考競技会を各1回ずつ開催し、選手はいずれかの選考競技会に出場し、逆に審判団が両方の競技会を巡回するという方式で場所的な不公平を緩和することなども1つの案ではないかと考える。

【注】
(1) 上柳敏郎「JSAA-AP-2013-005 仲裁判断（ボッチャ）について」『日本スポーツ法学会年報』第22号、125頁、2015年に筆者追加補正

【スポーツ仲裁評釈】

JSAA-AP-2015-007 仲裁判断 (水泳) について

桂　充　弘
(北尻総合法律事務所)

両当事者の和解内容を仲裁判断とした事例

1　本件仲裁の概要

　本件は、地方のY水泳協会が2015年8月3日になした、Y水泳協会加盟の団体X2所属の選手X1に対する「2015年9月6日開催のB選手権水泳競技大会について年度当初の登録団体(A)以外での出場は認めません」、「平成28年度(2016年)B選手権水泳競技大会までの、水泳競技大会出場を禁止します」との各決定、及び、X2に対する「Y水泳協会主催の水泳競技会出場を1年間停止します」との決定について、X1、X2が仲裁申立てをしたところ、当事者双方が和解で可決することを希望し、その和解内容を仲裁判断とすることを要請し、これを受けた仲裁パネルが前記各処分を取消すことを主たる内容とする和解案を提示したところ、当事者双方が合意したため、当該和解案を仲裁判断としたものである。[1]
　当事者双方が合意した和解内容を仲裁判断とすることを希望した場合、仲裁パネルは相当と認めるときは、和解内容を仲裁判断とすることが仲裁規則第45条で認められている。過去にも同様の対応をした事例があり(JSAA-AP-2012-002、軟式野球)本件は和解内容を仲裁判断とした2例目の事案である。[2]

2 紛争の概要

　本件仲裁判断は前記のとおり、当事者双方が合意した和解内容が仲裁判断とされている事案であるが、仲裁手続がどのように進行したかについては仲裁判断中に記されているものの、通常の仲裁判断で示されている詳しい当事者の紹介や紛争の内容については記載がされていない。そのため紛争の具体的な内容については仲裁判断の主文から推測するしかない。

　仲裁判断では、前記のとおり、地方のY水泳協会が2015年8月3日になした、Y水泳協会加盟の団体X2所属の選手X1に対してなした「2015年9月6日開催のB選手権水泳競技大会について年度当初の登録団体（A）以外での出場は認めません」、「平成28年度（2016年）B選手権水泳競技大会までの、水泳競技大会出場を禁止します」との各決定、及び、X2に対してなした「Y水泳協会主催の水泳競技会出場を1年間停止します」との決定について、X1、X2が仲裁申立てをしている。

　この主文の記載から推測すると、年度当初はY水泳連盟加盟のA団体に所属していた選手X1が、年度途中でその所属をAからX2に変更したことをYが認めず、選手X1に対しては直近のY主催の水泳競技大会に出場を認めず、さらに翌年の同大会までのY水泳連盟主催の水泳競技大会への出場を禁止する決定がなされ、併せて、X1が移籍した団体X2についてもYが主催する水泳競技大会への出場を1年間停止するとの決定がなされたものと推測される。

　ただ、Yがなした前記各処分の適否を判断する上で重要となる、選手X1が所属団体をAからX2へ変更することをYがどうして認めないのか、その具体的な理由や、出場を認めないとする処分決定の根拠となるはずのYの規則（年度内の所属団体移籍についてどのような規定がなされているのか、大会参加要件、規則違反の場合の処分等についての規定）や、処分を科す場合のX側への告知・反論の機会等の確保といった処分手続における適正手続の保障が規則上、及び、実際の手続で具体的にどのようになされていたのか、といったことについての具体的内容は不明である。

　尚、X1、X2が本件仲裁申立てで求めた仲裁判断の内容についても、仲

裁判断の中で記載されておらず明らかでない。ただ、仲裁判断主文からしてYのなした前記各処分決定の取消しを求めたものと推測される。

3 解説

スポーツ仲裁規則第45条は「スポーツ仲裁パネルは、仲裁手続中に和解した両当事者が要請した場合において、相当と認めるときは、和解の内容を仲裁判断とすることができる」と規定しており、同規則を利用した仲裁判断として参考になる事案である。過去にも同様の対応をした事例があり（JSAA-AP-2012-002、軟式野球）本件は和解内容を仲裁判断とした2例目の事案である。

当事者間で和解が成立すれば、仲裁判断を求める理由がなくなり、仲裁判断を求めるまでもなく仲裁申立てを取り下げる扱いがなされる場合もある。ただ、当事者によっては、当事者間での和解文書交換だけではなく第三者の関与したオフィシャルな文書として残したいとの希望がある場合、あるいは、仲裁判断となった場合は原則として判断内容が公開されることから（スポーツ仲裁規則第37条2項）両当事者の和解内容を広く知らしめるために和解内容を仲裁判断とすることを求める場合等が考えられる。和解内容を仲裁判断としても裁判上の和解文書と異なり、仲裁判断に基づいて強制執行をするためには別途裁判所へ執行決定の申立をする必要があることや（仲裁法46条）、そもそも強制執行になじまない和解内容であること等からすれば、仲裁判断の公開が和解内容を仲裁判断とする主な動機になったのではないかと思われる。

本件両当事者がどのような思いで和解内容を仲裁判断とすることを希望したのか、両者の希望であったのか、あるいは一方の希望に他方が苦渋の選択で応じたのか、といった詳しい事情については、前記のとおり仲裁判断が極めて簡潔な内容で終わっているため分からない。

もっとも、簡潔な仲裁判断となったことから推測すると、一方が和解内容を広く知らしめることを希望したのに対し、他方は和解には応じるものの、争点や経過等についての詳しい内容を公開することについては抵抗を

示し、公開される範囲を極力絞られるよう要望した結果、前記のような簡潔な仲裁判断に至ったのではないかと思われる。

　仲裁判断をする場合、仲裁判断に何を記載すべきかについてはスポーツ仲裁規則第44条1項に定めがあり、記載すべき事項として（1）当事者双方の氏名又は名称及び住所[3]、(2) 代理人がある場合は、その氏名及び住所、(3) 主文、(4) 手続きの経過、(5) 判断の理由、(6) 仲裁地、(7) 判断の年月日、があげられている。ただ、手続の経過や判断の理由について具体的にどのような事を記載すべきかについては、何ら規定されておらず、仲裁パネルの裁量に委ねられている。

　前記のとおり、本件では手続についても、判断の理由についても詳しい記載がなされていないため、どのような紛争があったのか、その紛争に至る経緯や、法的な論点としてどのような点が問題になったのかといったことについては記載がなく、仲裁判断からは把握できない。

　ただ、争点については前記のとおりの主文から推測して、選手X1が所属する団体をAからX2に変更したことをY協会が認めず、水泳大会への参加を禁止する等の処分をしたものと推測される。また、仲裁手続の経過をみると、審問手続を2015年10月9日に行った後、同月14日に仲裁手続の審理終結日を10月26日とするパネル決定を出したが、その後10月28日に審理再開の決定を行い、11月1日に2度目の審問手続が行われ[4]、前記仲裁判断を出すに至っている。このような手続経過を見ると、仲裁パネルが当事者の要望を調整しながら、なんとか和解案をまとめていったのではないかと推測され、前記のような簡潔な仲裁判断にいたったのも両当事者の要望を調整する中でのギリギリの調整の結果ではないかと推測される。

　そのため、仲裁判断の中では詳しい紛争の内容等が記載されていないのではないかと思われる。

　もっとも、仲裁判断が公表されている趣旨は仲裁判断の公正さを担保することや、仲裁判断の合理性を検証するためだけでなく、広くスポーツ関係者に対し紛争の内容を示すことによって、他のスポーツ団体で同様の紛争発生を未然に防ぐための効果をも期待しているものと考えられる。その

趣旨からすれば、同様の紛争が他の団体で起こらないようにするためには、詳しい紛争の内容や、他の関係者が参考とすべき処分の根拠となる規則やその問題点等の情報について記載されなかった点は、惜しまれる仲裁判断である。

　尚、本件については仲裁合意がどのようになされたのかについても仲裁判断の中では記載されておらず、不明である。本件は地方の水泳協会とその加盟団体及び選手との間での紛争であるところ、Y協会に仲裁に関して自動受諾条項があったのかなかったのか、X側がどのような根拠で仲裁の前提となる仲裁合意を主張したのかについては仲裁判断からは明らかでない。仲裁合意に関しては残念ながら未だに自動受諾条項を設けていない団体が多く、地方会においても同様である[5]。自動受諾条項を設けていないような団体はガバナンス上問題ないのか。このような団体が国等からの支援を受けて良いのか。統括団体は地方会に対してどのような指導をなすべきなのか、といった多くの課題があるところであるが、本件仲裁判断には詳しい記載がなされていないことから、これらの点について参考となる記載が十分なされていないことも惜しまれるところである。

【注】
(1) 仲裁判断全文は日本スポーツ仲裁機構のウェブサイトに掲載されている。
　 http://www.jsaa.jp/award/AP-2015-007.html
(2) 前同　http://www.jsaa.jp/award/AP-2012-002.html
(3) 仲裁判断が公表される際は名前、住所等は特定しないように配慮して公開されている。
(4) 本件は、いったん審理が終結された後に、審理が再開され、2度目の審問手続を行った初の事例とされている。
(5) 自動受諾条項の採択状況については日本スポーツ仲裁機構のウェブサイトに掲載されている http://www.jsaa.jp/doc/arbitrationclause.html。地方会についての採択状況についてはアンケート調査を実施していないようでその採択状況は不明であるが、統括団体自体前記の通りの採択状況である中で、地方会がそれ以上の採択をしているとの事情は特に見当たらない。仲裁事案でも統括団体に自動受諾条項があっても、地方会においては同規則が制定されておらず、上部団体の自動受託条項の効力が地方会にも及ぶのかという争点もある（JSAA-AP-2009-001 軟式野球 http://www.jsaa.jp/award/AP-2009-001.html、、JSAA-AP-2012-003 軟式野球 http://www.jsaa.jp/award/AP-2012-003.html　JSAA-AP-2015-001 空手 http://www.jsaa.jp/award/AP-2015-001.html 等）

【スポーツ仲裁評釈】

ホッケー女子日本代表監督の解任をめぐる仲裁申立事件について
—日本スポーツ仲裁機構 2015 年 5 月 25 日 JSAA-AP-2015-002 仲裁判断—

川 井 圭 司

(同志社大学)

1 事案の概要

本件は、日本ホッケー協会(被申立人、以下、Y)による、女子日本代表監督(申立人、以下、X)の解任について X がその取消しを求めた事案である。

リオデジャネイロ五輪の出場権獲得を目的として女子日本代表監督を委嘱するという内容の準委任契約(以下、「本件契約」)が 2012 年 10 月 22 日以降、X と Y との間に存在していたところ、Y は 2015 年 5 月 15 日開催の理事会において、X をホッケー女子日本代表監督から解任するとの理事会決定(以下、「本件決定」)をした。なお、Y は、2014 年 10 月 5 日の業務執行理事会において、本件決定と同旨の決定(以下、「前決定」)を行ったが、2015 年 5 月 7 日、日本スポーツ仲裁機構(JSAA-AP-2014-008)は、X の解任について権限を有するのは理事会であって業務執行理事会ではないことを理由に前決定を取り消す判断を下した。この仲裁判断を受けて Y は理事会を開催し、改めて解任を決定(本件決定)したものである。

2 事実の概要

(1) Y は、コカ・コーラウエスト社(以下、Z)との間で、2012 年 10 月 19 日付で覚書(以下、「本件覚書」)を締結するとともに、同日、X に女子代表監督を委嘱した。その本件覚書の柱書には、「Y と Z は、Z の契約社員である X

が、女子ホッケー日本代表監督（以下、監督）に委嘱されることにともない、次のとおり覚書を締結する」と記載されていた。

(2) 本件覚書には、以下の条項があった。すなわち、「Yは、女子ホッケー日本代表チームが、2016年リオ五輪の出場権を獲得することを目的として、Zに帰属しているXに監督を委嘱し、Zはこれに合意する」（1条）、「Xは、女子ホッケー日本代表チームを強化し、当該五輪の出場権を獲得することについて義務とその責任を負い、そのための必要な施策および措置をYとの協議のもとに行うことを業務とする」（2条）。なお、本覚書の有効期間は、「2012年10月22日から2016年当該五輪終了時まで」（6条）とされた。

(3) 本覚書の解除については、以下のように定められていた（第7条第1項）。

「2014年開催予定の第17回アジア競技大会「2014・インチョン」において、女子ホッケー日本代表チームの戦績および戦略等において、第1条の目的達成に不具合が生じる可能性が発生した場合、YはXの監督委嘱を解くとともに本覚書を解除することができる。

2. Xの都合により監督辞任の申し出があり、Y・Z共に承諾した場合は、本覚書は解除する。

3. ZとXとの雇用関係が消滅した場合には、本覚書は解除する」

(4) 2014年9月2日から4日にかけて、Xの発案の下に、第17回アジア競技大会に先立っての仁川遠征が実施された。同年9月3日、YのA常務理事から宛先であるY人の理事・女子強化委員会副委員長・一貫指導推進部女子委員長のBに以下の内容の電子メールが送られたが、本件メールのCCにXが含まれていたため、Xも本件メールを受信した。

「B先生、Xから返事ありましたか？ 海外に出れば、男子は毎日、報告をしてきていますが、女子は何もありません。あいつは、我々をなめているんですかね。アジア大会終わったら、勝ったとしても、やめさせましょうか？ くそなまいきな、ぼうず、のさばりくさっているなら、うっとしいだけですよ」

(5) 2014年9月20日に開幕した第17回アジア競技大会において、女子代表チームは準決勝で中国に敗れ、3位決定戦でインドに敗れて、出場8か国中4位であった。

(6) 2014年10月5日、Yの業務執行理事会が開催され、女子代表監督につ

いての審議がなされ、YがZと交わしていた本件覚書の合意解除をZに申し入れるとともに、Xへの監督の委嘱を解くことについて、出席した業務執行理事全員一致で決議された。

(7) 2014年10月6日、A常務理事からXに解任を通知する内容の電子メールが送信された。同日、C専務理事（当時）は、Z社の女子ホッケーチームのゼネラルマネージャーのDを訪問し、本件覚書を解除する旨の通知書を渡したところ、Dは、2014年10月7日、同通知書を受理し、本件覚書を解除することについてYの求めを受け入れた。

その後、Xは、2014年12月末をもって、Zを退職した。

(8) 2015年5月7日、前回仲裁判断において、「被申立人が2014年10月5日に決定し、同月6日に電子メールで申立人に通知した申立人に対する女子ホッケー日本代表監督の委嘱を解く旨の決定を取り消す」との判断が下された。

(9) Yは、前回仲裁判断を受けて、2015年5月15日に開催されるYの当該年度第1回定時理事会において、Xの女子代表監督からの解任議案を上程して審議することにして、前回仲裁判断が下された同年5月7日、被申立人の常務理事のEから、Xに対して、以下の内容の文書を電子メールに添付して送付し、12日の13時から開催されるYの業務執行理事会への出席の案内を行った。

(10) Yは、2015年5月15日、平成27年度第1回定時理事会を開催し、以下の理由でYとXの間の女子代表監督に係る準委任契約を解除し、Xを女子代表監督から解任する旨の提案がなされ、賛成13名、反対1名で承認可決された。

①平成26年度開催されたワールドカップ、並びに仁川アジア大会における成績不振
②選手に対するパワーハラスメント

なお、当該理事会において、出席理事からは、Xの選手へのパワーハラスメントが継続していること、及び前回仲裁判断においては、YによるXの女子代表監督の解任理由については正当である旨判断されたこと等の発言がなされた。そして、Yは、同年5月18日、X宛に、「女子日本代表の監督の解除通知」と題する書面を発送した。

3　当事者の主張

1) Xの主張

以下の理由により、本件決定は取り消されるべきである。

(1) 本件契約の解除にはXとの協議が必要であるにもかかわらず協議が行われていない。また、本件契約の解除事由は、2014年アジア大会における女子ホッケー日本代表チームの戦績及び戦略等において、リオデジャネイロ五輪の出場権獲得という「目的達成に不具合が生じる可能性が発生した場合」等に限定されるところ、本件においては当該解除事由が存在しない。

(2) 日本スポーツ仲裁機構の先例によれば、競技団体の決定は、決定手続に瑕疵がある場合や、内容が著しく合理性を欠く場合等には取り消すことができるとされているが、①本件決定はXに対する不利益処分であり、行政事件手続法におけるのと同様、Xに対する聴聞が必要であるのに実施されていない、②Yの定める倫理規程に従った手続を実施すべきであるのに行っていないこと等から、決定手続に瑕疵があり、また、理事会において、解任の理由として説明された成績不振及びパワーハラスメントが存在しないこと等から、本件決定は著しく合理性を欠く。

2) Yの主張

(1) 本件契約は民法上の準委任契約であり、各当事者はいつでも本件契約を解除することができる（民法第651条第1項）。

(2) 解任手続に瑕疵はなく、また、本件決定は成績不振等の正当な理由に基づくものである。

4　仲裁判断の要旨

(1) 解除事由の存否について

YとXが所属していたZとの間に締結された本件覚書には、「契約の解除」

と題する第7条があり、2014年アジア大会における戦績や戦略等においてリオデジャネイロ五輪の出場権獲得という「目的達成に不具合が生じる可能性が発生した場合」に監督の委嘱を解くことができる等と規定している。Xは、本件契約を解除できるのは、本件覚書第7条に該当する場合に限られると主張するが、本件覚書第7条は契約が解除できる場合を例示したにすぎない。一般の準委任契約と同様、本件契約も各当事者がいつでも解除できると解するべきである。また、本件契約の解除を行うに際してXとの協議が必要であるとの合意が存在したと認めることもできない。

(2) その他、本件理事会決定を取り消すべき事由の存否
【協会決定の取消しに関する一般論】
　仲裁機関としては、①国内スポーツ連盟の決定がその制定した規則に違反している場合、②規則には違反していないが著しく合理性を欠く場合、③決定に至る手続に瑕疵がある場合、または④国内スポーツ連盟の制定した規則自体が法秩序に違反しもしくは著しく合理性を欠く場合において、それを取り消すことができる。

【不利益処分の該当性と弁明の機会の必要性】
　本件決定は、申立人との間の準委任契約の解除を内容とするものであり、申立人に対する競技団体による不利益処分であるとはいえないので聴聞手続は必須ではなく、また、本件決定はパワーハラスメントを理由とする処分を行うものではないので倫理規程に従った手続が必須のものでもない。本件契約の解除にあたっては申立人との協議が必要であるとの合意の存在も認められない。その他、本件決定の手続に、取消しを必要とするような瑕疵があるとの申立人の主張を裏付ける事情はない。

【代表チームの監督の選任及び解任をめぐる裁量の範囲について】
　国内競技団体は、当該競技を統括する国内唯一の団体として、代表チームの監督の選任及び解任について広い裁量を有すると考えるべきである。特に代表チームの監督の解任の判断要素として考慮されるチームの成績が不振で

あるか否か、代表チームが目標とする五輪出場権獲得を実現できる状態にあるか等、については、客観的かつ一義的に判断できるものではなく、評価する者によって判断の分かれるところであり、競技団体の裁量も相当広いというべきである。そうした基準に照らした場合、被申立人が成績不振を解任の理由としたことは合理的な裁量を逸脱したものとはいえない。また、本件決定がいつでも解除できる準委任契約の解除に関するもので成績不振も理由とされていたことや、理事会の審議の場においてパワーハラスメントは存在しないとの申立人の証言も同時に説明されていたこと等を考えると、パワーハラスメントが解任理由の一つとして説明された等の事情も、本件決定の内容を著しく不合理なものとするほどのものではない。

5　解説

1) 契約の類型

　本件の仲裁判断におけるポイントは、XとYの契約の性質および契約解除の条件の確定にあった。この点、本仲裁パネルは、XY間の明示の契約は存在しないものの、YZ間で締結された本件覚書、その他の状況から、XY間の黙示の契約を観念し、その契約（本件契約）の合意内容について解釈を行っている。まず、契約の性質については、準委任契約であると解し、原則として「いつでも解除できる」との立場を採用した。

　次に、準委任契約の解除をめぐるXYの合意内容については、「目的達成に不具合が生じる可能性が発生した場合」に監督の委嘱を解くことができるとする本件覚書に言及しつつ、これは、本件覚書第7条に該当する場合に限られるものではなく、本件覚書第7条は本件契約が解除できる場合を例示したにすぎない、との判断を下した。

　さて、仲裁パネルは解任の事由について、7条は例示に過ぎず、解除の事由を限定するものではないとし、あくまでも一般的な準委任契約の解除に関する制約があるにとどまるとの立場をとっているが、この点については以下の通り議論の余地がある。

2) 監督解任をめぐる協会側の裁量—準委任契約か労働契約か

　本件契約の解除をめぐり、仲裁パネルは「いつでも解除できる」との前提に立ちつつ、リオ出場に不具合が生じる可能性が発生した場合、「YはXの監督委嘱を解くとともに本覚書を解除することができる」とする覚書の解除について次のように述べている。「国内競技団体は、当該競技を統括する国内唯一の団体として、代表チームの監督の選任及び解任について広い裁量を有すると考えるべきである。特に代表チームの監督の解任の判断要素として考慮されるチームの成績が不振であるか否か、代表チームが目標とする五輪出場権獲得を実現できる状態にあるか等、については、客観的かつ一義的に判断できるものではなく、評価する者によって判断の分かれるところであり、競技団体の裁量も相当広いというべきである」

　このように本件仲裁判断は、解除（解任）について競技団体の大幅な裁量を認めたのであった。

　本件において報酬等にかかわる条件については必ずしも明らかではないが、チーム・競技団体と監督・コーチとの契約の性質及び契約の解除をめぐっては、両者の関係性に着目した、ケースバイケースの判断が求められる。つまり、競技団体と監督の関係性が対等であるか、それとも、その関係性が主従の関係にあり、かつ監督がチーム・競技団体の指揮命令に服して監督業に従事しているかに着目しなければならない。前者の場合には、「性質上、解約できない委任契約」の観点からの検討、そして、後者の場合は、労働法の観点からの検討が必要となる。あるいは無名契約などとして、これら双方の観点から、解約をめぐる制限のあり方について検討する必要がある。

3) 性質上、解約できない委任契約

　民法651条は（準）委任契約はいつでも解約ができるとし、解約自由の原則を前提とする。ところが、判例において委任契約の性質上、一方の当事者のみによって解約できないとする判断が下されてきた。そのリーディングケースとなった大正9年の大審院判決は以下のように判示している[1]。①委任は当事者双方の対人的信用関係を基礎とする契約である。②信頼できない相手方に事務処理を依頼するのは人情として耐え難い。③そのために民法651条1

項の任意解除権が規定されている。④ただし、この任意解除権は委任者の利益のためにのみ事務を処理する場合に限定されるのであって、受任者の利益にもなる場合には、委任者はこの解除権を行使することはできない。

これにより、「受任者の利益をも目的とする」委任契約の場合は、任意解除権を制限するという判例実務が確立した。学説においても、同様に委任契約の内容に着目し、委任者のみの利益となるのが純粋な委任とし、他方、有償委任の場合などについては、受益者にも利益があるとして、委任者による一方的な解約を制限する解釈が支配的である。もっともどのような場合に「受益者の利益」を認め解約権を制限すべきか、については学説ごとに立場が異なっている[2]。

その後、昭和56年最高裁判決は「当該委任契約が受任者の利益のためにもなされていることを理由として、委任者の意思に反して事務処理を継続させることは、委任者の利益を阻害し委任契約の本旨に反することになるから、委任者は、民法651条に則り委任契約を解除することができ、ただ、受任者がこれによって不利益を受けるときは、委任者から損害の賠償を受けることによって、その不利益を填補されれば足りるものと解するのが相当である」として、651条2項の損害賠償の支払により当事者の任意解約権を広く認めるべきとの立場を示した[3]。

なお近年、日本相撲協会と幕内力士の契約関係の解消について争われたケースがあるが、このケースにおいても協会と力士との関係について準委任契約類似の関係であるとしたうえで、任意解約権の行使を制限する判断が下されている[4]。

本件において東京地裁は「本場所相撲（相撲競技）への出場は、あくまで債務者から委託を受けた各部屋の師匠の指導の下、長年にわたる相撲道の精進によって獲得した技量と深く結び付いたものであって、そこにはいわゆる徒弟制度を思わせる継続的な技能教育関係の存在を見出すことができる。そうだとすると債務者と債権者との間に存する準委任類似の契約関係の終了事由を検討するに当たっては、やはり雇用契約、その他の継続的な契約関係の場合と同様に、「継続性」とその基礎にある「信頼関係」というものの価値（重み）を重視せざるを得ないのであって、その価値（重み）は民法651条2項

本文の損害賠償によって十分に評価し尽くされるような性質のものではない」[5]とし、協会と力士との間に存する準委任類似の契約関係は、受任者たる力士の利益のためにもあることを重視せざるを得ず、民法651条1項に基づく任意解約権の行使は、当事者間に当該契約関係の基礎にある信頼関係を根本から破壊するなど、もはやこれを継続することは困難であると認められるような「特段の事情」がある場合に限って許されるものと解するのが相当である、としている。

このように、651条1項は条文上、解約の自由を大幅に認めているものの、「受任者の利益」にもなる委任契約については、「やむを得ない事由」が必要であるとされ、あるいは、少なくとも不利益に対する「損害賠償（違約金）」の支払いが必要として任意解約権を制限する解釈が判例および学説において支配的となっている[6]。

4）労働法理による解約制限
(1) 労働契約法と民法628条

労働契約（雇用契約）については、雇用保障など労働者保護の観点に立ち、使用者側の解約権が制限される。例えば、期間の定めのない労働契約については、30日間の予告期間を必要とするほか、「客観的に合理的な理由」が必要とされる（労働契約法16条）。他方、期間の定めのある労働契約については途中の解約は許されず、当該期間の満了をもって、終了するのが原則である。ただし、「やむを得ない事由」がある場合には、使用者は当該「契約を解除する」ことができる（民法628条・労働契約法17条）。この「やむを得ない事由」とは「客観的に合理的な理由」よりも厳格かつ限定的であるとされる[7]。

また、本件申立人（X）のごとく典型的な労働者とはいえない労務提供者について、労働法理に準じた解釈により、任意解約を制限するケースもある。NHKの視聴料集金を労務とする者に対する解約をめぐって争われた事案で、裁判所は、「労働契約法上の労働者に準じる程度に従属して労務を提供していたと評価することができる」とし、「期間の定めのある本件契約の中途解約については、労働契約法17条1項を類推適用するのが相当である」とした上で、

本件中途解約は、業績不良を理由とするものであるが、これは、期間満了を待たずに直ちに契約を終了せざるを得ないような労働契約法17条1項にいう「やむを得ない事由」にはあたらないというべきであり、無効であるとした[8]。

(2) 出向類似の契約

ところで本件では、Zの被用者であったXが、ZとYとの覚書に基づいて「出向」類似の形態によってYでの監督業に従事していた。すなわち、本件は、労働者が自己の雇用先の企業に在籍のまま、他の企業の従業員あるいは役員となって相当期間にわたって当該他企業の業務に従事する出向類似の法律関係になぞらえることができる。そうすると、XのYにおける法的地位は、あくまでも使用者たるZとの労働関係を前提とすることになるので、Yでの解任そして、Zへの復帰については、Zの指揮命令権あるいはYおよびZの指揮命令権の行使と捉えることができるのである。

つまり、XとZとの間に継続して雇用関係が存在しており、XがYとの契約関係を失う（監督を解任される）ことで、Zに復帰することが当然に予定されていたとすれば、Xの労働者（あるいは労務提供者）としての立場の継続性は担保されており、雇用保障の観点から、YのX解任に関する裁量は相対的に大きなものとなる。しかもYの解任（出向解除）について、Zがこれを承認している本件において、雇用保障の観点からXが当該解除の違法性を争うことは難しいといえよう[9]。なお、解任（解除）後のZへの復帰については、特段の事情がない限り、労働者（X）の個別の合意は必要ない、と解される[10]。

本件仲裁判断はこの前提をもとに、Xの解任について、Yに大幅な裁量を認めたものと思われる。ただし、本件では、ZとXとの契約期間よりも長いスパンで、Yに従事することが予定されていたとも考えられる。この場合、Zとの雇用関係が終了した時点でYに移転（転籍出向）することについて三者の黙示の合意があったとして、これ以降のX解任についてのYの裁量は期間の定めのある労働契約と同様に大幅に制限されるとの解釈もありえよう[11]。

5）コーチ契約の一般論 ―― 成績不振は解約事由となるか

　成績不振はコーチ契約の解約事由になり得るか。この点について本仲裁判断は協会側の裁量を幅広く認めた。紙面の制限により詳細に触れることはできないが、コーチ（監督）契約の解約をめぐる国際的動向をみると、労働法や特別法などの法律のほか、労使の合意たる労働協約、または競技団体の規定において規制するアプローチが見られる。

　ちなみに、FIFA の国際移籍規定（FIFA regulations on the Status and Transfer of Players article 17）は、「クラブが選手契約を途中解約する場合には、残りの契約期間についてその報酬の全額を支払う義務を負う」と明記しているが、これと同様の処理がコーチにも適用されている[12]。

　また、イタリアでは、プロ選手、有償コーチ、トレーナー等の契約について特別法（Law No. 91/1981）により規制している[13]。こうした契約期間は最長5年とされ、この間の解約は両当事者の合意あるいは正当な理由の存在によってのみ可能とされる。他方、正当な理由なく、一方当事者が期間途中に解約した場合には、賠償責任を負うとされる。またポルトガルではプロサッカーリーグとサッカーコーチ協会との労働協約において、プロコーチの契約は有期とし、その間は解約できないと規定されている。ただし、以下の場合については、クラブ側がコーチを一方的に解任できるとしている。コーチが、①使用者の指示に正当な理由なく従わなかったとき、②チームメンバーやクラブ経営陣への挑発や対立を繰り返したとき、③クラブの財政に著しい損失を与えたとき、④暴力行為、侮辱行為あるいは犯罪行為をしたとき、⑤スポーツ上の倫理違反あるいは行為準則違反を繰り返したとき、⑥無断欠勤を5日連続したとき、である[14]。なお、最近、成績不振によるロシアサッカー代表監督の解任でロシアサッカー協会が 3500 万ドルの違約金を支払ったとのニュースが報じられている[15]。

　アメリカでも同様に契約満了まで継続を原則としており、具体的かつ客観的基準が示されていない限り、成績不振は解除の正当理由（just cause）にはならない。そのような正当理由がない場合には給与請求権の買い取り（buy out）あるいは約定損害賠償（liquidated damages）の支払いによって解約することになる[16]。

このように、成績不振を理由として契約期間途中にコーチを解任する場合には、チームあるは協会が残りの期間についての給与ないし違約金を支払うという実務が世界的に定着している。

【注】
(1) 大審院大正9・4・24大審院民事判決録26輯562頁。
(2) 末川説は、純粋な委任とそれ以外の委任（混合契約型）とに分け、第一次的には常に委任者の利益となるのが「純粋な委任」とし、一方「委任が有償であって受任者が事務の処理に対する報酬を受ける場合には、委任は受任者の利益の為めでもあるというべき」として、報酬がある有償委任を「受任者の利益」があるものとされる（末川博「委任の解除」民商法雑誌4巻3号638-639頁（1936年））。広中説も有償委任を受益者の利益との理解している（広中俊雄「委任契約の解除」民商法雑誌48巻1号37頁以下（1963年）。
　なお、大島俊之「性質上解約できない委任—判例による民法654条1項の制限—」大阪府立大学経済研究27巻1号41頁（1981年）を参照。
(3) 最2小判昭56・1・19民集35巻1頁。
(4) 日本相撲協会事件（力士登録抹消等）・東京地決平23・2・25労判1029号86頁。
(5) この点で、昭和56年最高裁判決（最2小判昭56・1・19）は事案を異にし、本件には妥当しないとしている。
(6) 広中・前掲論文、石堂典秀「委任契約における『受任者の利益』概念について（1）英米法からの示唆」Chukyo lawyer 18号17頁（2013年）。
(7) 例えば、さいたま地裁は「有期労働契約は、雇用存続期間を相互に一定期間保障しあう意義があることに照らせば、労働契約法17条1項のいう『やむを得ない事由』は、期間の定めのない労働契約の解雇において必要とされる事由よりも厳格に解されるべきであり、期間満了を待つことなく直ちに雇用を終了させざるを得ないような特別重大な事由と解すべきである」としている（X学園事件・さいたま地判平26・4・22労経速2209号15頁）。
(8) 日本放送協会事件・大阪地判平27・11・30労判ジャーナル48号19頁。
(9) もっとも、労働者に著しい不利益を与える場合や、命令の目的が違法・不当なものである場合には、業務命令は権利濫用となる。
(10) 古川電気工業事件・最2小判昭60・4・5民集39巻3号675頁。
(11) もっとも、本件覚書自体はXとZの雇用関係が終了した時点で、解除される定めになっていたが、このことはXとYの雇用関係が解除することを必ずしも意味しない。
(12) たとえば、CAS 2006/O/1055 Del Bosque, Grande, Miñano Espín & Jiménez v/ Besiktasなど。
(13) Colucci,M., *Sports Law in Italy* at 75-78, 2010.
(14) Santos, Mester and Magalhaes, *Sports Law in Portugal*, 2012 at 236-238.
(15) See Russia's Former Football Coach Fabio Capello Given $35 Million to End Contract – Report, *The Moscow Times*, 23 Jul. 2015,
http://www.themoscowtimes.com/news/article/russias-former-football-coach-fabio-capello-given-35-million-to-end-contract--report/526065.html
(16) アメリカの状況については、Greenberg, M.J., and Paul,D., Coaches' Contracts: Terminating A Coach Without Cause and the Obligation to Mitigate Damages, 23 *Marq. Sports L. Rev.* 339 (2013) および Wong,G., *Essential Sports Law*, Fourth Edition (2010) at 416-434 を参照。

【スポーツ仲裁評釈】

JSAA-AP-2015-001 中間判断及び仲裁判断（空手）について

伊 東 卓
（新四谷法律事務所）

第1 本件の概要

　仲裁合意の有無が争点となった事案について、仲裁パネルが中間判断をもって仲裁合意がある旨の判断を示したところ、裁判所が仲裁合意がない旨の決定をしたため、仲裁手続を続行することが不可能である（仲裁法第40条第2項第4号）として、仲裁判断として仲裁手続の終了宣言を行ったものである。

第2 事実の経過

　仲裁判断の認定によれば、事実経過は以下のとおりである。

1 当事者

(1) 申立人について

　申立人は、2015年2月1日まで、岸和田市に本拠を置く空手道場Aの代表を務めていた。Aは、下記(3)記載の被申立人2に加盟しており、申立人は、スポーツ仲裁規則（以下「規則」という）第3条第2項の「競技者等」に該当する。

(2) 被申立人1について

　被申立人1は、「アマチュア空手界を統括し、これを代表する団体として、空手道の健全な発達とその普及を図る」こと等の目的で設立された公益財団法人であり、公益財団法人日本オリンピック協会、公益財団法人日本体育協会の加盟団体であって、規則第3条第1項に定める「競技団体」である。

(3) 被申立人2について

　被申立人2は、大阪府空手道連盟（以下「大空連」という）に加盟する団体であり、大空連は、被申立人1の加盟団体であって、被申立人2は、規則第3条第1項に定める「競技団体」である。

2　本件処分等に至る経緯

(1) 被申立人2は、2015年2月1日、理事会を開催し、申立人の懲戒処分について審議した。その結果、①明らかな職務放棄と②被申立人2の執行部への承認できない批判文章・発言により被申立人2の会員を混乱させたことを理由として、申立人に対する同日付無期限謹慎処分（以下「本件処分1」という）を決定した。もっとも、この理事会には、定足数に満たない13名の出席（書面によるものを含む）しかなかったし、申立人は、招集を受けていない。

(2) 被申立人2は、申立人に対し、2015年2月1日付け通知書により、本件処分1を通知した。本件処分1の通知書には、申立人だけではなく申立人が代表を務める道場についても、申立人2及び大空連に関する活動の禁止が処分内容として記載されている。また、追伸として、「これに違反した場合や連盟を混乱させるような言動行為を起こした場合は直ちに当連盟から除名することも承認可決された」旨の付記がある。

(3) 申立人は、被申立人1及び大空連に対し、2015年2月24日付けの内容証明郵便で、本件処分1が処分手続、処分理由等の面から不当であると問題

点を指摘するとともに、上部組織として被申立人2への指導を求める書面を送付した。

(4) 被申立人2は、2015年3月22日、理事会を開催した。この理事会では、申立人に対する処分が再度審議され、申立人に対する同日付除名処分（以下「本件処分2」という）を決定した。

(5) 被申立人2は、申立人に対し、2015年3月23日付け通知書により本件処分2を通知した。本件処分2の通知書には、処分内容として「平成27年3月22日をもって除名処分とする。被申立人2における一切の資格・権利を剥奪する」と、処分理由として「謹慎処分中に当連盟への容認出来ない批判文書があり、被申立人2会員を混乱させ、又、理事会においても会長以下理事の先生方から仰がれたにもかかわらず、全く反省の態度が無く、このまま放置しておくことは今後の当連盟の運営に支障が生じると考えるため」と、追伸として「A代表の申立人が除名処分となったため道場（A）も脱退となる」との記載がされている。

第3 スポーツ仲裁申立てとその審理経過

1 仲裁申立て

申立人は、被申立人2だけでなく、被申立人1を相手方として本件スポーツ仲裁を申立て、処分理由とされている事実がないこと及び適正な手続に基づいていないことを理由として、被申立人2の申立人に対する本件処分1及び2の取消しを求めるとともに、被申立人2の会長等の辞任及び再就任しないことを求め、さらに、被申立人1及び被申立人2に対し、大会のパンフレットにおいて申立人の納得する方法で謝罪すること、また、大会の出場資格選手に謝罪することを求めた。

2 中間判断

(1) 被申立人 2 は，仲裁申立てに関し，申立人と被申立人 2 との間には仲裁合意がないこと，被申立人 2 の規約中にも自動応諾条項がないことを理由として，本件仲裁手続は打ち切られるべきであると主張した。

(2) 仲裁パネルは，中間判断を示し，申立人と被申立人 2 との間には，規則第 2 条 2 項に定める仲裁合意があるものと認めた。

(3) その理由として，中間判断は以下のとおり述べている。

> 「被申立人 1 の倫理規程第 10 条は，「本連盟の決定した処分内容に対し，公益財団日本スポーツ機構に上訴を申し立てることができる」と規定している。また，同規程第 2 条は，同規程の適用範囲を被申立人 1 関係者と定めており，これによれば，被申立人 1 規約第 4 条及び第 16 条に基づく加盟団体及びその所属会員又は被申立人 1 会員規程第 2 条に基づく会員が被申立人 1 関係者に含まれることになる。さらに，被申立人 1 倫理規程第 3 条は，被申立人 1 関係者の基本的責務として，関係法令，被申立人 1 定款，規約，関係規程を遵守することを規定している。他方で，被申立人 2 規約には，被申立人全空連倫理規程の適用を排除するような規定はない。
>
> そうすると，被申立人 2 は，大空連の加盟団体であることにより，被申立人 1 の加盟団体であるといえ，規則第 3 条 1 項 5 号の「前 4 号に定める団体の加盟団体若しくは準加盟団体又は傘下の団体」に該当し，被申立人 1 倫理規程第 10 条は，被申立人 2 についても適用されるべきものである。
>
> したがって，被申立人 2 については，規則第 3 条 3 項により，申立人が本件仲裁申立てをした 2015 年 4 月 3 日に，同条 2 項の仲裁合意がされたものとみなされることになるから，本件スポーツ仲裁パネルは，本件申立てについて仲裁判断をする権限を有する」

3 大阪地方裁判所決定

　大阪地方裁判所は、2015 年 9 月 7 日、本件スポーツ仲裁パネルには申立人の被申立人 2 に対する申立てについて仲裁権限がないとの決定をした（大阪地方裁判所平成 27 年（仲）第 2 号）。
　その理由として、大阪地裁決定は、①申立人と被申立人 2 との間には個別的な仲裁合意がないこと、②被申立人 2 の連盟規約には、スポーツ仲裁規則第 2 条第 3 項に定めるいわゆる自動応諾条項が存在しないこと、③被申立人 2 は、被申立人 1 の加盟団体でないから、自動応諾条項を定めた被申立人 1 の倫理規程第 10 条が適用されるということはできず、この点を措くとしても、被申立人 1 の倫理規程第 10 条は、被申立人 1 自身がした処分のみを意味することから、同条項を根拠として被申立人 2 の規則中に自動応諾条項が存在するとみることはできないことをあげている。

4 仲裁判断

　裁判所の判断が示されたため、申立人の被申立人 2 に対する申立てについては、仲裁手続を続行することが不可能であると認められるので（仲裁法第 40 条第 2 項第 4 号）、仲裁判断として、他の争点について判断することなく、本件仲裁手続を終了した。

5 仲裁パネルの意見

　なお、仲裁パネルは、意見として以下のとおり述べている。

> 「被申立人 2 は、仲裁に関する受諾条項が連盟規約にないことを理由としてスポーツ仲裁を受けることを争い、かつ、仲裁受諾を拒否されていますが、そのような対応が上記スポーツ仲裁制度創設の趣旨や、スポーツ基本法の定めた「スポーツ団体は、スポーツに関する紛争について迅速かつ適正な解決に努める」との規定の趣旨に適合しているのか、公的

性格の強い組織として相応しい対応かについて、再考されることを希望します。
　被申立人2が加盟する大空連が加盟団体の一つである被申立人1についても、前記スポーツ仲裁機構が設けられた趣旨や、スポーツ基本法が規定するスポーツ団体に関する規定の存在、さらにはオリンピック・パラリンピック等の開催を控えた状況に鑑み、加盟する団体、傘下の団体に対して、仲裁受諾条項の導入を含めた各連盟規約の整備、運営の透明性確保、ガバナンスの確立等に向けて強い指導力を発揮されることを強く希望します」

第4　評釈

1　スポーツ仲裁規則における仲裁合意の取扱

　規則第2条2項において、「この規則による仲裁をするには、申立人と被申立人との間に、申立てに係る紛争をスポーツ仲裁パネルに付託する旨の合意がなければならない」とされ、仲裁合意の存在は、スポーツ仲裁の手続要件とされている（この要件を欠けばスポーツ仲裁の手続そのものを進めることができない。）。従って、スポーツ仲裁の申立の際は、申立書に「援用する仲裁合意又は競技団体規則の有無」を記載し（規則第14条1項6号）、かつ「仲裁申立書とともに、援用する仲裁合意の写し又は競技団体規則がある場合にはその写しを、日本スポーツ仲裁機構に提出しなければならない」（同条2項）とされている。
　本件において、申立人は、仲裁合意に関する競技団体規則として被申立人1の倫理規程を提出しており、JSAAは、同規程第10条により仲裁合意があるものと判断し、規則第15条1項に定める確認を行った上、申立人の本件仲裁申立てを受理したものである。
　ところが、この倫理規程は被申立人1のものであり、この倫理規程が被申立人2にも及んで被申立人2との間においても仲裁合意が認められるかどう

かが争われることになった。

2　中間判断

(1) 中間判断の手続的根拠と内容

　規則第47条は、「スポーツ仲裁パネルは、仲裁手続中に生じた争いにつき相当と認めるときは、これを裁定する中間判断をすることができる」と定めている。仲裁パネルは、これを根拠として、本件の仲裁合意の有無に関する争いにつき中間判断を示した。

　中間判断においては、被申立人1の倫理規程第10条が「本連盟の決定した処分内容に対し、公益財団日本スポーツ機構に上訴を申し立てることができる」と規定していること、同規程第2条が同規程の適用範囲を「被申立人1関係者」と定めているところ、「被申立人1関係者」の範囲は「本連盟規約第4条及び第16条に基づく加盟団体及びその所属会員又は本連盟会員規程第2条に基づく会員」と定められていること、被申立人1の倫理規程第3条が被申立人1の関係規程の遵守を被申立人1関係者の基本的責務としていること、被申立人2の規約には、被申立人1の倫理規程の適用を排除する規定がないこと、被申立人2は大空連の加盟団体であることにより被申立人1の加盟団体であるといえることから、被申立人1の倫理規程第10条が被申立人2についても適用されると判断したものである。

(2) 中央競技団体に仲裁受諾条項があることにより傘下団体に仲裁合意が認められたスポーツ仲裁の例

　中央競技団体に仲裁の仲裁受諾条項が存在し、傘下団体にはそのような条項がない場合について、過去に、JSAA が仲裁合意の存在を認めて申立を受理したものが存在する。

　すなわち、JSAA-AP-2009-001は、「P市軟式野球連盟」を被申立人とするものであるが、この事案において、JSAAは、「被申立人の上部団体である財団法人全日本軟式野球連盟規程第14条において「連盟のする決定に対する不服申立は、日本スポーツ仲裁機構の『スポーツ仲裁規則』に従ってなされ

る仲裁により解決されるものとする」と定められ、同規程第 15 条において「支部は、この規程に準拠し、支部規約を定めなければならない」と定められているため、同連盟の末端支部に該当する被申立人はこの規定に従うものと判断し」て、仲裁申立を受理している。

　また、JSAA-AP-2012-003 は、「茨城県軟式野球連盟」を被申立人とするものであるが、この事案において、JSAA は、スポーツ仲裁規則第 15 条第 1 項に定める確認を行ったうえ、同条項に基づき申立人の仲裁申立を受理しており、仲裁判断において、上記 JSAA-AP-2009-001 の判断を引用して、仲裁合意の成立を認めている。

　このように、傘下団体には仲裁受諾条項がないが、中央競技団体が仲裁受諾条項を有する場合に、傘下団体が中央競技団体の規程を遵守すべきことあるいは規程に準拠すべきことが定められている場合には、これを介在させることによって、仲裁合意の存在が認められるという取扱が、JSAA において認められていたものである。

　中間判断は、この取扱例に基づいて、同様の論拠により、仲裁合意の存在を認めたものと考えられる。

3　大阪地方裁判所決定

(1) 大阪地裁決定の手続的根拠

　前記のとおり仲裁パネルが中間判断をもって仲裁合意がある旨の判断を示したところ、大阪地方裁判所は、被申立人 2 と申立人との間には、仲裁合意がない旨の決定をした。仲裁合意の有無に関する仲裁パネルの中間判断に対して、裁判所が決定をもって判断した事案は、スポーツ仲裁においては過去に例はなく、このような手続がとられた事案は初めてと思われる。

　大阪地裁の決定そのものは公表されていないが、仲裁判断にて添付されている仲裁判断の経過によれば、被申立人 2 は、裁判所に対し仲裁法第 23 条第 5 項に基づく申し立てを行い、これに基づいて裁判所が仲裁権限に関する判断を行ったものである。

　仲裁法第 23 条 1 項は、「仲裁廷は、仲裁合意の存否又は効力に関する主張

についての判断その他自己の仲裁権限（仲裁手続における審理及び仲裁判断を行う権限をいう。以下この条において同じ。）の有無についての判断を示すことができる」と定めている。そして、仲裁廷が仲裁権限を有しない旨の適法な主張があったときは、仲裁廷は、自己が仲裁権限を有する旨の判断を示す場合は、仲裁判断前の独立の決定又は仲裁判断により、その主張に対する判断を示さなければならない（同条4項1号）。そして、「仲裁廷が仲裁判断前の独立の決定において自己が仲裁権限を有する旨の判断を示したときは、当事者は、当該決定の通知を受けた日から30日以内に、裁判所に対し、当該仲裁廷が仲裁権限を有するかどうかについての判断を求める申立てをすることができる」（同条5項本文）。

本件において、被申立人2は、大阪地裁にこの申し立てを行い、大阪地裁はこれに基づいて判断をしたものである。

(2) 本件仲裁と仲裁法の適用

ところで、そもそも、スポーツ仲裁と仲裁法との関係（スポーツ仲裁に仲裁法の適用があるか）という問題がある。

仲裁法は、第2条1項において、「既に生じた民事上の紛争又は将来において生ずる一定の法律関係（契約に基づくものであるかどうかを問わない。）に関する民事上の紛争の全部又は一部の解決を一人又は二人以上の仲裁人にゆだね、かつ、その判断（以下「仲裁判断」という）に服する旨の合意をいう」とし、第13条1項において、仲裁合意の効力について、「当事者が和解をすることができる民事上の紛争（離婚又は離縁の紛争を除く。）を対象とする場合」に限り、その効力を有するものと定めている。

従って、離婚又は離縁の紛争を除き、当事者が和解をすることができる民事上の紛争であれば、仲裁法上の仲裁合意は可能である。そのような仲裁合意に基づく仲裁については、仲裁法の適用があるということになる。

本件は、スポーツ団体による除名処分の取り消し請求であり、「当事者が和解をすることができる民事上の紛争」に該当し、仲裁法の適用を受けるものといえよう。

なお、スポーツ仲裁への仲裁法の適用に関し、道垣内正人「スポーツ仲裁・

調停」(「スポーツ法への招待」2011 年、ミネルバ書房、64 頁) は、以下のように論じている。

「そもそもスポーツ仲裁において問題となる紛争の中には、代表選手選考などのように「法律上の争訟」とはいえないものが含まれている。裁判所は法律を適用して判断することを任務としており、学校の成績とか運動会に誰が出場するのかといった問題と同じように、代表選手選考といった問題は団体内部の規則により処理すべきであって、税金で運営されている裁判所において法律的素養を身につけた裁判官が裁くことは適切ではないと考えられるからである。そうすると、論理的に、代表選手選考決定を取り消すといった判断に裁判所の確定判決と同一の効力が与えられることはない。また、そうである以上、裁判所の助力も介入もないと考えられる。もちろん、スポーツ仲裁の規則によれば、仲裁判断は最終的なものであり、当事者双方を拘束すると定めているが、その違反について国家による助力を期待することはできない。その意味で、スポーツ仲裁のうち、その種の紛争を扱うものは、国家の司法制度から切り離されたスポーツ界独自の制度であるということになる」

上記見解は、代表選手選考などのように法律上の紛争といえないものがスポーツ仲裁には含まれており、そのような紛争を扱うスポーツ仲裁は、国家の司法制度から切り離されたスポーツ界独自のものであることを指摘するものであって、法律上の紛争とはいえないものを含むことによるスポーツ仲裁の特殊性を論じたものである。しかしながら、スポーツ仲裁には、除名処分の取り消しを求めるもののように、「当事者が和解をすることができる民事上の紛争」も含まれるのであって、上記見解も、このような紛争を対象とする仲裁には仲裁法の適用があることを否定するものではない。

本件は、除名処分の取り消しを求めるものであるから、「当事者が和解をすることができる民事上の紛争」に該当し、仲裁法が適用され、仲裁パネルが中間判断によって仲裁権限があると判断した場合には、当事者は、同法 23 条 5 項により、仲裁権限の有無について裁判所の判断を求めることができることになる。

(3)　大阪地裁決定の理由について

　大阪地裁は、本件スポーツ仲裁パネルには申立人の被申立人２に対する申立てについて仲裁権限がないとの決定をしたが、その理由として、①申立人と被申立人２との間には個別的な仲裁合意がないこと、②被申立人２の連盟規約には、スポーツ仲裁規則第２条第３項に定めるいわゆる自動応諾条項が存在しないことのほか、③被申立人２は、被申立人１の加盟団体でないから、自動応諾条項を定めた被申立人１の倫理規程第10条が適用されるということはできないこと、④被申立人１の倫理規程第10条は，被申立人１自身がした処分のみを意味することから、同条項を根拠として被申立人２の規則中に自動応諾条項が存在するとみることはできないことを挙げている。

　右のうち①②は当然の前提であるが、③の被申立人１の倫理規程の適用範囲に関しては、大阪地裁決定は、被申立人２が被申立人１の直接の加盟団体でないことをもって、被申立人１の倫理規程の適用を否定する理由としている。しかしながら、被申立人２が被申立人１（全国レベルの中央競技団体）の直接の加盟団体（都道府県レベルの競技団体）でなく、さらにその下の加盟団体（市町村レベルの競技団体）であったとしても、倫理規程には暴力・セクハラ・ドーピングの禁止などが含まれていることに照らすと、直接の加盟団体でないからという一事をもって倫理規程が全く適用されないと解することは問題と思われる。倫理規程の適用を排除することが明らかでない限り、市町村レベルの加盟団体にも倫理規程の適用があると解する余地はあると考えるべきではなかろうか。

　しかし、④の仲裁受諾条項については、被申立人１の倫理規程第10条には、文言上「本連盟（すなわち、全国レベルの中央競技団体）の決定した処分内容」と明記されている。仮に、倫理規程の遵守義務が加盟団体に規定されていたとしても、そのことをもって「本連盟の処分」を拡張解釈する可能性があるのは、直接の加盟団体（都道府県レベルの競技団体）までではないだろうか。さらにその下の加盟団体（市町村レベルの競技団体）は直接の加盟団体ではなく、そのような団体についてまで「本連盟の処分」を拡げて解釈することには、これらの文言のもとでは無理があると解するのがむしろ自然と考えられる。

本来であれば、市町村レベルも含め各加盟団体において、被申立人1の倫理規程に従う旨を明記するなどの手当がなされていればこのようなことは避けられたものであり、そのような手当がなされていなかった以上、大阪地裁の結論は、不相当とはいえないというべきではなかろうか。

4　大阪地裁決定が及ぼす影響について

　大阪地裁決定により、本件やJSAA-AP-2009-001、JSAA-AP-2012-003で認められていた取扱は、一般的には否定されたことになる。もっとも、中央競技団体における仲裁受諾条項やその適用範囲についての定め方、傘下団体の規程遵守義務の定め方などについては、規程の文言はそれぞれの競技団体によって異なるので、それぞれの規程の文言を精査した上で、具体的なケースについて仲裁合意の有無を判断することになるであろう。中央競技団体に仲裁の仲裁受諾条項が存在し、傘下団体にはそのような条項がない事案で、文言上、仲裁合意が認められると解釈できない場合には、個別の仲裁合意を書面で取り付けた上でなければ、受理できないということになるであろう。

　なお、本件では、被申立人2には代理人として弁護士が選任されていたが、申立人は本人であり、仲裁合意の有無を巡って十分に攻撃防御が尽くされたかどうかには疑問の余地があり、大阪地裁決定の先例としての価値にはやや疑問の残るところである。

5　仲裁判断における「意見」について

　スポーツ仲裁を申し立てられながら、仲裁合意の不存在を盾に仲裁の受諾を拒んだ被申立人2の姿勢は、スポーツ団体として適切なものとはいえない。スポーツ団体は、スポーツ基本法の制定により、「スポーツに関する紛争について、迅速かつ適正な解決に努めるものとする」（第5条3項）として、紛争の迅速適正な解決に向けて努力義務を負うことが明記されるに至っている。本件では、大阪地裁決定の結果、申立人は民事訴訟をもって除名処分の有効性を争うほかなくなったことになるが、このような事態は、スポーツに

関する紛争を迅速かつ適正に解決しようと努めたものとは到底評しがたい。スポーツ団体は、スポーツ基本法にも規定されているとおり、スポーツ団体がいまや同好の士の集まりではなく、公的性格の強い組織として扱われていることを強く認識すべきである。その意味で、仲裁判断が「意見」を付して、被申立人2の対応について、「公的性格の強い組織として相応しい対応かについて再考されることを希望します」と述べ、また、仲裁受諾条項の整備を希望していることは、全く当然であり、これに賛同する。

　特に、仲裁受諾条項は、JSAA のサイトによれば（http://www.jsaa.jp/doc/arbitrationclause.html）、2016年4月15日時点での採択率は中央競技団体においても63.4パーセントとされており、さらに、本件で問題となった市町村レベルの競技団体まで拡げて考えると、全く不十分である。スポーツ基本法の法意に鑑み、仲裁受諾条項の採択率をさらに向上させるための取組をスポーツ庁、スポーツ団体、JSAA が一体となって今後推し進めるべきである（本件は、その取組が未だ不十分であることをあらわにしてしまったものということもできよう）。

　なお、本件は、裁判所への申立後も仲裁手続が進められ、審問まで終了した後に裁判所の決定が出されたため、仲裁終了宣言に至っている。仲裁合意を争った結果、仲裁手続が無駄に終わっている点も、併せて指摘しておきたい。

6　スポーツ仲裁の応諾拒否について

　なお、スポーツ仲裁については、2014年4月1日から、競技団体が応諾拒否の場合、その事実を速やかに公表する制度が施行されている（規約第37条2項の2）。

　上述のとおり、スポーツ基本法の制定によって、スポーツ団体は、紛争の迅速かつ適正な解決に努力する義務を負っている。スポーツ基本法は、個別のスポーツ仲裁に関しスポーツ団体に応諾義務があると定めたものではないが、スポーツ団体に紛争解決に向けた努力義務を課したものであり、スポーツ仲裁が申し立てられた場合に、スポーツ団体が特段の理由なくスポーツ仲

裁に応諾しない場合には、この努力義務に違反することになる。応諾拒否の公表制度は、スポーツ基本法にスポーツ団体の紛争解決努力義務が規定されたことを踏まえて設けられている。

JSAAのサイトには、不応諾による終了としては以下の4件が公表されている。

1　JSAA-AP-2014-001（日本障害者バドミントン協会）
2　JSAA-AP-2014-005（一般社団法人群馬県サッカー協会）
3　JSAA-AP-2014-006（公益財団法人日本サッカー協会）
4　JSAA-AP-2015-008（公益財団法人日本サッカー協会）

以上

【スポーツ仲裁評釈】

U23世界選手権軽量級スイープカテゴリー代表選手決定をめぐる仲裁申立事件
—日本スポーツ仲裁機構 2015 年 6 月 4 日
JSAA-DP-2015-003 仲裁判断—

吉 田 勝 光
（桐蔭横浜大学）

1 本件事案の概要

ボート競技の選手（以下、「X1及びX2」）が公益社団法人日本ボート協会（以下、「Y」）に対してU23世界選手権軽量級スィープカテゴリーに出漕する代表選手選考に関して仲裁判断を求めたものである。

2 紛争の概要

(1) 当事者

X1及びX2は、D大学漕艇部に所属するボート競技の選手であり、D大学クルー（以下、「Dクルー」）としてU23世界選手権軽量級スィープカテゴリー出場を目指す者である。Yは、ボート競技の国内競技団体である。

(2) 事実の概要（当事者の主張を含む）

Yは、U23世界選手権軽量級スィープカテゴリーに出場する日本代表選手を選考するに当たり、2015年3月9日のタイムトライアルで1位となったクルーと、同月10日の最終選考レース（以下、「本レース」）で1位及び2位となったクルーの計6名を代表選手に決定するとの選考基準を告知していた。当該告知の内容に従って行われた本レースでX1及びX2のクルーが2位となり、Y強化委員会は、同月10日にX1及びX2を代表に選考する決

定（以下、「Y強化委員会決定」）をなした。

　しかし、本レースで3位となったCクルーは、本レースにおいてX1及びX2のクルーとCクルーとの間で接触やレーン侵害が発生したと主張し、かつ、本レースは主審不在の中実施されたために、主審の取るべき対応が何ら取られないまま、着順どおりに順位が決定されたものであり、その結果を基に申立人らを代表選手に選考するY強化委員会決定は取り消されるべきであると主張して、Y強化委員会決定の全部の取消しを求めて、Y裁定委員会に対して裁定を申し立てた（本裁定手続にX1及びX2は補助参加）。

　Y裁定委員会は、資格を有する審判が伴走車に乗っており、同様の形態で行われた他のレースが特段の問題なく終了していること等から、Cクルーによる主審不在との主張は認めなかったが、本レースの記録映像等を検証の上、本レース中に、DクルーがCクルーのレーンを侵害し、DクルーとCクルーのオールが極めて接近もしくは交錯したという事実を認定し、それらの事象が原因でCクルーの切込みや艇の停止が発生し、正常なローイングが阻害されているため、本レースの結果は、選考資料としての価値を大きく減殺され、本レースのゴール順をそのまま代表選考の資料、それも唯一かつ絶対の資料とすることは極めて不適切・不適当であるとして、Y強化委員会決定のうち、X1及びX2を代表選手にするとの部分を取り消した（以下、「第1号裁定」）。

　この裁定委員会の裁定を受け、Yの業務執行会議は、2015年4月17日、すでに決定している2クルー（4選手）以外は代表選手として選考しないことを決定した（以下、「本件4月17日付選考決定」）。

　これに対してCクルーは、本件4月17日付選考決定の取消しと、DクルーとCクルーの再選考レースの実施等を、一方、X1及びX2は、本件4月17日付選考決定の取消しと、Y強化委員会決定のとおりX1及びX2を代表選手に選考すること等を求めて、それぞれ裁定委員会に裁定の申立てを行った。Y裁定委員会は、Cクルーの申立て内容を全面的に認め再選考レースを命ずる裁定を出し（以下、「第2号裁定」）、X1及びX2の申立てについては、本件4月17日付選考決定を取り消すものの、X1及びX2を代表選手に選考するとの申立ては棄却する裁定を出した（以下、「第3号裁定」）。

　そこで、X1及びX2は、第1号裁定のうち、2015年3月10日になされ

たY強化委員会決定を取り消すとした部分、第2号裁定のうち、DクルーとCクルーとの再選考レース等を命じる部分、第3号裁定のうち、Y強化委員会決定のとおりX1及びX2を代表選手に選考せよとの申立てを棄却した部分につき、それらの取消しを求めて、本仲裁を申し立てた。

(3) 仲裁手続の経緯

2015年5月18日、X1及びX2は、公益財団法人日本スポーツ仲裁機構（以下、「機構」）に対し、本仲裁を申し立てた。翌19日、機構は、スポーツ仲裁規則（以下、「規則」）第15条第1項に定める確認を行った上、同条項に基づき申立人の仲裁申立を受理した。同月21日、下條仲裁人を仲裁人長とする、本件スポーツ仲裁パネルが構成された。同年6月1日、東京において審問が開催された。両当事者から冒頭陳述がなされた後、本件スポーツ仲裁パネルから両当事者に主張内容の確認がなされた。審問期日において、申立人は、機構に対し、主張書面を提出した。また、本件スポーツ仲裁パネルから、両当事者は当日中に追加の主張及び書証があれば提出をすることが確認された。同日、申立人は、機構に対し、主張書面、証拠説明書、書証を提出した。本件スポーツ仲裁パネルは、主張及び書証の提出期限の経過に伴い、審理を終結した。同年6月4日に本件スポーツ仲裁パネルから仲裁判断（X1及びX2を代表選手とするY強化委員会決定が有効など）が示された。なお、Y裁定委員会が諸規則に則った対応をしていれば、X1及びX2が本件申立てに及ぶことはなかったとして、申立料金はYの負担とする判断をした。

3 争点

本件の争点は、以下のとおりである。

(1) 争点1（本案前の答弁）—X1及びX2は本件スポーツ仲裁パネルに申し立てができる立場にあったか

Yは、X1及びX2が取消しを求めている第1号裁定及び第2号裁定はすでに確定しており、また、これらの裁定手続の当事者ではなかったX1及び

X2が不服を申し立てうる地位にはそもそもないと主張して、第1号裁定と第2号裁定のそれぞれ該当部分の取消しを求める申立ては却下されるべきと主張した。

(2) 争点2―第1号裁定は有効であるか否か
　Yは以下のように主張する。

　本レースは競漕規則上定められていない「伴走車」に乗った主審による判定が行われており、本レースの運営は、極めて不適切・不公平な方法で行われ、それにより代表選考の資料となる試合の結果が変わる場合には、競技中の審判の事実認識に関する判断も許される場合がある。また、第1号裁定は、資料価値を評価したに過ぎないのであり、レースの着順を変更したり、Dクルーに対して競漕除外等の措置を採ることを命じたりするものではないから、審判の判定に踏み込むものではない。さらに、本レースが伴走車による審判の方法の事前告知も不十分であったし、仮に、参加者に事前周知されていたとしても、参加者は競技団体が定めた運営方法に一方的に従わざるを得ないのであるから、伴走車による審判方法を正当化できない。また、Cクルーは上陸前のアピールは行っていないものの、審判は、「伴走車」から、正確に目視できずに判断しているのであって、選手からアピールがあったとしても正確に判断できなかったことには変わりなく、また、そもそも審判はレース中に何も判断をしていないのであるから、Cクルーはアピールのしようがなかったし、主審は、規則に則ったアピール確認方法を採っていない。これらの事情を考慮すれば、第1号乃至3号裁定は維持されるべきである。

(3) 争点3―審判の判定に対する事後的判断の可否（不適切な試合の運営による代表選考でよいか）
　Yは以下のようなCクルーの主張を援用している。

　代表選考の資料となる試合の運営が（故意もしくは重過失により）極めて不適切・不公平な方法で行われ、その不適切な試合運営により代表選考の資

料となる試合の結果が大きく変わることになれば、競技者は救済されないばかりか、代表選考の目的からも大きく逸脱し、不合理極まりない。

(4) 争点4―ビデオ判定の可否
　Y裁定委員会は、第1号裁定事案の際、侵害・接近・交錯等の有無を判断するための資料として、記録映像を用いて、詳細に本レースの内容を検討していたことが伺えるとして、本件スポーツ仲裁パネルは問題視した。また、Yは、審問においてビデオ判定を禁じる規定はない旨述べている。

(5) 争点5―ローカルルールの適用
　Yは、本レースは競漕規則上定められていない「伴走車」に乗った主審による判定が行われており、本レースの運営は、極めて不適切・不公平な方法で行われ、それにより代表選考の資料となる試合の結果が変わる場合には、競技中の審判の事実認識に関する判断も許されるべきであるというCクルーの主張を援用している。

(6) その他の争点
　Yが援用するCクルーによる意見書では、Cクルーは上陸前のアピールは行っていないものの、そもそも審判がレース中に何も判断をしていないのであるから、アピールのしようがなかったとの意見を述べている。

4　仲裁判断

(1) 争点1について
　X1及びX2は、第1号裁定及び第2号裁定により、自らの代表選手としての立場を失うという直接的な影響を受ける者である。よって、スポーツ仲裁規則第2条第1項にいう「決定に不服がある競技者等（その決定の間接的な影響を受けるだけの者は除く。）」に該当することは、明らかである。
　Yの決定等を取り消すY裁定委員会の裁定判断に関し利害関係を有する者は、その裁定判断の当事者に限られるわけではないところ、そのような利害

関係人に不服申立権が認められないのでは、手続保障に欠け、制度設計として妥当ではない。

(2) 仲裁判断の基準
　本件スポーツ仲裁パネルは、本案について判断するにあたり、第1号裁定によりY強化委員会決定が覆らなければ、第2号裁定及び第3号裁定もあり得なかったのであるから、まず、第1号裁定の当否を判断するとした。そして、本案の判断を行う冒頭で、その判断基準を以下のように明示した。
　「当機構における過去の仲裁判断では、『①国内スポーツ連盟の決定がその制定した規則に違反している場合、②規則には違反していないが著しく合理性を欠く場合、③決定に至る手続に瑕疵がある場合、または④国内スポーツ連盟の制定した規則自体が法秩序に違反しもしくは著しく合理性を欠く場合において、それを取り消すことができる』との判断基準が示されており、本件スポーツ仲裁パネルも基本的にこの基準が妥当であると考える。よって、本件においても、上記基準に基づき判断する」とした。

(3) 争点2について
　1) Yの裁定委員会規定には、「競技中になされた審判の判定」は裁定の対象とはならないことが明記されている（裁定委員会規定第2条）。また、Yの競漕規則によれば、「主審は、競漕中、各艇の漕跡の正当性を判断し、接触または妨害の場合、その責任の帰属を即座に決定しなくてはならない。この決定は主審だけが行う」（Y競漕規則第40条）、「競漕に関するものである限り、審判の決定は最終とし提訴は認められない。又、いかなる時点においても、審判の決定に対する批判は許されない」（同第63条）と明記されている。

　2) 第1号裁定の内容は、本レースの記録映像を検討するなどしてDクルーにレーン侵害等があったという事実認定をした上で、主審には事実誤認があり、対応も不十分であったとの認定をしているのであって、結局、第1号裁定は「競技中になされた審判の判定」の領域に踏み込んで判断を行っていることに他ならない。したがって、第1号裁定は、Y自身が定めた裁定委員会

規定にも、競漕規則にも反したものであり、上記「①国内スポーツ連盟の決定がその制定した規則に違反している場合」に該当している。したがって、第1号裁定は取り消されるべきである。

3) この点につき、第1号裁定は本レースの資料価値を評価したものであって、同レースの着順を変更するものではないとしており、Yもそのように主張する。しかし、Yは本レースで上位の2クルーを代表に決定するとの選考基準を、事前に決定し公開しているのであり、この選考基準は、本レースの着順のみに基づいて代表選考をするといういわば一発勝負による選考である。したがって、本レースの着順自体に変更がないとしつつ、2位であった申立人らの代表選考を取り消すとした第1号裁定は、Yが事前に決定し公開していた選考基準にも反するものである。そして、Yが事前に決定・公表していた本件の選考基準は、国内スポーツ連盟の制定した規則に含まれると解される（参考：JSAA-AP-2004-01)。したがって、この点においても、上記「①国内スポーツ連盟の決定がその制定した規則に違反している場合」に該当することとなり、第1号裁定は取り消されるべきである。

(4) 争点3について

1) 審判が、例えば買収等により悪意をもって不誠実な判定をしたような場合には、例外的に審判の判定の適否に事後的な審査機関が踏み込んで判断する必要があることは否定できないが、そういった特殊な事情がない限り、審査機関が試合中の審判の処分に立ち入った判断をすべきではない（参考：略）。Yの裁定委員会規定第2条や当機構のスポーツ仲裁規則第2条第1項も同様の趣旨と解することができる。本件においては、審判が悪意をもって不誠実な判定をしたような事情は、当事者から一切主張されておらず、両当事者から提出された証拠からもそのような事情は一切伺われない。

2) また、本レースで主審が審判艇ではなく、伴走車に乗って審判をすることで、審判艇から見るよりも見えづらい、あるいは見落としやすい部分があるとしても、そのことによって特定の競技者に有利な（あるいは不利な）

状況が作出されたことはない。そもそも、原則どおり主審が審判艇に乗って審判をした場合であっても、見落としや判断ミスの可能性が完全になくなるわけではないが、その点も踏まえて、Yの裁定委員会規定や当機構のスポーツ仲裁規則は、「審判の判定」には踏み込まないとしているのである。よって、本件においても、審判の判定を審査の対象とすることはできない。

3) 以上の理由から第1号裁定が取り消されることにより、X1及びX2を代表選手に選考するY強化委員会決定の効力は維持されることになる。また、第2号裁定のうち、Y強化委員会決定が取り消されることを前提として代表選手を選考するための再レース等を命じる部分も取り消されることになり、さらに、第3号裁定のうち、Y強化委員会決定のとおり申立人らを代表選手に選考することを求めたX1及びX2の申立てを棄却した部分も取り消されることとなる。

(5) 争点4について

ビデオ判定を禁じる規定がないことをもって、それが無制限に許されると解することはできず、むしろ、ビデオ判定を許容する旨の規定がないことは、ビデオ判定を許容していないと解される。競漕規則第62条において、審判への異議はやむを得ない場合を除き、上陸前にすべきであると定めている趣旨から考えても同様の結論に至る。仮に、画像による事後の検証を無制限に認めると解すれば、まさにX1及びX2のいう「法的安定性」や「円滑なスポーツの運営」を害することになる。

(6) 争点5について

競技規則の一部を変更して適用するルール（以下、「ローカルルール」）は、一定の条件の下では許されると考えられる。ローカルルールの適用が許容されるためには、少なくとも参加者全員にローカルルールの事前周知がなされていること（参考：JSAA-AP-2004-002）に加え、すべての競技者にとって条件が平等であること、ローカルルールによる変更が競技の本質や規則上の強行規定（選手の安全面）などに変更を加えるものでないことが最低限必要であると解する。

本レースにおいては、伴走車を用いることや審判へのアピール方法については、C大学の代表者も出席していた2015年3月8日の代表者会議で参加者へ事前の説明があり、同年3月9日、10日にも同様の内容を告知するトラフィックルールの掲示があったことが、申立人が提出したトラフィックルール、他団体監督の陳述書、C大学所属 Eの第1号裁定での証言内容の反訳書、本件スポーツ仲裁パネルの2015年5月28日付照会に対するYの回答書等から認定できる。また、主審が伴走車に乗っていることでCクルーのみが不利益を被るわけではなく、また競技の本質や選手の安全面を損なうような変更がなされているわけでもない。しかも、審判艇ではなく、主審が伴走車に乗って伴走するという形態は、同年3月9日から同月12日までに行われた他のレースでもとられており何ら問題がなくレースが終了している上、YによればYが主催した最近の競技会においては、審判艇を用いず陸上にいる審判が判定を行う形態の方が多く行われていたことが認められる。
　これらの事情を考慮すると、審判車から審判が判定を行うというローカルルールに問題はなく、本レースの運営が不適切・不公平な方法で行われているとはいえない。

(7) その他の争点
　漕艇表の記載から、主審は、侵入や接触・妨害の危険を認識した上で数回警告を発して、レースを続行するとの判断を下していることが認められ、これはレースの中止や一部クルーの除外をせずに最後まで本レースを続行するという主審の決定に他ならないのであって、審判がレース中に何も判断をしていないというCクルーの認識は事実に反する。また、同意見書には、異議申立ての有無は審判が各クルーに確認すべきであるが、本レースでは主審が各クルーに対してアピールの確認をしなかった旨の記載があるが、その点は、事前に「アピールがある場合には移動車に向かって挙手してください」との、ローカルルールが事前周知され、適用されていた以上、その特別ルールが優先されるのであり、また、Cクルーがそのようなアピールを行うことが不可能又は困難であったとの事情も伺われないから、Yの主張は採用することができない。

5　解説

(1) 審判の判定をめぐる事例

　審判の判定をめぐる争訟は、これまでにあまり見られないが、アテネ五輪・男子体操（個人総合）での採点ミスで、韓国チームがスポーツ仲裁裁判所（CAS）に提訴した例がある[1]。最近、我が国でも審判の判定をめぐる争いが起こった。2015年11月29日に愛知県豊橋市で開催された女子バスケットボールWリーグのシャンソン化粧品対デンソー戦で起こった。53対53の同点で迎えた後半に、試合終了のブザーが鳴った。しかし、その直前に審判（副審）のファウルの笛が鳴ったかに聞こえた。主審はその試合の終了を告げた。シャンソン側から、ファウルの笛の方が早かったという抗議がなされていたが、受け入れられなかった。ファウルが先となれば、シャンソン側にフリースローが与えられ、この時点でシャンソン側が勝利を得る可能性があった。試合は、延長戦に入り、結局デンソーが61対59で勝利した。シャンソン側は、後日、名誉を傷つけられたとして、主審に対して3,000万円の損害賠償及び新聞への謝罪文掲載を求めて訴訟を提起した[2]。当該訴訟は、2016年2月23日にシャンソン化粧品側が静岡地裁への提訴を取り下げている[3]。その後も、シャンソン化粧品側は、第三者委員会調査報告で「審判に不正な意図は認められなかった」などとされたことに対し、意見書をWリーグに提出している[4]。

(2) 日本ボート協会（Y）が関係した仲裁事案

　Yがかかわるスポーツ仲裁は、過去に1件ある[5]。2012年2月3日に、T選手が、ロンドン五輪アジア最終予選に出場する軽量級ダブルスカル代表選考会（2011年11月開催）で補欠となった結果を不服として、Yに再選考を求めて機構に仲裁を求めた。Yは仲裁の応諾を決定し、機構で審理が行われた。T選手の主張が一部認められ（JSAA-AP-003仲裁判断）、結局再選考レースが実施され、T選手・U選手ペアが勝利し、ロンドン五輪アジア予選代表として出場することとなった[6]。本件は、上記事案と同じく代表選考について争われたものであるが、審判の判定に対する事後的判断の可否が問題とされた点で異なる。

(3) 本案前の答弁について
　X1及びX2は、当仲裁判断が示しているように、「X1及びX2は、第1号裁定及び第2号裁定により、自らの代表選手としての立場を失うという直接的な影響を受ける者で、・・・そのような利害関係人に不服申立権が認められないのでは、手続保障に欠け、制度設計として妥当ではない」ことから異論の無いところであろう。

(4) 審判の判定に関する仲裁判断
　争点2～4については相互関連するので、一括して論ずる。

　1) 初めての判断
　これまでの仲裁判断では、審判の判定が争点となったケースは見当たらない。したがって、本件スポーツ仲裁パネルは、審判の判定の取り扱いに関する初めての仲裁判断として注目される。前記女子バスケットボール試合(シャンソン対デンソー戦)の場合のように、先例的役割を果たすことになる。

　2) 本件スポーツ仲裁パネルの立場の整理
　競技中の審判の判定に関する本件スポーツ仲裁パネルの立場を、本件仲裁判断を基に整理すれば次のようになる。すなわち、例外的に審判の判定の適否に事後的な審査機関が踏み込んで判断する必要がある特殊な事情(例えば審判が買収等により悪意をもって不誠実な判定をしたような場合)がない限り、審査機関が試合中の審判の処分に立ち入った判断をすべきではない。そもそも、審判の見落としや判断ミスの可能性が完全になくなるわけではなく、その点も踏まえて、Yの裁定委員会規定第2条(「但し、決定等のうち、競技中になされた審判の判定・・・に関するものは除く」)や当機構のスポーツ仲裁規則第2条第1項(「(競技中になされる審判の判定は除く」)は、「審判の判定」には踏み込まないとしているのである。
　このように競技団体の自立性・自律性を重視するスタンスは、スポーツ仲裁判断の従来の立場を踏襲するものであり、基本的には妥当である。しかし、仮に当該競技団体が、審判の判定にまで踏み込まない旨の明文規定を持たな

い場合にはどのようになるのか、不透明さが残る。前述の立場からすれば、明文規定は無くとも審判の判定には特殊な事情がない限り踏み込めないということであろうか。

また、仲裁判断は「例外的に審判の判定の適否に事後的な審査機関が踏み込んで判断する必要がある特殊な事情」の一例として「審判が、…買収等により悪意をもって不誠実な判定をしたような場合」を掲げるが、このようなケースは、判定の適正・不適正（審判の判定）ではなく、むしろ「買収等」が主たる判断（調査）の対象となり、かつ試合そのものが不成立（無効）として考えるべき事案ではないか。

さらに、争点4では、本仲裁判断は、Y裁定委員会が、Dクルーの侵害などの有無を判断する際に「記録映像」を用いたことがうかがえるとして、「ビデオ判定を禁じる規定がないことをもって、それが無制限に許されると解することはできず、むしろ、ビデオ判定を許容する旨の規定がないことは、ビデオ判定を許容していないと解される。……仮に、画像による事後の検証を無制限に認めると解すれば、……『法的安定性』や『円滑なスポーツの運営』を害することになる」との判断を示している。本仲裁判断が事後的判断を認めないという基本的方針を立つ以上、このようなことは望ましくないこととなる（撮影自体を禁じているのではない）。

3）限りなく適正な判定を求めて

審判の判定には踏み込めないとの明文規定があったとしても、他方で、適正な審判の判定は、スポーツ選手への公正さや競技の面白さなどを確保するためには、可能なかぎり追求されるべきものである。競技に支障の無い範囲でビデオなどによる確認は、適正な判定を確保し、また選手の判定に対する信頼度を増すこととなる。

審判の誤判定を防ぐための工夫としては、これまでにルールの改正など様々な改善が試みられてきた。主審の他に副審がいれば審判団で協議する方法、ビデオ判定（プロ野球のホームラン判定、サッカーでは欧州サッカー連盟（UEFA）は、2016年6月に開催される欧州選手権決勝トーナメントに、ゴール判定を補助する映像解析技術「ホークアイ」を導入[7]）、チャレンジ制

度（テニス、バレーボールなど）、追加副審判の導入（日本サッカー協会は、2016日2月24日に、同年のJ1チャンピオンシップなど一部の試合で追加副審を導入すると発表[8]）などがある。しかし、それでも誤審はある。ビデオ判定でも誤審はある。2015年9月12日の阪神対広島戦で、本塁打性の飛球をビデオ判定でフェンスを越えていないとして3塁打としたが、試合後、広島側が日本野球機構にビデオ映像の検証を求めたところ、打球がフェンスを越えていたことが判明した[9]。

(5) 本件にみる競技団体組織のガバナンスの問題

　本件の当事者であるYでは、最近、2013年2月に代表選考などで紛争が生じた場合の内部的解決にあたる裁定委員会を設けた。これは、前記ロンドン五輪予選男子軽量級ダブルスカルの代表選考を巡って、Yに裁定を仰ぐ事態が生じたため、自浄作用強化を目的としたものである[10]。本件スポーツ仲裁パネルでは、裁定委員会の判断が争われたが、裁定委員会制度自体はスポーツ団体の自立性・自律性を保持する手法の一つとして有用なものである。本件の結果から裁定委員会制度の存在意義を否定することにはならない。しかし、本件において、裁定委員会の判断は、C大学クルーの主張に引きずられる形になっており、冷静な対応ができていなかったような印象を受ける。本件スポーツ仲裁パネルを契機に、今後、裁定委員会制度をいかに有効活用するかが一般的に議論されてしかるべきである。競技中の審判の判定に関していえば、他の競技団体の裁定委員会にあっても、本件スポーツ仲裁パネルの判断を踏まえた適切な運営が望まれる。

　また、業務執行会議についても、軽々に裁定委員会の裁定（第1号裁定）を受けて、当初の選考基準と異なった選手選考（既に代表に決定している2クルー以外は代表選手としないとの決定）を行っている。常識的に考えても許容されないことが明らかであることを行っている。

　このように、本件は、競技団体のガバナンスの問題として大いに参考（反面教師）となる事案でもある。

(6) 結び

　本件スポーツ仲裁パネルによれば、競技中の審判の判定については裁定等の対象にならない旨の規定があれば、原則として、当該団体も機構も関与できないということになる。前述した女子バスケットボールの試合での審判の判定をめぐる争いについても、機構への申立てが検討されたであろう。スポーツ仲裁判断を仰がず、損害賠償請求訴訟に至った背景には、このような本件スポーツ仲裁パネルの基本的立場が少なからず影響しているものと推測される。

　なお、本仲裁判断は、審判の判定に関してのみならず、それにかかわるビデオ判定の可否やローカルルールの適用についても付言しており、今後の同様な事案の解決に参考となる。

【注】
(1) 毎日新聞 2005 年 10 月 11 日。
(2) 2016 年 1 月 26 日スポニチ（デジタル）。
(3) 2016 年 2 月 24 日読売新聞（朝刊）。
(4) 2016 年 5 月 25 日読売新聞（朝刊）。
(5) http://www.jsaa.jp/award/index.html（2016 年 9 月 22 日）。JSAA-AP-2011-003 仲裁事案。
(6) 2012 年 4 月 6 日読売新聞（夕刊）。
(7) 2016 年 4 月 20 日朝日新聞（夕刊）。
(8) 2016 年 2 月 25 日日本経済新聞（朝刊）。
(9) 2015 年 9 月 15 日朝日新聞（朝刊）。
(10) 2013 年 2 月 26 日読売新聞（朝刊）。

【スポーツ仲裁評釈】

JSAA-AP-2015-004 仲裁判断
（テコンドー）について

石 堂 典 秀
（中京大学）

1 事件の概要

(1) 事件の概要

　Xは、特定非営利活動法人A県テコンドー協会（以下、「A県テコンドー協会」）の会長であり、Yの正会員であったが、2015年5月25日に開催されたYの総会（以下、「本件総会」）の終了時をもって正会員の地位が消滅した。Yは、テコンドー競技を統括し、これを代表する団体として、公益財団法人日本オリンピック委員会（JOC）の加盟団体であって、規則第3条第1項に定める「競技団体」である。

　2014年11月1日にYの定款附則第9項（以下、「本件定款」）が改正され、2015年4月1日以後に引き続き加盟団体となろうとする場合には、同日から2ヵ月以内にYの所定の申請書等（本件定款第41条第1項）をYに提出し、同項の承認を得なければならないものとされた。また、Yの正会員となるためには加盟団体の推薦が必要とされているため、本改正に伴う、正会員の資格の有効期間は、2015年4月1日から2ヵ月以内に開催する正会員総会の日までとなった。A県テコンドー協会は、2015年4月30日頃、Y加盟団体として承認を受けるために、加盟審査に必要な資料を提出した。また、同協会は、XをYの正会員に選任するよう求めて、正会員選任届をYに対して提出した。同年5月8日に行われたY理事会において、A県テコンドー協会が提出した資料では、加盟団体規程に掲げる認定要件（加盟審査に必要な30名以上の

会員の登録に必要な書類）を満たしていることが確認できないとして、A県テコンドー協会の加盟の承認が留保された。また、XがA県正会員になるためには、A県テコンドー協会の推薦が必要となるところ、同協会が加盟団体として認められていないことを理由として、その承認についても保留された。その後、Yは、A県テコンドー協会に対して、承認保留決定の内容を知らせるとともに、加盟審査に必要な書類一式の提出を求めたが、Xは、かかる書類を提出しなかった。そのため、Yは、2015年5月25日に本件総会において、本件加盟申請及び本件正会員選任申請に関して、いずれも承認を保留した。Xは、本件保留決定によって、正会員としての承認を得られなかったことから、本件総会の終了時をもって正会員としての地位が消滅した。

そのため、XはYの正会員を留保する決定の取消し等を求めたものである。これに対し、仲裁パネルは、Xには仲裁適格がないことを理由にいずれの請求も却下した。

(2) 仲裁手続の経過

Xは2015年6月3日に本件仲裁申立てを行い、スポーツ仲裁機構（以下、「仲裁機構」）は、6月5日、本件仲裁申立てを受理した。6月15日、仲裁機構は、本件事案に緊急性が認められると判断し、規則第50条第1項に基づき緊急仲裁手続へ移行することを通知した。6月19日、本件スポーツ仲裁パネルが構成された。6月22日、X及びY双方が準備書面、書証、証拠説明書等を提出した。6月23日、東京において審問が開催され、6月24日、本件スポーツ仲裁パネルは審理を終結し、仲裁判断を両当事者に通知した。

2 請求の趣旨・当事者の主張

(1) Xの請求の趣旨
  (1) 2015年5月25日に開催されたYの平成27年度第1回正会員総会でYが行った、XをYの正会員とすることを保留する旨の決定を取り消す。
  (2) YにおいてXをYの正会員として認める旨の決定をする。
  (3) Yにおいて、Yの正会員たるXの推薦により、XがYの理事候補者

として、Yが定めるBブロックから選出することを認める旨の決定をする。
(4) Yにおいて、Yの個人会員への登録申請に際して、会員である選手の住所の不提出を認める旨の決定をする。

(2) Yの主張
(1) Yは以下の理由を挙げ、Xの請求についていずれも却下または棄却を求めた。
① 本件申立ての実質はA県テコンドー協会のYに対する不服であり、Xは、当事者適格を欠く。
② Xは、規則第3条第2項に定める「競技者等」に該当しないため、本件申立ては、規則に基づくスポーツ仲裁に該当する紛争にあたらない。
③ Xが本件申立てで問題としている承認保留を伝えた書簡（「会員（個人会員）の登録について」）は、依頼文書にすぎず、規則第2条第1項に規定する「決定」に該当しない。
④ 承認保留を伝えた書簡（「会員（個人会員）の登録について」）は、YがA県テコンドー協会に対して宛てた文書であり、Xは「決定」を受けた者ではない。
(2) 仮に上記の主張が認められない場合でも、YはXの請求は棄却されるべきであるとした。その理由として以下の事由を挙げている。
① Yが定めた申請書類の会員となる個人の情報を不提出とすることを認めることは、加盟団体がその認定要件を満たしているか否かを確認できないだけでなく、スポーツ団体として適正な会員管理等を不可能にするものであり、Xの請求は失当である。
② YはXを正会員とする承認を保留しているだけであり、不当に拒否しているものではない。
③ Xはブロックからの役員の候補者として推薦されていないため、理事とすることはできない。
(3) いずれの場合も仲裁費用は申立人の負担とする。

3 仲裁判断

(1) 仲裁適格の有無

スポーツ仲裁規則第2条第1項が「この規則は、スポーツ競技又はその運営に関して競技団体又はその機関が競技者等に対して行った決定（競技中になされる審判の判定は除く。）について、その決定に不服がある競技者等（その決定の間接的な影響を受けるだけの者は除く。）が申立人として、競技団体を被申立人としてする仲裁申立てに適用される」と規定しており、同規則はスポーツ仲裁における仲裁適格を定めている。したがって、申立人が「競技者等」でなければ、かかる仲裁の申立ては、規則第2条第1項のもと、仲裁適格を欠くものとして却下されることになる。

この点に関して、Y側が、請求の趣旨 (1) から (4) について、①Xが申立権限者たる「競技者等」に該当しないこと、②上記各請求の対象が規則に基づくスポーツ仲裁の対象となるべき「決定」（規則第2条第1項本文）に該当しないことを理由として、本件申立ては却下されるべきと主張していることから、本件仲裁パネルでは、以下のような順序で審理を進めていくことが確認された。

「まず、本件申立てにおいて、①申立ての主体に関する仲裁適格の有無、すなわち、申立人が規則に基づくスポーツ仲裁の申立権限を有する『競技者等』に該当するか否か検討し、かかる『競技者等』に該当することが認められた場合に、②申立ての客体に関する仲裁適格、すなわち、請求の趣旨 (1) から (4) の対象が規則に基づくスポーツ仲裁の対象となるべきYの『決定』に該当するか否かを検討することとする」として、請求の趣旨 (1) から (4) において、まずXの仲裁適格の有無が検討されることになった。

(2) 請求の趣旨 (1) 及び (2) について

請求の趣旨 (1) 及び (2) については、「XがYの正会員たる地位に基づく請求である」ため、「Yの正会員たるXが『競技者等』に該当するか否かが問題となる」として、両者を併せて検討する。

まず、仲裁規則第3条第2項によれば、「競技団体の評議員、理事、職員

その他のスポーツ競技の運営に携わる者」は、「競技者等」から除外されているとして、正会員としてのXは、Yの定款上「一般社団法人法」上の社員に該当し、社員総会たる本件総会の構成員となり、本件総会において、Yの組織、運営、管理等の重要事項について決議をすることができるため（本件定款第16条）、「競技団体の評議員、理事、職員」に準じた「スポーツ競技の運営に携わる者」に該当するとした。したがって、請求の趣旨（1）及び（2）との関係では、Yの正会員たるXは、「競技者等」には該当しないと判断し、請求を却下した。

そして、仲裁パネルは、「かかる結論は、規則第3条第2項において「競技団体の評議員、理事、職員その他のスポーツ競技の運営に携わる者」が「競技者等」から明示的に除外された趣旨に照らしても妥当である。」として、日本スポーツ仲裁機構「『スポーツ仲裁規則』及び『スポーツ仲裁に関する日本スポーツ仲裁機構の事務体制に関する規程の改正の件』」（2013年8月20日）を引用する。その中で、規則第3条第2項において「競技団体の評議員、理事、職員その他のスポーツ競技の運営に携わる者」が仲裁適格から除外された理由として、次の3点を挙げている。

①規則が、いわば上下関係にある者の間で、上位者がした決定により不利益を受ける下位者によって申立てられることを前提としていること
②競技会への選手選考のような、法律上の争訟に該当せず裁判所では争うことができないと考えられ、仮に争うことができたとしても、競技会までの時間が限られており、裁判所の判断を待っていては求める救済内容を実現できないという実情から、スポーツ仲裁制度を設ける必要があったこと
③他方、団体役員の間での理事会等の決議をめぐる争いは、いわば上下関係にある者の間の紛争ではなく、また、法人の理事会等の決議であれば、決議取消しの訴えを裁判所に提起することが可能であり、そのような争いのためにスポーツ仲裁制度を用意する必然性はないと思われること

その結果、本件では「本件総会という被申立人の最高意思決定機関の構成員たる正会員と被申立人の関係は、被申立人を上位者、正会員を下位者とする関係にはなく、しかも、請求の趣旨（1）の原因となる本件保留決定につい

ては、Xも正会員として出席した本件総会における決議であるから、そこに上下関係という要素が存在しないことは明白であり、更に、本件保留決定については、社員総会決議取消しの訴え（一般社団法人法第266条第1項）を裁判所に提起することが可能なのである」として、Xの請求を却下した。

(3) 請求の趣旨 (3) について

Xは、自身がYの理事候補者として選出されることを認める旨の決定するように求めたのであるが、Yにおける理事候補者の推薦方法に関して「役員推薦規程」第2条第1項が以下のような規定を定めていた。

「第2条 北海道及び東北、北関東、南関東（東京都を除く。）、北信越、東京都、東海、近畿（大阪府を除く。）、大阪府、中国及び四国並びに九州（以下、この項において「各ブロック」という。）の定款第40条に規定する加盟団体（以下、「加盟団体」という。）は、各ブロックごとにそれぞれ1名を理事候補者として推薦することができる」。

そのため、Xは、Bブロックからの理事候補者として、Yの正会員たるX自身の推薦により、Xを選出することを求めたものである。仲裁パネルは、正会員であるXがそもそも「競技者等」には該当しないことを理由にスポーツ仲裁の申立権限はないとしてXの請求を却下した。

(4) 請求 (4) について

Xは、A県テコンドー協会に所属する選手の個人会員への登録申請に際して、住所の記載を不要とすることを求めた。このような請求の背景には以下のような事情があった。

Yへの加盟団体（本件定款第40条）となるための申請を行うにあたり、「加盟団体規程」第3条第2項第3号が「3か所以上の参加道場等（当該3か所以上の参加道場等における当法人の会員の合計が30名以上の場合に限る。）を有している」ことという要件を定め、さらに、「会員規程」が個人会員にY所定書類に住所を記載することを求めていた。そのため、Xは、A県テコンドー協会に所属する選手の個人会員資格申請においては、住所の記載を不要とするよう求めた。

この点に関して、仲裁パネルは、この問題は、XがA県テコンドー協会の代表者として、A県テコンドー協会をYの加盟団体として加盟申請すること（本件加盟申請）に付随する請求といえるとして、A県テコンドー協会の代表者たるXがスポーツ仲裁規則第3条第2項の「競技者等」に該当するか否かが問題となるとした。

そして、この点に関し、仲裁パネルは、A県テコンドー協会の代表者たる地位は「競技者等」に該当しないと判断した。その理由として、規則第3条第2項のいう「競技者等」とは、「スポーツ競技における選手、監督、コーチ、チームドクター、トレーナー」であり、Xはこのいずれにも該当しないことは明白であると。また、「その他の競技支援要員」にもXは該当しないと判断された。すなわち、同条の趣旨から、「競技者等」とは、「競技者を中心として、スポーツ競技自体に自ら又は競技者を通じて関与する者」をいうと解すべきであり、A県テコンドー協会の代表者という地位は組織運営者であり、かかる「競技者等」に該当しないと判断し、Xの請求を却下した。

4　解説

(1) 仲裁判断の前提となる事実

本件仲裁以前にもXとYとの間では紛争があり、訴訟に持ち込まれた経緯がある。

2011年4月28日に、YからXに対して、1年間の資格停止処分とともに、「①本協会及び都道府県支部主催の諸行事への参加、出席及び国内テコンドー関係者との接触、②JOC関係者との接触、③世界テコンドー連盟、アジアテコンドー連盟主催行事への参加、出席及び関係者との接触」に関する禁止措置が通知された。

その後、同禁止措置に違反したという理由でYは、2012年1月12日にXを正会員から除名した（以下、「本件除名処分1」）。さらに、2013年4月16日には、Yは、XがY所属のc選手及びその父であるdに対し、同選手がXの勧めた進路に進まないことに立腹し、「お前と娘をつぶす。」などと連呼して脅迫したことを理由にXを除名する旨の処分（以下、「本件除名処分2」）

を行った。Xは、これら除名処分が無効であること等を主張して、東京地方裁判所に訴えを提起した（東京地判平成26年4月14日TKC/DB登載）。

裁判所は、本件除名処分1については、Yの定款上、除名をする場合には、その会員に対し議決の前に弁明の機会を与えなければならない旨が定められている（本件定款第11条）ところ、本件除名処分1に先立ちXに対し弁明の機会を与えなかったとして、同処分を違法と判断した。

本件除名処分2については、本件定款第10条第1項において除名事由が規定されており、「法人の名誉を傷つけ又は信用を失墜させる行為をしたとき」「法人の目的に違反する行為があったとき」、「その他の正当な事由があるとき」とそれぞれ定めている。「法人の名誉を傷つけ」る行為については、Xのdに対する発言等は団体内部における問題であるとして、外部的評価を低下させる行為には当たらないと判断した。また、「法人の目的に違反する行為」についても、この文言自体が極めて曖昧で漠然としたものであり、法人の目的の実現を阻害したことに該当するかどうか不明であるとされた。さらに、「その他の正当な事由があるとき」という文言についても、それ自体抽象的な定めであるから、除名がYの会員の資格を喪失させ、総会における議決権を喪失させるという極めて重大な処分であることに鑑み、会員の行為によってYの正当な業務に重大な支障を生じさせたことなど、除名という法的効果に相応する事情を指すと解するほかないところ、Xのdに対する上記発言等は、これによってYの正当な業務に重大な支障が生じる等、除名という重大な法的効果に相応したものとは認め難いから、「その他の正当な事由があるとき」という要件に当たるともいえないとして、本件除名処分2は、定款所定の除名事由を欠くものであるから、無効と判断した。また、その後、控訴審（2014年9月24日）でもXの訴えが認められる旨の判決が言い渡され、同判決が確定した。

団体の内部者に対する発言が「法人の名誉」を傷つけることにはならないとの判旨には若干疑義も生ずるが、いずれにせよ、Yは敗訴し、同年11月に本件定款の改正が行われた。

(2) 仲裁適格の有無（「競技者等」該当性）について

仲裁規則上、スポーツ仲裁の申立人は「スポーツ競技又はその運営に関し

て競技団体又はその機関が競技者等に対して行った決定（競技中になされる審判の判定は除く。）について、その決定に不服がある競技者等（その決定の間接的な影響を受けるだけの者は除く。）」（第1条）とされている。そしてこの「競技者等」とは「スポーツ競技における選手、監督、コーチ、チームドクター、トレーナー、その他の競技支援要員及びそれらの者により構成されるチーム」と定義され、「競技団体の評議員、理事、職員その他のスポーツ競技の運営に携わる者」は「競技者等」から除外されている（第3条）。

　本件では、請求の趣旨（1）（2）との関係において、「正会員」としてのXは、「競技団体の評議員、理事、職員」に準じた「スポーツ競技の運営に携わる者」に該当し、仲裁適格がないと判断された。また、請求の趣旨（4）との関係でも、「県協会の代表者」としてのXは「組織運営者」として適格性がないと判断された。なお、Xは規則第3条の「その他の競技支援要員」にも該当しないと判断された。

　この「競技支援要員」とは一体どのような概念なのであろうか。現在の仲裁規則は2013年に改正されたもので、改正前の仲裁規則では（以下、「旧仲裁規則」）以下のように規定されていた。

　旧仲裁規則第3条
　1項　この規則において「競技者」とは、スポーツ競技における選手及びそのチームをいう。チームは監督その他の代表者により代表されるものとする。
　3項　この規則において「監督」とは、競技者に対してスポーツ競技に関して指揮命令をすることができる立場にある者をいう。
　4項　この規則において「競技支援要員」とは、コーチ、ドクター、トレーナー等、競技者のためにスポーツ競技に関与する者をいう。
　5項　この規則において「競技者等」とは、競技者、監督、競技支援要員、及びそれらの者の属する団体をいう。

　その後、同条3項、4項、5項は削除され、仲裁規則第3条2項は以下のように規定している。

この規則において「競技者等」とは、スポーツ競技における選手、監督、コーチ、チームドクター、トレーナー、その他の競技支援要員及びそれらの者により構成されるチームをいう。チームは監督その他の代表者により代表されるものとする。競技団体の評議員、理事、職員その他のスポーツ競技の運営に携わる者を除く。

　旧仲裁規則と対比すると、「競技支援要員」が「競技者等」として一括にして規定された形になり、新たに「その他の競技支援要員」が設けられている。現行の仲裁規則においては、「競技支援要員」に関する定義規定はないが、旧仲裁規則第3条第4項では、「競技支援要員」は「競技者のためにスポーツ競技に関与する者」と定義していた。「その他の競技支援要員」とは、旧仲裁規則でいう「競技者のためにスポーツ競技に関与する者」と解することになるのであろうか。2013年の規則改正によって同規定は削除されるとともに、さらに「職員その他のスポーツ競技の運営に携わる者」が「競技者等」概念から除外されため、「競技者のためにスポーツ競技に関与する者」という定義は放棄されたものと考えられる[1]。

　本件仲裁パネルにおいては、この「競技支援要員」に関して「スポーツ競技自体に自ら又は競技者を通じて関与する者」と解すべきという判断を示している。この「競技者を通じて関与する者」については、具体例が示されていないので、コーチ以外の関係者がどこまで含まれるのか定かではないが、その射程は旧規則とは異なると思われる。この「競技支援要員」概念についてはさらに検討が必要と言える。

　これまでの仲裁判断をみると、「審判員」（JSAA-AP-2009-002号事案（綱引））、「競技力向上技術委員会委員長」（JSAA-AP-2003-002号事案（テコンドー））などが「競技支援要員」として認定されている。現行の仲裁規則のもとでは、「公認審査員」（JSAA-AP-2015-006号事案（バレーボール））が認定されている。

　2013年の改正の契機となったのが、JSAA-AP-2012-003号事案（軟式野球）である。この事案では、茨城県軟式野球連盟の理事会において副会長候補に選任されなかった申立人が、副会長候補選任決議の取消しを求めた。仲裁パ

ネルは、「スポーツ仲裁規則の適用に当たって『競技者等』の要件を必ずしも厳格に解する必要はないと解される。申立人は、被申立人の会員であり、かつ副会長として役員であった者であって、競技者のためにスポーツ競技に関与する者ということができるから、「競技支援要員」（同規則第3条第4項）に該当する」と判断した。この仲裁判断に対して、仲裁機構は同判断が先例となることを避けるために規則の改定に踏み切った。

仲裁機構は改正の理由として以下のような点を挙げている。

①スポーツ仲裁は、「法律用語で言えば「特別権力関係」（日常語では上下関係）にある者の間で、上位者がした決定により不利益を受ける下位者のため」にあるということ。
②選手選考のような決定は、裁判所では争うことができないと考えられること、仮に争うことができるとしても、競技会までの時間が限られているということ。
③団体役員の間での理事会等の決議をめぐる争いは、「特別権力関係」にある者の間の紛争ではないこと、また、法人の理事会等の決議であれば、決議取消しの訴えを裁判所に提起することが可能であること、そのような争いのために5万円で申し立てることができる仲裁制度を用意する必然性はないこと。
④「自動応諾」をしている競技団体にとって、理事との間の争いまでスポーツ仲裁に応じるということになってしまうことは、不意打ちになること

以上のようにスポーツ仲裁制度が「競技者のための」制度であることから除外規定が設けられたことになる。

ところで、改正理由としての①、③で「特別権力関係」という言葉が使われているが、これは『法律用語辞典』（有斐閣）によれば、伝統的な行政法理論における概念とされ、「特別の法律上の原因に基づき、公法上の特定の目的を達成するために必要な限度において、一方が他方を包括的に支配する権能を取得し、他方がこれに服従すべき義務を負うことを内容とする関係を指す（公務員の勤務関係、国公立学校の在学関係等）」とされる。現在では、

このような概念及び理論の妥当性は疑問視されており、これを否定する考え方も有力であるとされている。すなわち、部分的法秩序または内部的自律的法関係での権利の制約を「特別権力関係」と一括して総称することで、包括的な支配権が許容されることになるため、基本的人権及び権利保護の観点から、それぞれの問題となる個々の関係について個別的に合理的な基準に基づいて決定されなくてはならないと理解されるようになってきている[(2)]。本件仲裁パネルでも仲裁適格の判断に際し、「団体役員の間での理事会等の決議をめぐる争いは、いわば上下関係にある者の間の紛争ではな」いとして「上下関係」という言葉が使われているが、「上下関係」の存在の有無が判断要素たり得るのであろうか。何をもって「上下関係」がある（あるいは「ない」）と判断するのか、個々の具体的状況においては、その判断基準は難しいように思われる。

　本件仲裁パネル及び改正理由で指摘されるように、役員間の紛争は裁判所で扱われるべきとされているが、そこには一定の制約が存在している。周知のごとく、裁判所が審理し得る対象は、「法律上の争訟」（裁判所法第3条第1項）に限定されている。そして、ここにいう「法律上の争訟」とは法令を適用することによって解決可能な紛争をいう。したがって、法律上の争訟性がない事件は、却下されることになるが、判例は、「法律上の争訟」性が認められる場合であっても、「一般市民社会の中にあってこれとは別個に自律的な法規範を有する特殊な部分社会における法律上の係争のごときは、それが一般市民法秩序と直接の関係を有しない内部的な問題にとどまる限り、その自主的な解決に委ねるのを適当とし、裁判所の司法審査の対象にはならない」との判断をしている。すなわち、「自律的な法規範を有する団体の内部における法律上の係争が、当該団体の単なる内部的な係争にとどまらず、その当事者の一般市民法秩序に係る権利利益を侵害するような場合には、法律上の争訟に当たり、裁判所の司法審査が及ぶ」として、限定的な態度を示している（最裁昭和35年3月9日民集14巻2号355頁、最判昭和35年10月19日民集14巻12号2633頁、最判昭和52年3月15日民集31巻2号234頁等）。

　そのため、競技団体内部の紛争についても、たとえば、①日本シニア・ゴルファース協会の正会員としての入会の適否に関する紛争は、司法審査の

対象とはなり得ないとされた事例（東京地判昭和63年9月6日判時1292号105頁）、②日本競技ダンス連盟の理事会においてされた会員資格停止の決議は裁判所による司法審査の対象とならないとした事例（東京地判平成4年6月4日判時1436号65頁）。③日本自動車連盟の審査会がした罰則決定の取消しを求める請求が法律上の争訟に該当しないとされた事例（東京地判平成6年8月25日判時1533号84頁）、④ロータリー・クラブの会員たる地位の確認請求が法律上の争訟に当たらないとされた事例（大阪地判平成9年5月30日判時1632号66頁）、⑤プロボクシングの興行エキジビションマッチに出場したアマチュア・ボクシング選手に対する日本アマチュア・ボクシング連盟のした登録の取消しにつき、団体としての自治や自浄作用を尊重し、違法性がないとした事例（東京地判平成18年1月30日判タ1239号267頁）、⑥学生スキー競技連盟がその会員に対して行った競技大会への出場を停止する処分等の無効確認請求に係る訴えが、団体の内部問題であるとして不適法とされた事例（東京地判平成22年12月1日判タ1350号240頁）などがある。

　一方、「法律上の争訟」として司法審査の対象としたものとしては、⑦愛犬クラブに対する社員としての権利を1年間停止する旨の懲戒処分が、原告の営業を困難ならしめ、原告の経済活動や社会生活の基盤を覆す程度の重大な権利侵害を理由とするものであるから、法律上の争訟に当たるとした事例（東京地判平成5年2月2日判時1493号102頁）、⑧財団法人全日本スキー連盟における会長理事の選任手続の無効確認について「財団法人の会長理事や理事という地位は、もともと法律的な地位である上、その選任手続の有効性は寄附行為や諸規程の適用によって判断すべきものであり、裁判所による判断に適するものであるから、裁判所の司法審査が及ぶものというべきである」と判断した事例（東京高判平成24年2月9日LLI／DB判例秘書登載）がある[3]。

　このような司法審査を制限する裁判所の傾向については批判も強い。諸外国との比較の観点から、故小寺教授は、「諸外国においてトップスポーツに関する法的紛争は言うまでもなく、多くのスポーツ紛争が法の支配に服するという認識は確固としており、スポーツをめぐる紛争であることを理由に裁判所において『法律争訟性』が否定されることはない」、「日本は2周遅れ

とも評されている⁽⁴⁾。「日本の裁判所の判断の流れが変わることが強く期待される」ものの、このような現状においては、「仲裁機関の管轄権を広く」することも必要なのではなかろうか⁽⁵⁾。

　スポーツ団体の適正なガバナンスの実現のためには、裁判所のみならずスポーツ仲裁機構においても役員等の紛争についても一定の関与を続けながら、グッドガバナンス構築に向けた規範⁽⁶⁾を創造していくことも緊要なことといえる⁽⁷⁾。

【注】
(1) これに関し、森教授は「競技者のための支援要員ではなく、競技のための支援要員を指す」とされる（森浩寿「理事解任等をめぐる仲裁申立事件（ボディビル）について──AP-2012-004、AP-2013-001及びAP-2013-002仲裁判断」『日本スポーツ法学会年報』第21号（2014年）184頁）。
(2) 室井力『特別権力関係』（勁草書房、1968年）424頁以下参照。
(3) 本件事案が、裁判所の司法審査の対象となったとしても、根本的な紛争の解決にはならない。すなわち、たとえ正会員保留の決議が取り消されたとしても、結局のところ、Y所定の定款上、正会員となるのは、加盟団体からの推薦を受けた者でなければならず、加盟団体規程の要件を満たしていないA県テコンドー協会からXは、正会員としての推薦を受けることはできないため、正会員保留決議が取り消されたとしても、正会員としての推薦を受けることはできない。また、請求趣旨（3）に関連して、Xの請求内容自体は論外なものであるが、Yの役員推薦規程第2条及び第3条によれば、会長推薦（4名以内）、理事会推薦（4名以内）、ブロック推薦（各ブロック1名）という構成になっており、理事会と対立したXにとっては、ブロック推薦しか理事になる方法がなかったといえる。役員の構成については、「年齢構成、性別、経歴、種目、地域、出身母体等の適切なバランスと構成員の多様性に配慮しながら、団体内部の多様な意見を反映できるような役員選任基準や方法が考えられなければならない」とされる（棚村政行「茨城県軟式野球連盟の役員候補推薦・承認に関する決定の取消し事件──JSAA-AP-2012-003仲裁判断──」『日本スポーツ法学会年報』第21号（2014年）168頁）。
(4) 道垣内正人・早川吉尚編『スポーツ法への招待』（ミネルヴァ書房、2011年）111頁、小川和茂「スポーツ仲裁」法時87巻4号34頁参照。
(5) スポーツ仲裁機構編『諸外国におけるスポーツ紛争及びその解決方法の実情に対する調査研究』（2014年）61-62頁参照。
(6) スポーツ仲裁機構は「中央競技団体のガバナンスの確立、強化に関する調査研究　NF組織運営におけるフェアプレーガイドライン〜NFのガバナンス強化に向けて」（2015年）を発行するなど、ガバナンスに関する教育・啓発活動にも努めている。
(7) 本件では申立人は「仲裁適格がない」という仲裁判断がなされているが、結局、「適格性がない」という仲裁判断をするのであれば、(2013年の改正の趣旨③、④からすると) 本案の審理をすることとそれほど違いはないようにも思われる。

学会通信（2015年度学会通信）

2015年度の会員数　380名　（2015年12月19日現在）

1. 第23回大会

　第23回大会は、2015年9月18日(金)から19日(土)に、筑波大学東京キャンパスにおいて、アジアスポーツ法学会国際学術研究大会2015兼日本スポーツ法学会第23回大会として開催された。全体テーマは、「アジアにおけるオリンピック・パラリンピック開催をめぐる法的諸問題―平昌、東京そして北京への法的整備の推進と課題―」であった。

≪第1日≫　2015年9月18日（金）
■記念講演　杉浦久弘
　　　　　（公益財団法人東京オリンピック・パラリンピック競技大会組織委員会大会準備
　　　　　　運営局長）
　　　テーマ「東京2020オリンピック・パラリンピック競技大会の準備状況」
■シンポジウム　司会 井上洋一・森川貞夫
　　　テーマ「アジアにおけるオリンピック・パラリンピック開催をめぐる法的諸問題
　　　　　　－平昌、東京そして北京への法的整備の推進と課題－」
　　　于　善旭（天津体育学院、中国）
　　　　　「北京オリンピック競技大会における法治オリンピックの実現とその深化」
　　　張　在玉（中央大学校、韓国）
　　　　　「両性平等実現のための体育法制の改善方向」
　　　鈴木知幸（順天堂大学、日本）
　　　　　「2020年東京オリンピック・パラリンピックの成功に向けた「法」の役割」
■研究セッション
　研究セッション1　司会 棚村政行・山崎卓也
　　　テーマ「オリンピック・パラリンピックとスポーツのインテグリティ」
　　　韓　勇（首都体育大学、中国）
　　　　　「アンブッシュ・マーケティング：北京オリンピックの経験」
　　　延　基榮（Dongguk University、韓国）
　　　　　「主要スポーツイベントにおけるインテグリティについての法的問題
　　　　　　－韓国の八百長に対する法的責任を中心に－」
　　　山崎卓也（Field-R法律事務所、日本）
　　　　　「五輪におけるソフトレガシーとしてのIntegrity関連規制はいかにあるべきか
　　　　　　－求められる罪刑法定主義の理念と明確な規定の必要性－」
　研究セッション2　司会 中村祐司・川井圭司
　　　テーマ「オリンピック・パラリンピックの持続的発展：環境、レガシー、ガバナンス」
　　　田　思源（清華大学、中国）
　　　　　「オリンピックボランティアに関する立法問題の研究」
　　　崔　銀姫（Seoul Digital Univ.韓国）・李　薫柱（Chung-Ann Univ.韓国
　　　　　「持続可能な都市再生を通じた創造的オリンピック開催戦略
　　　　　　－ロンドンオリンピックの事例を中心に－」
　　　中村祐司（宇都宮大学、日本）
　　　　　「2020年東京五輪とアジアスポーツガバナンスの新展開」

≪第2日≫ 2015 年 9 月 19 日（土）
◆第 1 会場（119 教室）　司会 棚村政行・山崎卓也
　陳 書睿（上海体育学院経済管理学院、中国）
　　「北京オリンピックにおけるアンブッシュ・マーティング及びその管理について」
　栗山陽一郎（TMI 総合法律事務所、日本）
　　「オリンピックにおけるアンブッシュ・マーケティングとその対応策
　　　―ロンドンから平昌、東京へ」
　朱 文英（濰坊学院、中国）
　　「ドーピング制裁における未成年者の保護」
　金 恩京（韓国外国語大学法学専門大学院、韓国）
　　「プロ選手の法的価値（地位）」
　孫 彩虹（上海政法学院、中国）
　　「スポーツ産業における内部懲戒行為の研究―中国サッカー協会を例として―」
　呉 炜（上海邦信陽・中建中匯弁護士事務所、中国）
　　「雇用関係の終了：契約上の効果と懲戒による効果」
　呉 日煥（中国政法大学民商経済法学院、中国）
　　「中国のプロスポーツクラブに関する法的問題」
◆第 2 会場（120 教室）　司会 中村祐司・川井圭司
　金 永聖（白石大学、韓国）
　　「韓国生活体育振興法に関する一考察」
　武田丈太郎（新潟医療福祉大学、日本）
　　「日本のスポーツ政策におけるヒアリング制度の現状と課題」
　李 宝慶（中国経法大学、中国）
　　「テクノロジーとスポーツの競争性」
　郭 春玲（西安体育学院、中国）
　　「スポーツ法の環境整備に向けた北京オリンピックの実践的意義」
　陳 華栄（運城学院政法科、中国）
　　「北京オリンピックが国際法に及ぼした影響についての分析」
　盧 耿華（西安体育学院、中国）
　　「オリンピックボランティアに関する法的問題の研究」
◆第 3 会場（121 教室）　司会 笠井修・石堂典秀
　村本宗太郎（立教大学大学院、日本）
　　「学校運動部における体罰に関する研究－運動部での判例に着目して－」
　石井信輝（摂南大学、日本）
　　「スポーツ事故と法的責任－フランスの事例を中心に－」
　俞 周善（江南大学、韓国）
　　「スポーツ保険制度に関する研究－特に、頻繁な事故予防のための次元で」
　孫 亨燮（慶星大学、韓国）
　　「両性平等のためのスポーツ関連法制の比較憲法研究」
　譚 仲秋（成都体育学院、中国）
　　「著作権保護とスポーツ産業における創造性に関する研究」
　王 凱立（国立体育大学、台湾）
　　「台湾におけるアスリート肖像権に関する法律判決についての評論：
　　　鈴木一郎 VS 創信株式有限会社」

2. 総会（2015 年 12 月 19 日（土））
　総会において、2015 年度事業報告、2016 年度事業計画、2015 年度会計報告及び 2016 年度予算案、「スポーツ法学教育の普及・推進に関する声明
について提案がなされ、承認された。

［2015 年度活動報告］
　2014 年 12 月 20 日総会以降の活動報告は、以下の通りである。

```
2015 年  2 月 14 日    第 1 回理事会（於：早稲田大学）
         3 月 14 日    第 2 回理事会（於：早稲田大学）
         4 月 18 日    第 3 回理事会（於：筑波大学東京キャンパス）
         6 月  6 日    第 4 回理事会（於：早稲田大学）
                      事故判例研究専門委員会研究会
         8 月  1 日    会報 45 号発行
         8 月  8 日    第 5 回理事会（於：筑波大学東京キャンパス）
         9 月 18 日-19 日   アジアスポーツ法学会国際学術研究大会 2015
                      兼日本スポーツ法学会第 23 回大会
                      （於：筑波大学東京キャンパス）
         9 月 19 日    第 6 回理事会（於：後楽園飯店）
        10 月  1 日    会報 46 号発行
        11 月 14 日    第 7 回理事会（於：筑波大学東京キャンパス）
        12 月 19 日    第 8 回理事会（於：早稲田大学）
                      総会
                      講演会及びパネルディスカッション
        全体テーマ    「スポーツ庁が果たすべき役割と法的問題点」
        ■基調講演    総合司会  菅原哲朗
             鈴木 寛  （東京大学／慶應義塾大学教授、文部科学大臣補佐官）
                      「スポーツ庁の概要と果たすべき役割」
        ■パネルディスカッション　コーディネーター　棚村政行・笠井修
             境田正樹  （弁護士、内閣官房東京オリンピック・パラリンピック推進室政策参与）
                      「スポーツの国際問題とスポーツ庁の役割
                      〜日本バスケットボール協会に対するＦＩＢＡからの制裁問題を例に」
             鈴木知幸  （順天堂大学）
                      「スポーツ庁設置の沿革と課題」
             中村祐司  （宇都宮大学）
                      「団体自治とスポーツ庁の役割に関する政策的観点からの検討」
```

3. 2016 年度事業計画
1. 第 24 回日本スポーツ法学会大会の開催
   2016 年 12 月 17 日予定（場所＊中央大学　予定）
2. 各研究専門委員会の活動
3. 夏季合同研究会（会場：中京大学、日程：2016 年 7 月 23 日予定）
4. 年報第 23 号発行
5. 会報の発行 年 2 回
6. その他

日本スポーツ法学会会則

第1章　総則
第1条　本会は、日本スポーツ法学会（Japan Sports Law Association）と称する。
第2条　本会の事務局は理事会の定める所に置く。

第2章　目的及び事業
第3条　本会は、スポーツ法学の発展及び研究者相互の協力を促進し、内外の学会との連絡及び協力を図ることを目的とする。
第4条　本会は前条の目的を達成するため、左の事業を行う。
　　　１．研究集会の開催
　　　２．機関誌その他刊行物の発行
　　　３．内外の学会との連絡及び協力
　　　４．その他本会の目的を達成するために適当と認めた事業

第3章　会員及び総会
第5条　本会は、スポーツ法学に関心を有しその研究に寄与し得る者によって組織される。
第6条　会員になろうとする者は、会員2人以上の推薦を得て理事会の承認を受けなければならない。
第7条　会員は、総会の定めるところに従い、会費を納めなければならない。
第8条　本会は、毎年1回総会を開催する。必要があるときは、臨時総会を開くことができる。

第4章　理事会等
第9条　本会の運営及び会務の執行のために、理事会を置く。理事会は、会長及び理事若干名をもって構成する。
第10条　会長は、会務を総轄する。会長は、その補佐のために副会長を委嘱することができる。
第11条　会長及び理事は、総会において選出することができる。
第12条　会長及び理事の任期は、3年とする。但し、再任を妨げない。
第13条　本会に、事務局をおく。事務局長は会長が委嘱する。
第14条　本会に、会計及び会務執行の状況監査するため、若干名の監事をおく。監事は、総会において選出し、任期は3年とする。但し、再任を妨げない。

第5章　会則の変更
第15条　本会則を改正するには、総会出席者の3分の2以上の同意を得なければならない。

付則
1．第5条に該当する者が本会設立時に入会を申し込んだ場合は、第6条にかかわらず会員とする。
2．本会則は、1992年12月19日より実施する。

『日本スポーツ法学会年報』編集規程

　この規程は、日本スポーツ法学会が年1回発行する機関誌『日本スポーツ法学会年報』編集に関して、必要な事項を定める。
1. 掲載する原稿は、本学会員による未発表の研究論文、研究ノート、調査報告、書評、文献紹介、翻訳（以下、「論文等」という）、その他会員の研究活動および学界ならびに本学会の動向等に関する記事とする。ただし、編集委員会は理事会の承認を得て会員以外の依頼原稿を掲載することができる。
2. 本年報に論文等を掲載しようとする会員は、所定の「原稿執筆要領」に従い、編集事務局に原稿を毎年1月31日までに送付する。
3. 原稿の掲載は、編集委員会の査読審査を経て決定する。なお、編集委員会は、投稿論文の採否について疑義のある場合に、理事会に判断を委ねることができる。査読審査の手続は、別に定める。
4. 執筆者の校正は、初校までとする。校正は、誤植の訂正程度に止め、文章、図表等の大幅な訂正、変更は認められない。
5. 図版等で特定の費用を要する場合は、執筆者に負担させることがある。ただし、依頼原稿はこの適用を除外する。

2013年10月20日改正、理事会承認

『日本スポーツ法学会年報』原稿執筆要領

1. 執筆原稿は、編集規程第1項及び第2項による会員の投稿原稿及び編集委員会で新たに依頼した原稿に限る。
2. 脚注の表記の仕方
（1）脚注は、文末に一括して集録する。
（2）表記は、
　1）和書の場合、
　　例）千葉正士『スポーツ法学序説』信山社、2001年、123頁。
　2）和雑誌の場合、
　　例）千葉正士「スポーツ法学の現状と課題」『法律時報』65巻5号、33頁、1993年。
　3）洋書の場合、書物（刊行物＝書籍・雑誌）の名称はイタリックで示す。原稿中にイタリックで示すことが不可能な場合は、印刷した原稿の該当箇所にアンダーライン又はマーカーで印を付けておく。著者名は、ファミリーネームを先にする。
　　例）William, LP., *The Law of Torts*, West Publishing, 1985, p.123.

4）洋雑誌の場合、
　　例）O Brien, D. & Overby, JO., Drugs and Sports - Developing a Drug Policy, *Journal Legal Aspects of Sport*, 1992, 2（1）, pp. 32 - 36.
3．図表等は、別紙にして、本文中の挿入箇所を原稿の余白部分に指定する。なお、図表のタイトルは、図の場合は下、表の場合は上に記す。
4．原稿の分量は、原則として、基調講演論文については、1篇につき400字詰め原稿用紙70枚以内、投稿論文または依頼論文は400字詰め原稿用紙50枚以内、判例研究その他の調査報告は400字詰め原稿用紙30枚以内、書評は400字詰め原稿用紙12枚以内とする。なお、図表は原稿量に含むものとし、原寸大の図表を投稿時に提出するものとし、原稿量に換算する。
5．原稿は原則として、ワードプロセッサーで作成するものとし、A4版縦置き横書きで全角40字40行（但し、欧文綴り及び数値は半角）とし、Wordファイルにして編集事務局に電子メールで送信する。同時に図・表・写真等の配置、その他指示事項を赤字で記入した印刷物を編集事務局へ一部送付する。印刷物には、原稿の種類、タイトル、欧文タイトル（編集委員会で確認後、必要あれば若干の修正・変更を求める）、執筆者、執筆者肩書き、連絡先（メールアドレスを含む）を記した表紙をつける。ただし、所定枚数を超過する場合は、編集委員会の判断で書き直しを求めることができる。
6．その他、詳しい原稿の執筆要領については細則を定め、日本スポーツ法学会ホームページに掲載する。
7．原稿送付先及び問い合わせは、下記の日本スポーツ法学会編集事務局とする。

　住所　　〒102-0073　東京都千代田区九段北4-1-9　市ヶ谷MSビル4F
　　　　　　　　　　エイデル研究所　出版部　日本スポーツ法学会編集事務局
　電話　　03-3234-4641　FAX　03-3234-4644
　E-mail　sportlaw@eidell.co.jp

　　　　　　　　　　　　　　　　　　　　　　　2013年10月12日改正、理事会承認

【編集委員会】

佐藤千春（委員長）、入澤充、浦川道太郎、笠井修、川井圭司、
棚村政行、森浩寿、熊谷耕、武田丈太郎、松本泰介、村上拓郎

日本スポーツ法学会2016年役員名簿

望月浩一郎	会長・理事	弁護士
井上洋一	副会長・理事	奈良女子大学生活環境科学系教授
白井久明	副会長・理事	弁護士
齋藤健司	事務局長・理事	筑波大学体育系教授
伊東 卓	事務局次長・理事	弁護士
大橋卓生	事務局次長	弁護士
石堂典秀	理事	中京大学法務研究科教授
入澤 充	理事	国士舘大学法学部 大学院法学研究科教授
浦川道太郎	理事	早稲田大学名誉教授・弁護士
笠井 修	理事	中央大学法科大学院教授
桂 充弘	理事	弁護士・同志社大学スポーツ健康科学部客員教授
川井圭司	理事	同志社大学政策学部・総合政策科学研究科教授
崔 光日	理事	尚美学園大学総合政策学部教授
酒井俊皓	理事	弁護士
佐藤千春	理事	朝日大学教授
菅原哲朗	理事	弁護士
鈴木知幸	理事	スポーツ政策創造研究所
竹之下義弘	理事	弁護士
棚村政行	理事	早稲田大学法学学術院教授
辻口信良	理事	弁護士
中村祐司	理事	宇都宮大学地域デザイン科学部教授
平井千貴	理事	公益財団法人東京オリンピック・パラリンピック競技大会組織委員会
森 浩寿	理事	大東文化大学スポーツ・健康学部教授
森川貞夫	理事	市民スポーツ&文化研究所
山崎卓也	理事	弁護士
吉田勝光	理事	桐蔭横浜大学スポーツ健康政策学部教授
境田正樹	監事	東京大学・弁護士
諏訪伸夫	監事	清和大学法学部教授
新井喜代加	事務局員	松本大学人間健康学部スポーツ健康学科
安藤尚徳	事務局員	弁護士
飯田研吾	事務局員	弁護士
井神貴仁	事務局員	弁護士
太田由希奈	事務局員	明治神宮アイススケート場
熊谷 耕	事務局員	エイデル研究所
合田雄治郎	事務局員	弁護士
千田志郎	事務局員	総合スポーツ研究所
高松政裕	事務局員	弁護士
武田丈太郎	事務局員	新潟医療福祉大学健康科学部健康スポーツ学科
中田 誠	事務局員	市民スポーツ&文化研究所
堀田裕二	事務局員	弁護士
松本泰介	事務局員	弁護士・早稲田大学スポーツ科学学術院
関 允淑	事務局員	筑波大学大学院
村上拓郎	事務局員	エイデル研究所
八木由里	事務局員	弁護士

日本スポーツ法学会年報 第23号
2016年12月17日

編 集 人	佐藤 千春	
発 行 人	望月 浩一郎	
印刷・製本	(株)シナノ	
発 行 所	(株)エイデル研究所	
〒102-0073	東京都千代田区九段北4・1・9	
	TEL．03(3234)4641	
	FAX．03(3234)4644	

Ⓒ日本スポーツ法学会

Printed in Japan　ISBN 978-4-87168-591-7　C 3032